VOUK PRIMORAÇ

LA QUESTION
YOUGO-SLAVE

ÉTUDE
HISTORIQUE, ÉCONOMIQUE ET SOCIALE

PARIS

ÉDITION DE LA SOCIÉTÉ " YOUGOSLAVIA "

20, rue Cujas, 20

1918

LA QUESTION
YOUGO-SLAVE

VOUK PRIMORAÇ

LA QUESTION YOUGO-SLAVE

ÉTUDE
HISTORIQUE, ÉCONOMIQUE ET SOCIALE

PARIS
ÉDITION DE LA SOCIÉTÉ " YOUGOSLAVIA "
20, rue Cujas, 20

1918

I

LA QUESTION YOUGOSLAVE

LES ASPIRATIONS ITALIENNES DANS L'ADRIATIQUE

L'unification des Yougoslaves a rencontré l'approbation de toutes les nations qui combattent contre les Empires Centraux pour la cause de la liberté des peuples. En Italie, seulement, on a créé des obstacles à cette aspiration séculaire des Serbes, des Croates et des Slovènes, en leur opposant un programme d'expansion et de suprématie italienne dans l'Adriatique — ce qui donna origine à une « question yougoslave ».

Les Italiens avancent à l'appui de leurs projets de conquête plusieurs arguments : En première ligne, celui des revendications nationales. Mais leur race n'existe au-delà de la Sotcha (Isonzo) qu'à l'état de groupes dispersés, ne constituant qu'une infime minorité dans la nation yougoslave.

Les gorges profondes de ce fleuve marquent la séparation entre le système des Alpes et celui des montagnes dinariques et fixent la limite, au-delà de laquelle la possession du sol, échappe aux Italiens. En effet, à l'est de l'Isonzo, sauf le district judiciaire de Monfalcone et les banlieues des villes de l'Istrie occidentale, la race italienne n'existe que dans les cités. Elle se trouve par conséquent dans un territoire qui ne lui appartient pas et auquel elle n'est pas rattachée par ces liens intimes et indissolubles qui se forment entre la terre et l'homme quand, succédant à ses ancêtres, il en tire directement sa subsistance, la façonne par son travail et lui voue cet amour profond et ce culte de la glèbe natale, dans laquelle s'incarnent ses souvenirs d'enfance, ses traditions familiales, ses espoirs et ses projets d'avenir — en un mot tout ce qui est la raison de vivre (1).

Les sources de l'Isonzo ne sont éloignées que d'une dizaine de kilomètres de celle de la Sava, le grand fleuve yougoslave ; ces deux rivières entourent la base du Triglav, la grande montagne slovène. C'est bien plus à l'ouest que passe la route par laquelle les vallées slaves de la Save et de la Drave communiquent avec celle, italienne, de la Fella et avec la plaine vénitienne. La vallée de l'Isonzo, au contraire, ne sert de communication qu'entre les pays slovènes et Trieste, leur débouché naturel.

A l'est de l'Isonzo les Italiens, dispersés en des groupes isolés, ne possèdent nulle part une importance numérique telle qu'on puisse attribuer à leurs colonies la considération que mérite un peuple formant une nation.

Dans les Alpes Juliennes et dans la région Julienne — sauf quelques milliers d'Italiens ou Italianisés de Gorice et de son district — il n'existe pas d'Italiens.

Dans la région du Carso, point de jonction entre les Alpes Juliennes et les Alpes Maritimes de la Croatie (massif de la Kapéla) il n'existe absolument pas d'Italiens.

Ce n'est que dans la plaine, tout près de la mer, que les Italiens apparaissent au delà de l'Isonzo : dans les bourgs de Sagrado et de Ronchi et à Monfalcone, puis à Trieste, dans les villes maritimes et dans quelques bourgades de l'Istrie occidentale, émergeant comme des îles dans la vaste campagne exclusivement slave ; puis à Fiume,

---

(1) Les Italiens ne possèdent que 902 kilomètres carrés de la superficie de l'Istrie (18,22 %), tandis que tout le reste, 4.053 kilomètres carrés (81,78 %) est occupé par les Yougoslaves. Dans les autres contrées, à l'est de l'Isonzo, excepté Sagrado, Ronchi et Monfalcone, ils ne possèdent presque aucune partie du sol.

et enfin dans quelques villes maritimes de la Dalmatie.

Pour conclure, la question de l'Irrédentisme dans les pays à l'est de l'Isonzo se réduit aux termes suivants :

17.928 Italiens du district judiciaire de Monfalcone et 14.812 Italiens et Italianisés de Gorice contre environ 3.000 Allemands et 10.868 Slovènes qui se trouvent dans la dite ville et qui, avec les autres Slovènes des environs de Gorice et du reste de la province homonyne, atteignent le chiffre approximatif de 130.000 (1).

118.959 Italiens et Italianisés de Trieste contre 56.916 Slovènes, 2.403 Serbo-Croates, 8.880 Allemands, 565 Tchèques, 157 Polonais et 3,765 appartenant à d'autres nationalités (A Trieste, il y avait en outre, en 1910, 29.439 Italiens du royaume d'Italie, 2.243 Hongrois de différentes nationalités, 914 Serbo-Croates du royaume de Croatie, 616 citoyens de Fiume, 540 Suisses, 152 Bosniaques, 960 Allemands de l'Empire, 228 Russes, 155 Français, 291 Anglais, 573 sujets turcs, 998 Grecs.)

147.417 Italiens et Italianisés qui habitent principalement les villes de l'Istrie occidentale, contre 55.134 Slovènes, 168.184 Croates, 1.807 Tchèques et 12.735 Allemands.

24.212 Italiens et Italianisés de Riéka (Fiume) contre 28.851 Serbo-Croates et Slovènes qui habitent la dite ville (15.637) et son faubourg de Souchak (13.214) et contre 6.493 Magyars, 2.315 Allemands, 192 Slovaques, 137 Roumains.

18.028 Italiens ou Italianisés, dispersés dans les villes

---

(1) La province de Gorice-Gradisca compte réellement : 4.486 Allemands, 90.119 Italiens et Ladins, 154.564 Slovènes et 711 autres Slaves ; mais nous prenons en considération seulement ceux qui se trouvent à l'est de l'Isonzo. Par conséquent, nous avons indiqué comme étant 130.000 le nombre des Slovènes de la province en calculant qu'il y a à peu près 25.000 Slovènes sur les collines à l'ouest de l'Isonzo, qui seront incorporés par l'Italie. A l'ouest de l'Isonzo se trouvent, dans la province d'Udine, 40.000 autres Slovènes, qui appartiennent depuis 1866 à l'Italie.

maritimes de la Dalmatie, contre 610.669 Serbes-Croates.

En résumant :

324.000 Italiens ou Italianisés (1) contre **1.072.000** ou, pour être plus exact, contre plus de **12.000.000** de Yougoslaves (Serbo-Croates et Slovènes), car il faut prendre en considération la population entière qui occupe le territoire, exactement délimité, unitaire et compact qui appartient à cette race.

En effet on ne saurait admettre que les Italiens arrachent à ce territoire, pour en prendre possession, les villes ou les régions où ils constituent la majorité, ou des groupes importants de la population. A ce titre, de même que d'autres nations à natalité excessive, ils pourraient revendiquer en Amérique, et en d'autres Etats aussi, les villes et les contrées qui ont accueilli de grandes masses de leurs émigrants.

Les chiffres ci-dessus énoncés constituent l'essence même de la question yougoslave, l'argument essentiel sur

(1) « *Italianisés* » c'est-à-dire d'origine, de race, et de nom slaves, et ayant seulement adopté, *plus ou moins*, la langue et les sentiments nationaux et politiques des Italiens. La distinction a une grande importance pratique ; elle sert en premier lieu à mettre bien en évidence le fait que les Italianisés, qui sont en nombre bien supérieur aux vrais Italiens, représentent les progrès réalisés par les Italiens depuis un siècle au préjudice de la race slave, grâce aux injustes privilèges dont ils étaient nantis et à l'appui que le gouvernement autrichien leur a donné. En outre, parmi les Italianisés, il faut distinguer ceux qui se sentent vraiment Italiens, de ceux qui se déclarent tels sans l'être réellement. Les premiers sont nombreux et apportent dans les luttes politiques l'enthousiasme et l'intransigeance des néophytes ; mais plus nombreux encore sont ceux qui subissent une contrainte morale ou économique en se faisant passer pour Italiens ; parmi eux, plusieurs ne connaissent pas même bien la langue qu'ils essaient de parler. Leur dépendance économique et sociale, l'intérêt, la crainte des persécutions, et du boycottage, l'ambition, la vanité d'entrer dans des milieux sociaux qui se donnent le ton « select », les inimitiés et les rancunes occasionnées par les luttes entre autonomistes et nationalistes slaves, sont les causes de cette défection.

lequel les Impérialistes italiens se gardent bien d'insister. Ils préfèrent évoquer les souvenirs de Rome et de Venise et faire appel à de prétendues nécessités stratégiques, etc…, mais tous ces arguments ne sont qu'une vaine phraséo- -logie à l'aide de laquelle ils voudraient masquer leur avi- dité de conquêtes territoriales, leur convoitise d'énormes bénéfices économiques à réaliser, bien entendu au détri- ment des Yougoslaves.

*
* *

Pourtant, parmi les témoignages du passé, il y en a plu- sieurs, d'importance capitale, qu'on se garde bien d'in- voquer… Une seule fois, au cours de l'Histoire, un homme, instrument puissant de la Destinée, a été appelé à fixer la ligne de séparation entre les deux races.

Cet homme, un des plus grands génies que l'Humanité eût connu, n'avait aucun penchant pour les Yougoslaves, qu'il venait à peine de découvrir.

Toutes ses sympathies étaient, au contraire pour les Italiens, dont il tirait son origine et dont son beau-fils était le roi.

Eh bien, en 1809, lors de la fondation du nouvel Etat d'Illyrie, quoique sollicité par Eugène Beauharnais, au nom de « nécessités stratégiques » d'en placer le confin plus à l'est de l'Isonzo et sollicité aussi par les notables de Venise, au nom de « nécessités économiques » de ne pas priver l'Italie des forêts et des marins de l'Istrie et de la Dalmatie — Napoléon n'hésita pas et fixa à l'Isonzo la limite entre les deux pays et les deux races.

En 1860, Mazzini était resté encore fidèle à ses idées de 1831 et, dans son livre « Les devoirs de l'homme » indi- quait l'Isonzo comme ligne de confin entre la Slavie et l'Italie. Telle était aussi l'idée que Cavour exprima vers la fin de 1860 dans sa lettre à Laurent Valerio.

En 1866, le Ministre des Affaires Etrangères, Visconti Venosta, chargeait le comte Nigra, ambassadeur italien à Paris, d'intéresser Napoléon III pour qu'il intervint afin que le confin oriental de l'Italie fut porté à l'Isonzo. Le général Lamarmora, président des Ministres et, plus tard, chef de l'Etat-major italien (nous ne citons que les principaux personnages), déclarait vers la même époque « que l'Isonzo est le vrai confin naturel de l'Italie, du côté du Frioul. »

Mais à cette époque-là personne ne se serait hasardé d'empiéter sur un peuple voisin, car les appels de Mazzini, Cavour et Garibaldi qui, pour parfaire l'unité de leur patrie, invoquaient le droit des nationalités, étaient trop récents.

*
* *

L'Irrédentisme a son origine dans le mouvement patriotique pour la libération et l'unification de l'Italie.

Avant la Révolution française, en Italie, personne ne rêvait même pas à la possibilité de créer l'unité italienne. Le poète piémontais Victor Alfieri (1749-1803) essaya le premier d'éveiller dans l'âme de ses concitoyens le sentiment de la liberté et de la dignité nationale.

En 1848 les patriotes italiens n'aspirent qu'à la libération de la Péninsule; Gazzoletti, Dall'Ongaro, Solitro, Valussi, Facchinetti, Cesare Cantù parlent de Trieste « comme du port maritime de la future Slavie » ou comme d' « une zone neutre, milieu de transition entre la Slavie et l'Italie ». Cet état d'âme et d'esprit trouve sa plus forte expression en Niccoló Tommaseo, dalmate de naissance et d'origine, révolutionnaire italien, qui se proclame dans le même temps patriote slave.

A cette époque, les libéraux italiens ne constituent en Autriche qu'une élite très peu nombreuse. La grande masse des Italiens est tout à fait inerte. La bourgeoisie, qui domine, est ouvertement pour le gouvernement et réactionnaire. Jusqu'à 1891 Trieste est représentée au Parlement de Vienne par des députés partisans de l'Autriche et même de nationalité allemande. En 1866 la Municipalité, parmi les autres manifestations de loyalisme à l'occasion de la victoire navale de Vis (Lissa), nomma l'amiral Théghetthof citoyen de Trieste *ad honorem.*

Les manifestations irrédentistes ne datent que de 1866. Après plusieurs années de calme, elles reprennent à l'occasion de l'occupation de la Bosnie. L'entrée de l'Italie dans la ligue des Empires centraux — son entreprise coloniale en Erythrée — son évolution vers les Puissances de l'Entente sont accompagnées de nouvelles manifestations de la part des Irrédents de Trieste, qui suivent l'impulsion et la direction que les Sociétés et les Comités du Royaume leur donnent. La coopération des Irrédents du Trentin à ces mouvements a été toujours bien faible.

Avant la participation de l'Italie à la guerre européenne, ses aspirations trouvèrent leur expression plus ample dans la note du Ministre des Affaires Etrangères, M. Sonnino, du 8 avril 1915, où, *sur la demande de M. de Burian,* le Gouvernement Italien formulait les conditions auxquelles il était possible de créer entre l'Autriche-Hongrie et l'Italie, *une situation normale et stable de réciproque cordialité et de future coopération possible vers des buts politiques communs.* Ces conditions étaient les suivantes :

I. La cession immédiate et le transfert du Trentin ;

II. du Frioul, de Gorice et d'une bande de territoire au delà de l'Isonzo, jusqu'aux villes de Tolmino et de Comen et jusqu'à la hauteur de Trieste, et

III. des îles méridionales de l'archipel dalmate (« *Curzolari* ») : Lissa, Lésina, Curzola, Lagosta, Cazza, Méléda, Pélagosa (1).

IV. La formation d'un nouvel Etat indépendant qui devait comprendre Trieste, Nabrésina et les villes de Capodistria et Pirano avec leurs districts judiciaires.

V. L'Autriche-Hongrie devait reconnaître la souverai-

---

(1) Auparavant, au cours des négociations qui duraient depuis le commencement de décembre 1915, l'Italie n'avait fait aucune mention de ces îles. Tout faisait entrevoir que les prétentions de l'Italie se limitaient à « Trento e Trieste » et Vallona. La pierre d'achoppement était Trieste et l'exécution immédiate de l'accord.

neté de l'Italie sur Vallona, sa baie et le *hinterland* nécessaire pour leur défense militaire, et

VI. se désintéresser complètement de l'Albanie.

VII. Elle devait en outre concéder une amnistie complète à tous les citoyens *originaires des territoires transférés* et condamnés ou mis en accusation pour des infrac-
tions politiques ou militaires (1).

VIII. De son côté, l'Italie se serait engagée à maintenir,
à l'égard de l'Autriche-Hongrie et de l'Allemagne, une
parfaite neutralité pendant toute la durée de la guerre et

IX. *à ne pas invoquer les dispositions de l'art. VII du
Traité de la Triple Alliance ;* c'est-à-dire à laisser à l'Autriche une complète liberté d'action aux Balkans et *sanctionner d'ores et déjà toutes les conquêtes qu'elle y aurait
faites pendant la guerre.* L'Autriche-Hongrie devait faire
la même renonciation relativement à l'occupation des îles
du Dodécanèse de la part de l'Italie.

(Voir *Livre Vert,* note du 21 avril 1915 de M. Sonnino
au duc d'Avarna) (2).

Il est donc bien évident que l'Italie aurait été complètement satisfaite si elle eût réalisé le programme sus-in-
diqué, qui impliquait pourtant la victoire des Empires
centraux et, par conséquent, le renforcement de sa rivale,
l'Autriche-Hongrie.

(1) Ainsi les Irrédents de l'Istrie et de la Dalmatie étaient abandonnés aux représailles de l'Autriche-Hongrie.

(2) L'article VII du dit traité correspondait au principe proclamé
en 1878 par les Irrédentistes, c'est-à-dire « que tout changement en
Orient, au profit de l'Autriche, doit avoir pour conséquence une
correction des confins orientaux de l'Italie ». A cette condition on
était prêt à laisser à l'Autriche une pleine et entière liberté d'action
dans les Balkans. Ce programme fut adopté par le gouvernement
italien et inspira sa politique, au Congrès de Berlin. Les désillusions
que l'Italie y subit provoquèrent un violent mouvement irrédentiste
qui dura pendant les années 1879-1880 et ne cessa sinon quand l'Ita
lie, ensuite aux menaces de l'Allemagne et de l'Autriche et à l'occupation de Tunis par la France, entra dans la ligue des Empires
centraux.

Mais dans la même temps, l'Italie traitait avec les Puissances de l'Entente qui la sollicitaient d'intervenir dans le conflit, en croyant que la pression de l'armée italienne aurait fait immédiatement pencher la balance de leur côté.

Ainsi, le gouvernement autrichien ayant opposé une fin de non-recevoir à presque toutes les demandes de l'Italie, celle-ci, à ce qu'on affirme, à la date du 27 avril 1915 se liguait avec les Puisssances de l'Entente. Huit jours après (4 mai 1915), le Gouvernement Italien annonçait à l'Autriche la rupture du traité de la Triple Alliance et, ensuite, ayant obtenu du Parlement des pouvoirs extraordinaires (20 mai 1915), lui déclarait la guerre (23 mai 1915).

L'accord intervenu entre l'Italie et ses nouveaux alliés, n'a pas été publié. La seule chose que nous savons positivement c'est que l'Italie, depuis son entrée en guerre, a commencé à affirmer, toujours plus énergiquement, par la voie de manifestations semi-officielles dans la presse et au Parlement, enfin même par les déclarations de ses Ministres, l'idée de vastes conquêtes territoriales dans les provinces slovènes de Gorice, de Carinthie et de Carniole, sans une indication précise de limites, et puis de l'annexion de Trieste, de toute l'Istrie, de Fiume, et de la Dalmatie, sauf un débouché commercial pour la Croatie et la Serbie que, dirait-on, elle espère voir constituées en deux Etats séparés.

De cette manière l'Irrédentisme italien s'est transformé bel et bien en Impérialisme.

Auparavant, au contraire — et ce seulement à partir de l'époque où, à la suite des batailles de l'Aisne, d'Ypres, de Dixmude, de Nieuport, et des succès russes sur le front oriental, le danger de l'écrasement des Alliés était évité et les chances d'une victoire finale passaient de leur côté (1) — ces aspirations des nationalistes italiens, expri-

(1) En 1914, « l'Istituto italiano d'arti grafiche de Bergame » publia une carte du théâtre de la guerre austro-serbe avec, y-jointe, une carte ethnographique de l'Autriche-Hongrie, dans laquelle la race italienne à l'est de la Sotcha ne figure que dans l'Istrie occi-

mées dans des formes vagues et nébuleuses, ne faisaient l'objet que de manifestations isolées. Elles devaient servir au gouvernement italien comme preuve « des ardentes aspirations populaires ». Nous savons au contraire que, sauf les rares groupes d'Irrédentistes qui étaient vivement combattus, même au moyen des voies de fait, de la part de la classe ouvrière, l'Irrédentisme était tout à fait inconnu à la population des campagnes, si bien que pendant l'instruction des recrues, les officiers devaient expliquer aux soldats les motifs et les buts de la guerre. En outre la bourgeoisie, les intellectuels, le monde industriel et commercial, étaient aussi des adversaires décidés de l'Irrédentisme.

Est-il nécessaire de démontrer combien les prétentions des Impérialistes italiens sont non fondées et à quoi se réduisent leurs arguments, inspirés de la plus vive fantaisie, mais inacceptables au point de vue de la saine raison et de la justice la plus élémentaire ? En effet, qu'est-ce que cette « vérité géographique » suivant laquelle la région Julienne, séparée de la grande chaîne des Alpes par la vallée de l'Isonzo et où il n'existe pas d'Italiens, serait la continuation du système géographique italien et s'étendrait jusqu'au-delà de Fiume ? Et la Dalmatie « *séparée* par les Alpes maritimes de l'intérieur des Balkans » serait « *unie* à l'Italie par la mer Adriatique » !

Qu'est-ce que cette nécessité stratégique qui impose à l'Italie l'annexion des Slaves de l'Istrie et du littoral dalmate, comme si un Etat de 40 millions d'habitants, qui était capable d'assurer son indépendance et son intégrité territoriale vis-à-vis de l'empire d'Autriche-Hongrie, pourrait être dans une situation d'infériorité envers une Yougoslavie d'environ 12 millions d'habitants et dans une Europe renouvelée et garantie contre tout retour de la violence et de l'arbitraire par un nouveau

dentale et méridionale et dans les environs de Gorice, de Trieste et de Fiume. Depuis la participation de l'Italie à la guerre européenne, cette carte a disparu de toutes les librairies.

code international et par un nouveau système d'alliances ?

Qu'est-ce enfin que ces droits historiques et cette évocation des souvenirs de l'empire romain et de la race latine, à laquelle une énorme majorité d'Italiens n'appartient pas et qui est disparue depuis quatorze siècles et demi ? De cette race il n'est resté qu'une civilisation qui est devenue le domaine commun de tous les peuples européens, et une langue qui a contribué à la formation de l'espagnol, du portugais et du français, presqu'au même degré que de l'italien, et qui a été adoptée aussi par tous les peuples de l'Europe ; par quelques-uns dans une mesure encore plus ample qu'en Italie. Ainsi, par exemple, en Croatie et en Hongrie, les classes intellectuelles se servirent du latin dans la vie publique et comme langue de culture jusqu'au milieu du XIX siècle.

Quel droit enfin peut dériver de la domination tyrannique, égoïste et désastreuse que Venise a exercée en Dalmatie ?

Malheureusement l'histoire des Yougoslaves est presque tout à fait ignorée, de même que toutes les questions ethnographies, économiques, etc... qui les concernent. C'est ainsi que les Impérialistes italiens, par une réclame merveilleusement organisée, ont réussi à répandre partout les bruyantes et pompeuses affirmations de leurs droits et ont rempli les oreilles du public de phrases sonores et retentissantes qui captivent l'attention des masses et les impressionnent. Ils ont cherché en outre par tous les moyens possibles d'empêcher les Yougoslaves de faire entendre leur voix et leurs raisons. En Italie, la censure interdit toute publication contraire aux idées adoptées par le Gouvernement ; toute tolérance de la part de la censure dans les pays alliés est considérée comme un attentat « aux droits sacrés » de l'Italie. On attribue même aux Yougoslaves le rôle d'agents aux gages de l'Autriche, qui ont le but de semer la discorde entre l'Italie et la Serbie, comme si la nation serbe était une race différente des Yougoslaves et comme si la cause et les intérêts yougoslaves et serbes n'étaient absolument identiques !

*
* *

Ce que nous venons d'exposer en résumé est un point d'importance vitale, puisqu'il en résulte que tous les arguments produits par les Impérialistes italiens, pour justifier leurs velléités de conquête, ne sont que de vains prétextes, des sophismes bien hardis et bien vains aussi, et que la question essentielle pour eux c'est de profiter de la situation internationale pour s'assurer des avantages exceptionnels et des profits fabuleux, en sacrifiant les droits les plus élémentaires, la liberté, l'avenir et l'indépendance économique des Yougoslaves.

En effet, quels sont le but et le résultat pratique qu'ils veulent atteindre ?

Le nouveau programe économique des Irrédentistes et Impérialistes italiens a été exposé de la manière la plus complète par M. Mario Alberti dans un livre (*Trieste e la sua fisiologia economica*) qui résume tout ce qui a été écrit à ce sujet et dont nous citerons les points principaux:

« Trieste constitue un élément très important pour
« résoudre le problème adriatique conformément aux
« intérêts italiens ; Mais, pour arriver à une solution
« durable et efficace, dans l'intérêt de l'économie ma-
« ritime italienne, il faut y ajouter les autres éléments
« inséparables de ce problème, c'est-à-dire : l'Istrie,
« Fiume, la Dalmatie.

« Dans l'Adriatique, ne peuvent coexister deux maîtres :
« toujours un seul Etat a dominé l'Adriatique et la maî-
« trise de cette mer a été toujours subordonnée à la pos-
« session de la Dalmatie (1).

---

(1) C'est une affirmation, qui se trouve en flagrante contradiction avec l'histoire, car il n'y a eu que les Romains qui se sont rendus les maîtres exclusifs de cette mer et de la Méditerranée. Avant eux, il y avait dans l'Adriatiqne : les Libournes et les colonies grecques d'Apollonia, Epidamnus, Lissus, Epidaurus, Corcyra-nigra, Issa, Pharus, Tragurium, sur la côte orientale ; les Carnes, maîtres de Trieste, au Nord ; les Etrusques avec les ports de Spina, Adria et Ravenna

« On ne peut naviguer dans l'Adriatique que le long
« de la côte dalmate, pourvue de bons ports et d'abris
« faciles, avantages qui font défaut à la côte opposée (1).

« Le port de Fiume, s'il restait à l'Autriche-Hongrie,
« se substituerait à Trieste dans la fonction économique
« de cette dernière ville, où s'opèrent les échanges com-
« merciaux entre l'Europe centrale et la Méditerranée
« orientale. En effet, l'Autriche-Hongrie pourrait, sans
« avoir même à construire de nouveaux chemins de fer,
« diriger vers Fiume les marchandises qui maintenant
« affluent à Trieste. Pour empêcher que Trieste ait à subir
« ce grave préjudice, l'Italie devrait s'annexer, non seu-
« lement l'embranchement de Saint-Peter, mais le terri-
« toire aussi au nord de ladite gare, jusqu'à la ville de
« Loitsch, et à l'est jusqu'à la montagne d'Albio ou Ne-
« voso (Snejnik) et à Oliza (Laz) (2).

« Si la Croatie seulement devait appartenir à l'Autriche-
« Hongrie, alors il faudrait que l'Italie, outre Fiume,
« occupe la côte croate jusqu'à Zara pour empêcher la
« création d'un nouveau port qui enlèverait à l'Italie

et de nouveau les Grecs avec les ports de Hydruntum et Ancona sur
la côte occidentale. Pendant le Moyen-Age et l'Age moderne, nous
voyons subsister côte à côte avec Venise : le royaume des Deux-
Siciles et les Etats du Saint-Siège (jusqu'en 1860) ; la République
de Raguse (jusqu'au 31 janvier 1808) ; l'empire de Bysance et puis
les villes autonomes de la Dalmatie et de l'Istrie et le royaume de
Croatie (jusqu'au commencement du XVe siècle) et, après, l'empire
des Habsbourgs, maîtres des deux ports de Trieste et de Fiume et,
à partir de l'année 1813, de toute la côte de l'Istrie, de la Croatie et
de la Dalmatie.

(1) C'était effectivement ainsi à l'époque de la navigation à voile,
quoique Venise, quand elle n'était pas maîtresse de la Dalmatie,
sut se passer de cet avantage. Mais les bateaux à vapeur n'ont certes
pas besoin de suivre la côte, ce que, d'ailleurs, ils peuvent aisément faire, n'y ayant nulle interdiction de naviguer dans les eaux
territoriales d'un autre Etat.

(2) Dans ce cas-là, pour communiquer librement des provinces
nordiques avec Fiume, on devrait construire des nouveaux chemins de fer à travers les montagnes des Ouskoques.

« l'hégémonie absolue et le monopole exclusif des trafics
« qui se dirigent du Levant et de l'Afrique du Nord vers
« l'Europe centrale et vice-versa.

« Au contraire, si la Croatie était unie à la Serbie, on
« pourrait lui laisser un débouché sur l'Adriatique, par le
« motif que la Hongrie, entre le port italien de Fiume
« et le nouveau port serbe, qui ne serait, bien sûr, si
« avantageusement placé et si bien aménagé, donnerait
« sa préférence au premier (1).

« Suivant les projets du Ministre hongrois Hiéronymi,
« le Danube devrait être réuni à l'Adriatique par la Save
« et la Kulpa et par un canal qu'on creuserait jusqu'à
« Fiume (2). De cette manière et par sa jonction avec les
« chemins de fer de la Bosnie et de la Dalmatie, l'impor-
« tance économique de ce port augmenterait énor-
« mément.

« Maîtresse de Fiume, l'Italie aurait donc à sa disposi-
« tion le meilleur moyen de pénétration économique en
« Croatie, en Hongrie et dans les Balkans.

« L'Italie doit faire tous les efforts possibles pour cap-
« turer les navires marchands austro-hongrois, qui se
« tiennent cachés dans les ports dalmates. Ces navires
« seront vendus ou frétés à une grande compagnie ita-
« lienne qui se chargera des services de l'Adriatique ;
« seuls les navires qui appartiennent à des armateurs
« irrédents leur seront rendus (3).

---

(1) A partir de Fiume, la côte croate est formée par la haute
chaîne de montagnes du Velebit qui descendent abruptes dans la
mer, si bien que la construction d'un grand port moderne et son
raccordement à un réseau de chemins de fer est techniquement
presque impossible.

(2) Si Fiume devait échoir à l'Italie, est-ce que le nouvel Etat
yougoslave s'intéresserait à ces gigantesques entreprises qui sont
encore à l'état de projet ?

(3) Sauf la *Dalmatia* et la *Dubrovatchka Plovitba* (Ragusea) les
entreprises de navigation yougoslaves sont constituées par une
association de co-propriétaires par indivis et par « quirats » dont
les noms sont inscrits au « Gouvernement maritime de Trieste »

« A Trieste, le gouvernement italien devra prendre
« les mesures les plus énergiques pour nationaliser les
« entreprises commerciales et industrielles qui ne sont
« pas italiennes (1).

« Entre Fiume et Trieste il n'existe aucun conflit d'in-
« térêts, car Fiume doit sa prospérité aux chemins de fer
« hongrois, croates et bosniaques, dont elle est la tête de
« ligne ; le mouvement commercial de la Save et du
« Danube contribuent aussi à leur progrès (2). De même,
« Venise et Gênes, ont chacune son propre « hinterland ».
« Entre ces quatre villes, il y a donc une parfaite solida-
« rité d'intérêts et elles sont également menacées par la
« concurrence que les ports de l'Allemagne leur font à
« l'aide de tarifs réduits et avec la complicité des che-
« mins de fer allemands.

« L'Italie profitera de l'occupation de la côte orientale
« de l'Adriatique dans une mesure bien supérieure aux
« avantages économiques que lui apporteront les pays de
« la Vénétie julienne. En effet, aucun obstacle ne s'op-
« posera désormais à la concurrence des vins italiens.

« Les pêcheurs italiens exploiteront librement les eaux
« de la Dalmatie et de l'Istrie.

« Les sucreries, les produits de l'industrie italienne du

dans un registre public. Toutes les autres compagnies de navigation sont des sociétés anonymes ; il n'y a que quelques compagnies
de peu d'importance, ayant un cachet italien et organisées d'après
le système des « quirats ».

Or, dans les compagnies anonymes, il y a notoirement une participation prépondérante de capitaux allemands ; Comment fera-
t-on alors pour empêcher que les actions ne changent pas de propriétaire ou ne soient pas représentées par des prête-noms ?

(1) Les mêmes difficultés que celles indiquées dans la note ci-
dessus s'opposeraient aussi à la réalisation de ce projet.

(2) Les importations qui de 1871 à 1875 se chiffraient en moyenne,
par an à 936.000 quintaux et 21 millions de cour. ont atteint en
1912 : 8.792.000 quintaux et 216 millions de cour. Pour les exportations, le mouvement a été de 717.000 quintaux et 14 millions 1/2
de cour. à 11.000.000 de quintaux et 256 millions de cour.

« fer et des tissus de coton n'auront désormais rien à
« craindre de la part de leurs concurrents de l'Autriche-
« Hongrie, non seulement sur les marchés des nouvelles
« provinces annexées, mais sur ceux des Balkans et de
« la Turquie aussi. En possédant Trieste et Fiume, l'Ita-
« lie, ayant le moyen d'exercer une pression sur le com-
« merce des empires centraux, se trouvera dans une
« situation avantageuse à l'occasion de la stipulation des
« nouveaux traités commerciaux ; de cette manière, elle
« pourra étendre son influence commerciale dans l'Eu-
« rope centrale.

« La côte orientale de l'Adriatique, dans l'espèce la
« Dalmatie, est une pépinière de superbes marins et de
« hardis et habiles armateurs. La population de la côte
« occidentale préfère au contraire s'occuper de la pêche
« et du cabotage et les capitalistes y manquent de tout
« entrain pour les entreprises maritimes. Tous ces élé-
« ments précieux seront dans l'avenir à la disposition de
« la flotte marchande italienne.

« On fera aboutir à Trieste et à Venise la ligne supé-
« rieure du chemin de fer transbalkanique (Belgrade,
« Craïova, Bukarest, Constance) ; on raccordera aux dits
« ports le Danube, soit par un chemin de fer jusqu'à
« Karlstadt ou jusqu'à Sissek sur la Save, soit par un
« canal Trieste-Karlstadt, Sissek ; un autre canal devra
« réunir Venise à Milan.

« De l'Italie centrale, par le port de Bari, le commerce
« italien, après avoir traversé l'Adriatique, se dirigera
« par les chemins de fer albanais à Salonique et, par une
« autre ligne (Antivari, Ipek, Mitrovitza, Nich), il attein-
« dra le Danube et la mer Noire.

« La concurrence des marines étrangères dans l'Adria-
« tique serait complètement écartée.

« Le commerce italien est actuellement organisé prin-
« cipalement pour l'exportation en France, en Allemagne,
« en Angleterre, en Autriche-Hongrie, aux Etats-Unis,
« dans l'Argentine et au Brésil. Le commerce de Trieste

« se fait, au contraire, principalement avec le Levant.
« Trieste est, en outre, le centre d'approvisionnement et
« d'escompte de l'Asie Mineure, où les commerçants
« triestins ont des succursales, des agences, des repré-
« sentants. Ainsi la possession de Trieste facilitera à l'in-
« dustrie italienne la tâche de conquérir ces marchés-là
« et donnera à l'Italie un titre spécial pour faire valoir
« des droits sur ces riches contrées.

« La pénétration économique de l'Italie dans l'Asie
« Mineure sera le premier pas pour la prise de posses-
« sion politique de ce pays.

« En s'annexant la côte orientale de l'Adriatique et en
« incorporant dans sa flotte marchande celles de Trieste,
« de l'Istrie, de Fiume et de la Dalmatie, l'Italie, qui
« occupe à présent le sixième rang, deviendra la troi-
« sième puissance maritime du monde et — puisque le
« domaine des flottes anglaise et allemande est l'Océan
« Atlantique — jouera le premier rôle dans la Méditerra-
« née. De cette manière, elle renforcera son importance
« économique dans la Turquie Asiatique. Smyrne devra
« compléter l'unité économique coloniale italienne.

« L'Asie Mineure possède d'énormes richesses miné-
« rales et l'agriculture aussi y peut avoir un développe-
« ment extraordinaire. Ce qu'il lui faut, ce sont des capi-
« taux et une population ouvrière. Vers ce pays, par con-
« séquent, l'Italie devra diriger ses émigrés et ses capitaux.

« Quand, à la suite de la réalisation des grands projets
« d'irrigation et de chemins de fer, la Mésopotamie aura
« développé ses ressources économiques et que la Perse
« aura ressenti les bénéfices de ce nouvel état de choses,
« Trieste deviendra un des points les plus importants
« pour le commerce entre ces deux contrées et l'Europe
« centrale.

*
* *

Et quel serait l'avenir économique des Yougoslaves si
les projets des Impérialistes italiens devaient se réaliser ?

Question superflue, car il est bien évident que la réalisation de ces projets constituerait pour les Yougoslaves une véritable catastrophe :

Depuis les premières manifestations de vie civile, les populations des Balkans ont toujours gravité vers la mer Adriatique qui, à cause de la domination exclusive que les Grecs exerçaient dans la mer Egée, était leur meilleur et plus sûr débouché commercial.

La ville maritime celto-slave de Tergeste (Trieste), les villes illyriques de Rizon (Risan), Scodra (Skadar) et Scardona (Skradine), les colonies grecques d'Epidamnus (Dratch), Epidaurus (Çavtat), Is (Vis), Kerkyra Melaïna (Kortchoula), Far (Hvar), Epetij (Stobretch près de Split), Tragurij (Trogir), Néapolis (Cittannova), n'avaient certes pour but de servir tout simplement de stations maritimes mais, au contraire, elles étaient principalement des comptoirs commerciaux pour l'échange des marchandises avec l'intérieur du pays.

Pendant la domination romaine, le rôle économique des villes du littoral adriatique ressort clairement de la direction dans laquelle furent tracées les grandes routes commerciales : d'Aquileia (près de Trieste) une route s'avançait par Emona (Lioubiana), Celleïa (Celïé) et Pettovio (Ptoui) jusqu'à Aquincum (Budapest) d'où, en longeant le Danube, elle descendait jusqu'à Mursa (Osïek) sur la Drave, à Cibalae (Vinkovci) et à Sirmium (Mitrovica). Sirmium était réunie à Celeia par une route qui passait par Cibalae, Mursa et Siscia (Sisek) en remontant le cours de la Save ; une autre route de Mursa par Aquaviva (Varajdine) en remontant le cours de la Drave allait à Pettovio. La route de Sirmium continuait vers Singidunum (Belgrade) et de là à Byzance.

Les autres routes de pénétration dans les Balkans étaient en premier lieu celle qui de Salone (Soline) traversait la Bosnie pour atteindre le nœud de Sirmium ; une autre de Dyracchium (Dratch, la Epidamnus des Grecs) traversait l'Albanie et la Macédoine et, suivant le parcours actuel du chemin de fer de Constantinople-Salonique, menait aussi à Byzance. La route maritime qui, d'Aquileia, passant par Tergeste et Tarsatica (Riéka) se continuait tout au long de la côte dalmate et albanaise jusqu'à Dyracchium, n'avait évidemment d'autre but que de relier les villes du littoral entre elles et de garantir aux armées romaines une complète liberté de mouvement, dans le cas où les forces de la nature ou une flotte ennemie auraient créé des difficultés à la navigation. Presque toutes les routes romaines ci-dessus mentionnées ont servi de tracé aux chemins de fer modernes — mais l'influence des Allemands et des Magyars s'est exercée à les écarter de la côte dalmate pour diriger tout le mouvement vers leurs centres industriels.

Ainsi que nous le constaterons plusieurs fois au cours de cette étude, la tendance des Etats balkaniques vers la mer Adriatique s'est manifestée constamment aux cours de l'Histoire sauf quand des obstacles insurmontables (Vénitiens, Turcs ou Austro-Magyars) l'ont empêchée d'y parvenir.

Et quel est, enfin, le but des chemins de fer transversaux projetés par M. Alberti sinon de rétablir la jonction naturelle de la côte orientale de l'Adriatique avec l'intérieur du pays... seulement au profit exclusif de l'Italie? Le nouvel Etat yougoslave, séparé de la mer Adriatique, bloqué au nord et à l'est par les Allemands, les Magyars et les Bulgares, et au sud par les Grecs et les possessions italiennes en Albanie, se trouverait alors dans des conditions identiques à celles que la Serbie subissait avant la guerre.

Privé de son indépendance économique, condamné pour toujours à végéter misérablement, contraint à subir la tyrannie et l'oppression de ses voisins et geôliers, obligé de choisir entre le Scylla italien et le Charybde austro-magyar, il pourrait fatalement être entraîné vers ce dernier danger, que la guerre européenne aurait dû, au contraire, écarter définitivement.

Pour ce qui concerne l'avenir des pays yougoslaves qui devraient se soumettre à la domination de l'Italie, il faut envisager les deux éventualités : que les projets ambitieux des Impérialistes italiens se réalisent ou qu'ils échouent misérablement.

Cette dernière éventualité serait bien possible.

Si l'Allemagne a réussi à attirer vers ses ports de la mer du Nord le commerce qui devait normalement affluer aux ports de la Méditerranée, elle pourrait bien facilement, en creusant de nouveaux canaux, avec la coopération de l'Autriche, étendre encore davantage sa sphère d'influence jusqu'aux bassins de la Drave, de la Save et du Danube, et relier ce dernier, par des canaux, au Rhin, à la Vistule, à l'Oder et à la Moldava. Les pays yougoslaves pourraient ainsi trouver un débouché vers la mer du Nord. Ils en auraient un autre en suivant le cours du Danube, vers la mer Noire ; et si le Danube était relié par un canal au Rhin, les importations et les exportations yougoslaves, en suivant les canaux français, pourraient bien facilement arriver par la voie fluviale à la Manche, à l'Océan Atlantique, à la Méditerranée. Le port de Salonique pourrait aussi leur servir de débouché vers cette mer... Il n'y a pas de doute que les voisins des Yougoslaves feront tous les efforts possibles pour les attirer dans l'orbite de leurs routes de communication ; il est de même certain que les Yougoslaves, blessés profondément dans leur orgueil national, dans leurs droits les plus sacrés et dans leurs intérêts essentiels, donneraient autant que possible la préférence aux concurrents de l'Italie. Alors la ruine économique et la désolation règneront à Trieste et à Fiume et dans les malheureuses contrées arrachées à leur territoire national et économique.

Dans le cas contraire, c'est-à-dire si les plans et les projets des Impérialistes italiens devaient se réaliser, un avenir de grande prospérité économique serait réservé sans doute à Trieste et à Fiume devenues des ports d'extraordinaire importance... Mais à qui en irait le bénéfice ?

Exclusivement aux Irrédents et aux Italiens du royaume qui afflueraient à ces deux villes et concentreraient en leurs mains les profits de toutes les entreprises commerciales, maritimes et industrielles. .

Quant aux Yougoslaves, c'est-à-dire la race indigène du pays, un avenir de souffrances et de désolation leur serait réservé. Non seulement les traditions de Venise, qui inspirent et enthousiasment les Impérialistes Italiens, ne peuvent leur enseigner qu'un régime d'exploitation et d'oppression, — mais eux aussi proclament hautemen ces principes.

Nous avons déjà vu quels sont les desseins de M. Alberti. D'autres écrivains, par exemple MM. Dudan et Tamaro, affirment que les Yougoslaves sont une race inférieure ; qu'ils doivent être traités en peuple conquis ; qu'un irrédentisme et des aspirations nationalistes, de leur part, ne seraient pas tolérés et devraient être réprimés énergiquement.

Ainsi la bourgeoisie slave devrait choisir entre l'apostasie nationale et l'exil, le boycottage et la misère. M. Alberti nous a déjà énoncé les dispositions, qui seraient prises envers les armateurs yougoslaves...

Pour ce qui est des autres classes de la population, leur rôle est déjà fixé : De bons et hardis marins, des soldats — comme à l'époque de la république vénitienne, — des ouvriers dans les villes, où ils devront subir une dénationalisation forcée, pour éviter le mépris et les persécutions que devront endurer tous ceux qui voudraient rester fidèles à leur langue.

Les pêcheurs de la Dalmatie et de l'Istrie devront tolérer que leurs concurrents de l'autre côté de l'Adriatique s'installent par myriades dans leur pays et exploitent leurs eaux, bien plus riches en poissons que celles de l'Italie orientale.

Le paysan sera réduit à la misère la plus absolue et contraint à émigrer en masse, car il ne pourrait soutenir la libre concurrence des produits italiens, les terres rocheuses dalmates et istriennes et les collines slovènes exigeant un travail bien dur, et qui doit par conséquent être mieux récompensé que celui des campagnes italiennes (1). Là, le cultivateur, surtout dans l'Italie méridionale, se trouve dans les conditions d'un ilote et subit les salaires et les conditions que les propriétaires lui imposent ; le paysan dalmate, au contraire, est lui-même propriétaire du sol ou a le droit réel, transmissible à ses héritiers et aliénable, de cultiver son terrain en donnant au propriétaire une partie des fruits, quote-part qui, suivant la qualité du terrain oscille entre la moitié et le septième du produit.

Quoique ayant perdu dans cette guerre la partie la plus vigoureuse et la plus énergique de la population, et malgré les atroces persécutions qu'ils ont souffertes de la part du gouvernement austro-hongrois, les Yougoslaves conservent encore assez de force pour réagir contre l'étranger qui envahirait leurs terres. L'histoire nous enseigne qu'un peuple doué d'énergie native et de courage, développe ces qualités dans l'adversité et tout le passé des Yougoslaves est là, pour démontrer la vérité de cette assertion. N'avons-nous pas vu, au cours de cette guerre, comment l'Autriche-Hongrie en faisant connaître à ses troupes slaves les projets des Impérialistes italiens, a transformé ces soldats, qui auparavant désertaient ou se livraient prisonniers en masse aux Russes et aux Serbes, en un infranchissable rempart contre les Italiens, qu'ils considèrent comme les envahisseurs de leur pays ?

Donc, nul doute que de graves troubles se produiraient si les terres yougoslaves étaient occupées par les Italiens.

---

(1) De 1893 à 1907, l'Autriche-Hongrie a réduit le droit d'entrée des vins italiens à 6 francs par hectolitre. Cela a suffi pour provoquer les conséquences désastreuses ci-dessus mentionnées. Malgré les réclamations désespérées des agriculteurs dalmates, cette clause n'a pas été supprimée, sinon quand les magnates magyars, qui avaient cependant développé la culture des vignobles dans leurs latifundia, se mêlèrent eux aussi de la question.

D'ailleurs, quel autre effet pourrait produire le contact forcé entre deux peuples hétérogènes, animés des sentiments d'une mutuelle antipathie, et dont l'un viendrait dans le pays de l'autre avec le but déterminé d'y représenter la race supérieure et dominatrice, et d'exploiter économiquement sa situation de conquérant ?

Même si le nouvel Etat yougoslave pouvait assister impassible aux souffrances de ses nationaux, devenus sujets italiens, il ne pourrait pas empêcher la nation yougoslave de coopérer par des initiatives individuelles aux conflits, qui s'engageraient dans les régions occupées.

Enfin, quand après de longues et dures luttes dans les contrées conquises surviendrait un apaisement pareil à celui de la mort, à la ruine matérielle des Yougoslaves annexés, s'ajouterait leur décadence morale, conséquence inévitable de toute domination étrangère et dénationalisatrice, de l'influence abrutissante des persécutions et du mépris que le conquérant affiche envers ses sujets et du manque d'institutions conformes au génie de la race, telle par exemple, l'instruction nationale (1).

(1) On verra plus loin (chap. VIII) dans quel état d'abandon Venise avait laissé la Dalmatie.

A ceux qui pourraient croire que les idées libérales et humanitaires qui depuis la Révolution française agitent le monde, aient changé la mentalité italienne, nous ferons remarquer que le gouvernement italien, si actif pour revendiquer au profit de ses irrédents les droits scolaires que les lois autrichienne garantissent à toutes les nationalités de l'Empire, n'en reconnaît aucun aux 40.000 Slovèdes du Frioul italien, aux 5000 Serbo-croates, aux 60.000 Albanais et aux 20.000 Grecs de l'Italie méridionale et de la Sicile, non plus qu'aux 20.000 Allemands de la Vénétie et de la Lombardie et aux 100.000 Français du Piémont.

Les Italiens et les Italianisés de l'Autriche-Hongrie se sont depuis toujours opposés opiniâtrement à ce que les majorités slaves obtiennent les écoles primaires et secondaires, auxquelles elles avaient droit. Ils considéraient toute modification de la situation que Venise et le gouvernement autrichien avaient créée, comme une atteinte à leurs droits nationaux. Un des principaux arguments qu'ils opposaient aux revendications des Slaves, est celui de la prétendue infé-

Telles sont les perspectives qui, dans un avenir plein de douleurs et de tristesses, se réaliseraient pour les malheureuses victimes de l'avidité et du brutal égoïsme qui se cache sous les pompeuses enseignes impérialistes !

*
* *

Le programme de M. Alberti qui a été adopté par le monde commercial, industriel et bancaire de l'Italie (son livre a été édité par la Ligue des Sociétés anonymes italiennes) est absolument identique aux aspirations de la grande Allemagne. La même envergure des plans de conquête, le même mépris des droits des nations qu'on doit asservir et écraser pour atteindre, en marchant sur leurs corps, un but égoïste de domination et de richesse ; la même confiance aveugle en la lâcheté et en la complicité tacite des autres Puissances européennes. On se demande avec le plus profond étonnement comment un plan pareil pouvait être conçu et adopté dans un pays allié à ces Puissances de l'Entente qui ont proclamé par la bouche de leurs hommes les plus éminents et les mieux autorisés, et officiellement aussi, la sainteté des principes de justice, d'égalité et de liberté pour lesquels elles combattent et suivant lesquels l'Europe sera réorganisée au lendemain de la victoire ?

Cette incompréhensible contradiction est pourtant un fait constant dont nous trouverons l'explication seulement par l'analyse des conditions spéciales de l'Italie avant la guerre et de la mentalité prédominante dans les classes intellectuelles, dont voici les principales caractéristiques :

riorité de leur race et de leur langue qui — malgré les lumineuses preuves du contraire — serait, suivant eux, inapte à remplir les fonctions de la vie civile, qui doivent par conséquent être réservées exclusivement à la langue italienne, autant pour ce qui concerne les relations sociales, que pour le traitement des affaires, l'administration publique, etc., etc...

1° L'aveugle admiration pour tout ce qui a rapport à la grandeur et à la puissance romaine, dont la base fondamentale était la conquête violente, l'assujettissement complet et l'exploitation des peuples ;

2° L'aberration de se considérer les descendants, les successeurs et les héritiers des Romains ou Latins, quoique ce peuple soit disparu sans laisser aucun souvenir dans la conscience populaire, sauf peut-être à Rome et dans sa campagne, et bien que la nation italienne soit formée d'éléments tout à fait différents et hétérogènes.

Mais les patriotes italiens pour exciter l'enthousiasme et exalter le sentiment national de leurs concitoyens, n'avaient pas de plus proches exemples à citer que ceux de l'histoire romaine — tout le Moyen-Age et l'Age Moderne n'ayant été qu'une suite de luttes et de misérables compétitions entre les différents Etats de la Péninsule, dont l'issue finale a été leur asservissement aux étrangers.

3° L'invasion et l'influence du capital et de l'industrie allemande en Italie ; les liens d'intérêts, d'amitié et de parenté créés par l'infiltration allemande ; l'aveugle admiration des Italiens pour l'organisation, l'art, les sciences, la culture, l'impérialisme et la pensée allemande ; le culte de Nietzsche, sa théorie du « surhomme » adoptée et poussée à l'exagération par M. Gabriel d'Annunzio et par son école.

Malgré leurs dispositions et leurs penchants individuels, les Impérialistes italiens ont trop de finesse et de sens politique pour ne pas comprendre que l'étalage brutal de leurs plans de conquête devait déterminer un mouvement de rébellion, non seulement de la part des Yougoslaves, mais aussi du côté des autres nations de l'Entente ; et, s'ils se décidèrent à braver l'opinion publique, c'est que l'affichage d'un programme de conquêtes et le mirage d'énormes bénéfices était, à leurs yeux, le seul moyen d'inspirer au peuple italien la volonté de participer au conflit européen.

Il y a d'autres raisons bien plus efficaces, des motifs

inéluctables, qui auraient dû déterminer l'Italie à s'allier aux Puissances de l'Entente. Ces raisons et ces motifs se résument en ce que, si la victoire revenait aux Alliés, il y aura toujours la possibilité d'un jeu d'équilibre entre les Etats de l'Europe, tandis que, au contraire, si les Empires centraux, c'est-à-dire la race allemande, devaient avoir le dessus, tous les peuples seraient soumis à l'esclavage politique et économique des nouveaux maîtres du monde.

M. Mario Alberti, dans son livre déjà cité, affirme, lui aussi, que l'Autriche-Hongrie et l'Allemagne avaient l'intention, la première, d'occuper l'Albanie et la Macédoine, de se frayer une route jusqu'à Salonique et de dominer politiquement et économiquement les Balkans, — la seconde, de monopoliser le commerce et l'exploitation de l'Asie Mineure et de la Mésopotamie jusqu'au golfe Persique — en enlevant ainsi à l'influence italienne des territoires d'où elle aurait pu tirer des ressources économiques très importantes. M. Alberti admet en outre que les deux Empires Centraux auraient créé dans l'Adriatique une puissante flotte commerciale et de guerre qui auraient étouffé la navigation italienne. Mais en Italie, tous ces arguments ne modifiaient pas le calme et l'indifférence de la nation. La majorité parlementaire était à M. Giolitti, partisan déclaré de l'Allemagne et de la non-intervention, et ils étaient de même non-interventistes les cléricaux qui se partagent avec les socialistes l'influence sur les classes agricoles ; en outre, la presque totalité du parti socialiste et enfin la grande majorité des intellectuels, des commerçants, des financiers, des industriels, etc..., etc... si bien que les hommes qui avaient en mains les rênes du pouvoir ont dû déclarer la guerre contre la volonté du Parlement et de la Nation. En effet, mettant en pratique les systèmes que le génie de Cavour avait créés, ils mobilisèrent et concentrèrent à Gênes et à Rome tous les patriotes et les partisans de l'intervention et par de grandes démonstrations populaires, dont ils se servirent comme d'une menace révolutionnaire, et par la pression du parti militaire et des troupes ils imposèrent au pays leur volonté. Néanmoins, pour tenir en frein l'opposition, ils durent en outre recourir à l'expédient d'appliquer impitoyablement la censure et d'opérer des milliers d'arrestations, des internements, etc..., dont nous avons une preuve dans l'interpellation adressée au Gouvernement par le député Turati à la séance du 6 juin 1916.

Pour déterminer chez le peuple italien des courants favorables à la guerre, pour fermer la bouche aux partisans de Giolitti, qui clamaient le « parecchio » offert par M. de Bulow, il fallait donc offrir l'appât des conquêtes territoriales dans les pays slovènes et sur les côtes serbo-croates de l'Adriatique, de l'asservissement économique des pays yougoslaves, de l'occupation de l'Albanie, de l'annexion de l'archipel grec, de la colonisation de l'Asie Mineure, de manière que tous, commerçants, armateurs, industriels, banquiers, ouvriers, la bourgeoisie, pépinière des futurs fonctionnaires, et enfin les classes agricoles qui devaient fournir les phalanges des nouveaux colons, tout le monde enfin, eût l'espoir de jouir de sa part de curée.

*
* *

Réduire la question de l'Adriatique à ses termes réels — c'est-à-dire à une question de spéculation commerciale et d'entreprise économique de la part de l'Italie, c'est la résoudre, car on ne peut admettre, ni même concevoir, qu'à l'issue de cette guerre, dont l'objectif, proclamé plusieurs fois, est la réalisation des plus nobles aspirations de l'humanité, on permette à un des Alliés — qui a, lui aussi, souscrit le programme énoncé dans la réponse cumulative aux propositions du Président Wilson — de commettre un acte de rapine, surtout envers une nation qui, notamment par l'héroïque effort serbe et par les souffrances endurées de la part des victimes de la tyrannie austro-hongroise, a mérité le respect et la considération universelle. Comment cette manière d'agir pourrait-elle se concilier avec la solennelle déclaration « de ne pas combattre pour des intérêts égoïstes — mais, avant tout, pour la sauvegarde de l'indépendance des peuples, du droit et de l'humanité » et « d'avoir, comme un des buts de la guerre, la libération des Slaves » ?

Si le nouveau droit international, dont on posera les bases après la guerre, renonce aux principes de violence et d'égoïsme, dont les traditions, malheureusement, persistent encore dans la diplomatie, et qui constituent la base du programme de la grande Allemagne, et s'il se fonde au contraire sur les grandes et nobles vérités énoncées par le Président Wilson, — quelle Puissance osera s'annexer les territoires d'une autre race contre la volonté du peuple qui les occupe, sauf en des cas tout à fait spéciaux, prévus et réglés en conformité à des principes de justice et d'égalité : c'est-à-dire qu'une cession de territoire soit indispensable pour éviter un grave préjudice à la Puissance occupante et qu'elle ne cause aucun préjudice ou un préjudice bien moindre à la nation qui doit la subir ; ou que l'occupation ait lieu dans l'intérêt général et dans l'intérêt aussi du peuple qui doit s'y soumettre.

Dans l'un et dans l'autre cas, au lieu d'un acte arbitraire et unilatéral de la Puissance occupante, il doit y avoir une délibération internationale qui reconnaisse la nécessité ou l'opportunité de cette mesure extraordinaire. En effet, nous admettons la nécessité d'une rectification de frontière là où, autrement, un Etat serait exposé aux pires dangers, ensuite à une brusque attaque de son voisin, et quand, pratiquement, ce danger ne peut être évité en aucune autre manière.

Nous admettons en outre l'opportunité que les régions habitées par des peuples sauvages deviennent la colonie d'un Etat civilisé et même que des peuples qui ne font que sortir de la barbarie ou qui se trouvent en pleine décadence, soient confiés à la tutelle d'une nation qui, par sa civilisation supérieure, donne pleine et entière garantie de sa capacité à apporter des réels avantages à sa pupille (1).

Mais pousser plus loin ces principes et soutenir qu'un Etat, dans le but d'obtenir une sécurité absolue à ses confins ou de réaliser de grands avantages économiques, puisse de son chef s'annexer les territoires de ses voisins et les mettre dans une condition d'infériorité économique et stratégique, c'est adopter les maximes proclamées par l'Allemagne, qui l'ont mise en conflit avec le Monde entier.

*
* *

Les Impérialistes italiens ne se sont jamais hasardés à soutenir ouvertement la thèse que leurs projets de conquête sont justifiés par la situation d'infériorité des Yougoslaves. Mais comme les droits historiques et nationaux qu'ils affirment, ne sont évidemment autre chose qu'un prétexte, il faut nécessairement arriver à la conclusion que telle est la base réelle et sous-entendue de leurs revendications puisque, autrement, on ne pourrait admettre que, dans le but de réaliser des avantages stratégiques et économiques, on ait conçu l'idée d'occuper le territoire des Yougoslaves et de les ruiner économiquement, si on ne les eut considérés comme une race inférieure, incapable de se développer et de développer les ressources de son pays et disposée en outre à accepter paisiblement la honte de son propre servage.

Or, non seulement au point de vue de l'intelligence, de la morale, du caractère, de la culture littéraire, du sens artistique, de la conscience nationale, etc.., etc... les You-

____

(1) La guerre anglo-boërs démontre quelle prudence on doit observer pour déterminer une situation pareille ; nous avons vu en effet qu'alors, malgré les raisons dont la Grande-Bretagne essayait de justifier cette entreprise, l'opinion de tout le monde civilisé lui fut contraire.

goslaves ont le droit d'affirmer hautement leur droit de
se ranger parmi les nations civilisées de l'Europe, mais
au point de vue aussi de leurs qualités et aptitudes économiques que, jusqu'à présent, les fatalités historiques,
l'égoïsme et l'oppression de leurs maîtres ou voisins,
Vénétiens, Allemands.et Magyars, les ont empêchés d'employer à leur profit.

Le développement de cette thèse sera le sujet principal de ce livre.

*
* *

Malheureusement cette démonstration ne suffira pas à
tous ceux qui considèrent toutes les questions au seul
point de vue de l'utilitarisme..... Et leur nombre est
légion.

En effet, comme antithèse du merveilleux essort économique et des réformes sociales qui depuis la seconde
moitié du XIXe siècle ont, avec un mouvement toujours
plus accéléré, changé la face de l'Europe et du Monde,
et comme leur conséquence immédiate, de graves perturbations psychiques et morales ont exercé leur influence délétère sur les idées et la morale de nos contemporains.

Les grandes inventions portèrent tout l'intérêt et l'admiration vers les phénomènes physiques et vers les nouveaux systèmes positifs qui donnaient une explication
réaliste à tous les problèmes cosmologiques et psycho-
logiques. Ce penchant vers le matérialisme devait être
renforcé par les avantages économiques que les sciences
positives apportaient à l'humanité, en développant le
progrès industriel et le mouvement commercial. Les richesses colossales accumulées rapidement et avec une
surprenante facilité devaient nécessairement développer
le luxe exagéré, la fièvre des jouissances matérielles, et
entraîner la petite et moyenne bourgeoisie à une folle
imitation, à un effort fiévreux pour atteindre les moyens
de réaliser ces nouveaux besoins. Ces courants impétueux

et troubles devaient fatalement bouleverser et submerger les nobles idéals qui depuis la moitié du XVIIIe siècle avaient inspiré la bourgeoisie intellectuelle. Les classes ouvrières se sont rapidement corrompues par l'étalage insolent du luxe qui les brave, les défie et insulte à leur misère, et par les doctrines matérialistes qu'on adopte avec enthousiasme, car elles sont en même temps révolutionnaires, et les ministres de la religion, partisans de l'ordre social, leur ont rendu suspecte la doctrine chrétienne.

La folle course aux pouvoirs et aux richesses, l'arrivisme, le bluff, le charlatanisme, les bas compromis, les coteries, les cabales, sévissent et dominent dans le monde des affaires et dans la vie parlementaire. Telle était la situation générale de l'Europe avant la guerre. Une nation très nombreuse, dirigée par une clique puritaine, féodale et militariste, et soumise à une aveugle discipline, qui s'adapte bien à son tempérament et à son caractère, maintient vif au contraire le culte du nationalisme et des devoirs civiques et militaires, à l'aide desquels elle a réalisé son unité et fait des progrès surprenants dans le domaine de l'industrie et du commerce. Elle se considère supérieure aux autres peuples de l'Europe et conçoit la folle ambition de leur imposer sa domination et son égémonie militaire, politique et économique. Heureusement, l'horreur du précipice, où l'avalanche allemande allait entraîner l'humanité, donne l'éveil à l'âme héroïque de la France et une conscience nouvelle à l'Europe entière. La surprise échoua. Les Alliés se ressaisissent et opposent aux Huns la barrière vivante de leurs citoyens en armes. Mais, le poison qui a agi pendant plus d'un demi-siècle sur tant de consciences, conserve encore sa fatale puissance, et après trois ans de cette terrible guerre et quoique l'humanité soit toujours menacée des plus effroyables dangers, nous avons le regret de constater des manifestations bien fréquentes de la même folie de jouissance et de luxe, de la même âpreté au gain, du même brutal égoïsme et utilitarisme d'avant la guerre.

Autrement la conscience publique dans les pays alliés se serait révoltée contre un attentat à la liberté des peuples, pareil à celui dont les Yougoslaves sont menacés de la part des Impérialistes italiens.

Il nous faut pourtant, malgré la révolte de notre conscience, prendre en considération la mentalité tout à fait différente de la nôtre de tous ceux qui contribueront ou participeront d'une manière quelconque à la solution de la question yougoslave, en la considérant de leur point de vue utilitariste. Nous leur démontrerons qu'aux Italiens manquent les aptitudes et la possibilité d'imposer leur souveraineté et leur domination économique aux Yougoslaves, et que cette éventualité serait une catastrophe sous le rapport aussi des intérêts positifs et matériels de la collectivité européenne, qui se trouvent du reste en parfaite harmonie avec les principes éthiques, n'étant ceuxci, en dernier lieu, autre chose que leur synthèse.

*
* *

Ce livre a pour but aussi de dissiper les erreurs funestes qui circulent dans le public sur le compte des Yougoslaves et de combattre les calomnies, qu'on a répandues à leur égard.

Ne persiste-t-on à représenter les Yougoslaves comme une agglomération récente et artificielle de peuples divers, séparés par la religion et par la langue, et constituant un groupe national bien différent des Serbes? On est arrivé même à les accuser d'être des agents aux gages de l'Autriche, chargés de semer la discorde entre les Serbes et les Alliés...

Au mépris d'une longue série de faits éclatants documentés par l'Histoire, et en invertissant les rôles que les Italiens et les Yougoslaves ont eus en Autriche, on reproche à ceux-ci d'avoir été les suppôts dont le gouvernement s'est servi pour opprimer ses sujets de nationalité italienne...

Or, toutes ces erreurs, produites par l'ignorance ou par la méchanceté de nos adversaires, doivent disparaître, pour que la cause des Yougoslaves apparaisse dans sa vraie lumière aux yeux de ceux, qui devront la juger.

II

ITALIENS ET YOUGOSLAVES

Depuis leur apparition sur les rives de l'Adriatique, les Yougoslaves, provoqués par l'ambition de conquête des Vénitiens, se sont trouvés en antagonisme continuel avec eux. Les guerres des rois croates contre Venise durèrent des siècles et ne cessèrent qu'avec l'invasion turque, dont la République de Saint-Marc profita pour établir sa domination dans les villes de la Dalmatie, puisque, pour combattre l'ennemi de leur foi, les Dalmates se résignèrent à subir la domination vénitienne qui leur donnait la possibilité de continuer la lutte. Pendant la campagne de 1848-49, en 1859, en 1866, dans les plaines lombardes et dans les eaux de Lissa, les Serbes et les Croates de la Dalmatie, de la Croatie et de l'Istrie se mesurèrent de nouveau avec les Italiens. Les « pesmés » (chants nationaux) ne parlent que de la ruse et de la mauvaise foi latine. La politique autrichienne, dont le but a toujours été de diviser, d'amoindrir et d'opprimer les Slaves, qui constituent la grande majorité des sujets des Habsbourg et dont ils craignaient par conséquent le développement, n'a fait qu'envenimer les relations entre les deux races. Habitués déjà pendant la domination vénitienne à se considérer les maîtres et la classe privilégiée, les Italiens et les « Italianisés » de Trieste, de l'Istrie occidentale et de la Dalmatie ont vu avec satisfaction l'Autriche traiter constamment les Slaves en vrais ilotes. Soutenu par une majorité artificielle d'Italiens ou « Italianisés », le gouvernement autrichien leur refusait les écoles et l'usage de leur langue devant les Tri-

bunaux et les autres autorités de l'Etat, en la considérant comme un idiome inférieur et inapte à servir aux
besoins de la vie civilisée. Ce ne fut qu'au prix de dures
luttes que les Slaves purent obtenir en Dalmatie au commencement du XXᵉ siècle, la complète égalisation de leur
langue avec l'italienne. En Istrie, ils attendent encore
qu'on leur rende justice... Tous ces conflits, l'antagonisme économique entre les Slaves (paysans et débiteurs)
et les Italiens (propriétaires, usuriers) qui les exploitaient, le mépris affiché par ces derniers envers les
Slaves et qui allait jusqu'à l'emploi habituel de mots
injurieux, font présager un régime d'oppression, d'into-
lérance, de provocations qui créerait une situation inte-
nable aux Yougoslaves devenus sujets italiens. Les Impérialistes — nous l'avons déjà constaté — ne cachent
pas d'ailleurs leur intention de traiter les Slaves comme
une race inférieure et soumise par le droit de conquête
et de ne pas vouloir admettre dans ces nouvelles colonies
un nationalisme slave.

Du reste, tout le passé des Italiens, et leur condition
actuelle aussi, nous fournissent la preuve éclatante de l'in-
compatibilité des caractères, des tempéraments, des principes, de l'idéologie des deux peuples. Toute l'Italie méridionale, le Latium et la Sicile comprise, se trouvent sans
interruption (1) depuis leur soumission à la domination
romaine dans les mêmes conditions économiques et sociales ; tout le sol y appartient à de grands propriétaires de
« latifundia » qui exploitent les paysans, réduits à la plus
dure oppression et à la plus effroyable misère. Dans l'Italie
septentrionale, au Piémont, l'évolution de monarchie
féodale en monarchie absolue créa des meilleures condi-

(1) Deux barbares, Odoacre et Théodoric Le Grand furent les seuls
qui essayèrent de relever le sort des agriculteurs italiens.

Justinien, quand il conquit sur les Ostrogoths l'Italie (553), rétablit par sa « Pragmatique Sanction » les lois romaines favorables
aux grands propriétaires. La féodalité n'a fait qu'empirer la condition des paysans.

tions sociales. Mais les nombreux petits Etats et républiques de l'Italie supérieure qui se sont peu à peu cristallisés en formant trois républiques aristocratiques (Venise, Gênes et Lucques) et quatre duchés (Milan, Parme, Modène et la Toscane) n'ont connu d'autre gouvernement que celui des classes privilégiées (aristocratie féodale et aristocratie marchande). Toute la vie politique y était concentrée dans la cité qui, suivant les traditions romaines, constituait l'Etat et étendait sa domination sur le territoire qui en dépendait. Le paysan était considéré comme appartenant à une catégorie et à une espèce inférieure, même à la plèbe citadine. Malgré la grande richesse et la prospérité déterminées à partir du XIIe siècle par le développement des industries, de la marine, du commerce, de la finance, et malgré le développement de l'agriculture, la condition sociale et économique des paysans y a toujours été mauvaise, c'est-à-dire celle de misérables ouvriers salariés ou de tenanciers exploités durement par les propriétaires (1). Si bien que l'aversion que les paysans italiens du Trentin et du Frioul autrichien (qui forment la majorité des Irrédents) manifestent envers les Irrédentistes, dépend non seulement des incitations du clergé dévoué à l'Autriche, mais aussi de la comparaison qu'ils font entre leur condition et celle de la plèbe agricole au-delà du confin.

Au contraire, dans les pays Yougoslaves, ou il n'existe pas d'aristocratie, comme en Serbie, en Macédoine, au Monténégro et en Bulgarie — ou elle est tout à fait étrangère à la nation, comme les rares aristocrates de la Croatie et dans les pays slovènes — ou elle a perdu toute son importance sociale et économique, comme en Dalmatie les quelques survivants de la noblesse vénitienne — ou, enfin, elle professe une religion qui constitue une bar-

____

(1) Les conditions économiques et sociales des paysans italiens ont fait l'objet d'un long article sur *Le Socialisme italien et la guerre* publié par le Ministre Ivanoë Bonomi dans le *Messagero* de Rome, le 25 juin 1916.

rière infranchissable entre elle et le peuple, tel est le cas des « begs » de la Bosnie-Herzégovine.

Les Yougoslaves sont une nation de paysans et la bourgeoisie, qui les dirige, se rattache au peuple dont elle est issue, avec qui elle se trouve en contact immédiat et constant, et dont elle subit l'influence et les impulsions. Après l'invasion turque, dans les contrées yougoslaves, sauf la conjuration des Zriny-Frankopani, toutes les manifestations de vie nationale, les insurrections de paysans, et les insurrections politiques, sont le produit d'un élan collectif du peuple entier ou émanent directement du peuple, comme les rébellions individuelles des « haïdouques ».

En Italie, au contraire, le paysan a été indifférent, ou hostile même, au grand mouvement pour la libération et l'unification de la Péninsule. Ainsi la rédemption de la patrie commune est due à l'effort du Piémont, à l'habileté de Cavour et de la pléiade de ses collaborateurs et, surtout, aux armées françaises, à l'appui diplomatique de l'Angleterre et à l'alliance avec la Prusse. La participation des volontaires aux guerres de l'Indépendance italienne, est minime, si on songe au nombre des habitants de la Péninsule. La défense de Venise, les cinq journées de Milan sont les seuls épisodes, vraiment glorieux, accomplis avec la participation de la population entière d'une ville. Et encore beaucoup de volontaires accoururent de toutes parts de l'Italie, notamment du Piémont. Ces volontaires, quelques milliers tout au plus, sont aussi les héros de la merveilleuse épopée de Garibaldi. Mais le peuple, le vrai peuple, y est tout à fait étranger, et Garibaldi se plaint amèrement de la froideur et de l'antipathie qu'il rencontre dans les campagnes.

Les Italiens célèbrent avec le plus grand enthousiasme leurs héros et leurs martyrs nationaux, même les plus obscurs, dont plusieurs — entre autres les frères Bandiéra — firent le sacrifice de leur vie, sans aucun espoir d'atteindre un résultat pratique, dans le seul but de rappeler à leurs concitoyens la tâche libératrice qu'il restait encore à accomplir.

Les Yougoslaves ne comprennent pas ces enthousiasmes, car depuis des siècles, sans interruption, et aussi pendant cette guerre, ils ont vu par milliers et par milliers leurs héros humbles et anonymes mourir sur les champs de bataille ou sur l'échafaud, en faisant avec simplicité l'offrande de leur vie, suivant l'exemple et les traditions de leurs ancêtres et leur impulsion naturelle. Seulement, peut-être, dans leur agonie, ils furent réjouis par la modeste vision des veillées d'hiver où, dans le cercle de leur famille, on les aurait mentionnés dans les prières, ou par celle, plus orgueilleuse, du barde national, le « gouzlar », qui dans une « pesma » aurait célébré leur nom.

Mettre en contact forcé les Yougoslaves et les Italiens, en assignant à ces derniers les rôles de dominateurs et d'exploiteurs, créer entre eux une vaste superficie de contact, et par conséquent de frottement et d'irritation, c'est provoquer inévitablement à la rébellion un peuple conscient de soi-même, poussé au désespoir et aigri par l'horrible injustice et la désillusion subie — puisqu'il verrait détruits pour toujours les espoirs qu'il nourrit depuis si longtemps et dont les proclamations des Alliés lui avaient fait entrevoir la prochaine réalisation. Tout le passé historique des Yougoslaves est là pour prouver que ni la férocité des Turcs, ni l'oppression de Venise, ni les violences et l'astuce du gouvernement des Habsbourgs n'ont pu venir à bout de leur irréductible attachement à leur langue et à leur nationalité. Tout ce passé prouve, en outre, qu'ils savent sacrifier avec enthousiasme leur vie pour sauvegarder leur dignité ou leur liberté nationale, sans qu'il soit nécessaire que les classes supérieures leur donnent l'impulsion ou la direction. Ainsi, au lieu de l'apaisement, ce serait une ère de nouveaux troubles, de révolutions, de répressions sanglantes et de guerres qui commencerait aux Balkans. Des diplomates à la Bismark se réjouiraient peut-être, à l'idée d'engager l'Italie dans une entreprise qui l'affaiblirait économiquement et militairement. Mais nous nous refusons à ce que les Yougoslaves soient les *corpus vile* aux dépens duquel on ferait une pareille expérience. Nous croyons fermement que le système politique des jalousies réciproques, des haines et des envies, a fait d'assez mauvaises preuves pour ne pas faire place à une nouvelle conception politique ; c'est-à-dire que l'humanité tout entière, dans l'espèce les peuples de l'Europe, constituent un organisme dont la prospérité dépend de celle des membres qui la composent ; que toute souffrance d'une des parties se répercute sur le tout et que les meilleurs diplomates et les plus grands hommes d'Etat sont ceux qui réussiront à organiser la vie harmonique des nations. Non, la tâche de coloniser une partie des pays yougoslaves et d'en dominer économiquement le reste, ne serait aisée pour personne et encore moins pour les Italiens, auxquels fait défaut toute qualité nécessaire pour accomplir une pareille entreprise.

Sans en rechercher les causes, qu'il suffise de constater les faits suivants :

Les traditions de Rome, de Pise, de Gênes, de Venise et la conformation géographique spéciale dont l'Italie bénéficie, semblaient lui indiquer clairement le rôle très important qu'elle devait avoir dans la marine marchande mondiale. Nous constatons au contraire que, en 1913-1914, la marine italienne avec ses 1.274.127 tonnes de paquebots et 1.521.942 tonnes de voiliers n'occupe que la sixième place et ne précède que de peu la marine austro-hongroise (1.010.347 tonnes de paquebots et 1.011.414 tonnes de voiliers).

L'industrie et le commerce, florissants au Moyen-Age, tombent en décadence pendant l'Age moderne, sauf en Lombardie où, sans prospérer, ils conservent tout de même une situation respectable. C'est dans cette province que l'énorme essor, pris par ces deux branches de l'activité humaine à partir de la moitié du XIXe siècle, porte ses meilleurs fruits ; après, viennent le Piémont et la Ligurie. Mais c'est principalement grâce aux capitaux et à l'initiative allemande que ces progrès ont été réalisés (1). Pour ce qui concerne les sciences, qui sont devenues entièrement tributaires de l'Allemagne, les œuvres de la littérature, et les beaux-arts, excepté la musique, l'Italie est bien loin de détenir la primauté qu'elle avait autrefois.

Le voyageur qui passe la mer pour visiter les grandes îles italiennes, la Sardaigne et la Sicile, ou qui se rend dans l'Italie méridionale, croit, à partir du Latium, entrer dans un autre monde : de vastes étendues désertes, incultes et marécageuses, infestées par la « malaria », une population déguenillée, maladive, à demi sauvage, qui loge parfois dans des cavernes, dans des huttes primitives ou dans de misérables bicoques, tel est le désolant spectacle qui se présente presque partout, sauf dans les rares grandes villes, où les quartiers pauvres font cependant la même désolante impression de misère, et sauf les rares régions, où la fertilité du sol et la bonté exceptionnelle du climat répandent sur les classes déshéritées un peu des bienfaits de la nature.

Et pourtant ces contrées avaient été autrefois le berceau et le siège des Latins et pour la Grèce une nouvelle et plus grande patrie, la *Magna Græcia !* Quelle preuve meilleure de la décadence complète et de la ruine de ces deux races, jadis dominatrices du monde ? Car ce sont les descendants des Celtes, des Vénètes, des Ligures et des Etrusques qui, mêlés aux barbares, ont formé les nouvelles souches d'où l'Italie a tiré ses meilleures forces.

L'effroyable misère de ces contrées qui constituent, en étendue, plus de la moitié, et en population la moitié de l'Italie, dépend des causes suivantes :

(1) **M.** Alberti affirme que « dans la vie économique de Trieste, « les intérêts allemands représentent des chiffres de beaucoup in- « férieurs à ceux des intérêts allemands qui se trouvent à Milan ». Et nous verrons plus tard quelle est l'énorme importance des capitaux allemands placés à Trieste,

La propriété du sol appartient presque exclusivement à l'ancienne aristocratie féodale, propriétaire d'immenses *latifundia*. Pourvue d'énormes revenus, elle n'a aucun besoin de les augmenter et de procéder à un changement de culture qui exigerait l'emploi de gros capitaux et un esprit d'initiative et d'entreprise qui lui fait défaut. Cette situation économique et sociale a empêché aussi la formation d'une classe moyenne riche et intelligente, qui aurait pu donner une impulsion à l'industrie et au commerce. Le sol a été ravagé par les coupes inconsidérées des bois. Aux grandes sécheresses, succèdent, à l'époque des pluies, les dégâts produits par les innombrables torrents qui, en se précipitant le long des pentes nues et abruptes des montagnes, ravagent les terrains et forment dans les plaines de vastes régions marécageuses où domine la fièvre paludéenne (*malaria*).

L'abrutissement, conséquence de la misère, devait fatalement enlever au peuple toute envie de s'instruire et déterminer l'ignorance, favorisée d'ailleurs par le manque d'écoles, si bien que dans l'Italie méridionale le nombre des illettrés arrive jusqu'au 75 °/₀ de la population totale. La religion même, qui revêt les formes de la plus abjecte superstition et de l'idolâtrie des saints, n'a pu élever le moral de ces malheureux. L'absence des moyens de communication et des relations d'affaires devait fatalement renforcer le nationalisme régional et le particularisme, déterminés par les nombreux dialectes qui sont parlés en Italie.

Issus des différentes races qui habitaient l'ancienne Italie et des nombreuses races étrangères qui l'ont envahie et dominée à partir de la chute de l'empire romain, *soixante-dix-huit* différents dialectes, qui se rattachent à *quinze* souches distinctes, se partagent la Péninsule. La plupart d'eux ont leur grammaire et leur dictionnaire spécial. Chaque dialecte a sa littérature, soit une littérature populaire (poésies, fables, contes, etc...) soit des œuvres d'écrivains. De cette manière, des liens mul-

tiples, par la force de la tradition et de l'orgueil particulariste, attachent le peuple et la bourgeoisie à leur dialecte
spécial. La situation est telle que celui qui connaît parfaitement la langue littéraire italienne, n'est pas en condition de se faire comprendre par la population de la
campagne, ni de la comprendre à son tour, excepté le cas
où il se trouve en présence de quelqu'un qui a étudié avec
profit à l'école, ou qui a appris la langue littéraire pour
avoir vécu longtemps à la ville. Quoiqu'il arrive plus
rarement, on rencontre dans les villes aussi des personnes qui ne comprennent pas la langue littéraire. Bien
entendu, ces gens-là ne se comprennent pas non plus
entre eux, quand ils parlent les différents dialectes qui
font l'impression de langues tout à fait étrangères l'une
à l'autre.

La misère, l'injustice sociale, l'oppression des grands
feudataires, le régime corrompu et tyrannique des Bourbons, devaient nécessairement développer la criminalité
dans l'Italie méridionale — de même que les luttes des
partis dans chacune des nombreuses villes qui constituaient dans l'Italie supérieure un état à part ou un
municipe autonome, devaient développer l'esprit de
coterie, les cliques, les sociétés secrètes, les compétitions locales, etc... etc... Ces conditions existent aussi
dans les villes méridionales, où le manque de communications et l'isolement devaient exercer une influence
analogue.

Mais ce qui constitue un phénomène bien singulier,
c'est qu'après soixante ans d'administration centraliste
la criminalité continue à sévir dans ces malheureuses
contrées. Le brigandage, répandu dans toute l'Italie méridionale, surtout en Sardaigne et en Sicile, a contraint
les paysans à vivre en des agglomérations urbaines. A
Naples, fonctionne toujours comme une institution reconnue une association de malfaiteurs (« malavita ») *la Camorra*, qui exploite ouvertement la population pauvre de la
ville et de la banlieue, et dans la Sicile *la Mafia* prospère

toujours. Ce nom-là n'indique pas une association de malfaiteurs — mais plutôt l'idée et le principe, que tout homme d'honneur doit se faire justice soi-même ou à l'aide de ses amis et protecteurs et que c'est une lâcheté que d'invoquer l'intervention des autorités ou de leur prêter son appui en faisant témoignage en justice. Ce principe, qui sert de base à de nombreuses associations criminelles, est d'ailleurs celui de tout bon Sicilien qui, chaque fois où il aura besoin d'agir ou de défendre son honneur ou ses intérêts, ou ceux du groupe auquel il appartient, trouvera immédiatement des parents, des amis ou des hommes qui se posent en champions du droit et de la justice, pour former une association, dont les membres s'entraideront de toute manière pour atteindre leur but de justice ou de vengeance. Il suffit de suivre les chroniques des journaux de Sicile pour y apprendre régulièrement, plusieurs fois par mois, la nouvelle qu'en plein jour, dans une ville, un homme a été tué traîtreusement sur la voie publique. L'assassin reste toujours inconnu. Et pourtant les Siciliens défendent ouvertement la *Mafia*, qu'ils considèrent comme une institution inspirée par un esprit de noblesse, d'héroïsme et d'indépendance. Même certains Procureurs du Roi n'hésitent pas à orner d'une préface les livres qui se proposent un but pareil (1).

C'est à contre-cœur que nous traitons de pareils sujets, si fâcheux, dont la mention est naturellement très désagréable pour les Italiens. Mais ces faits, qui ont d'ailleurs été l'objet d'enquêtes parlementaires (2), ne peuvent être

---

(1) S. MORASCA. *La Mafia.* Rome ; Enrico Voghera 1910. Avec une préface de G. B. Avellone, Procureur du Roi au Tribunal de Rome.

(2) Une première enquête, ordonnée par la loi du 15 mars 1877 a duré sept ans et a recueilli un très important matériel en quinze grands volumes. Une autre commission parlementaire, formée au commencement de l'année 1907, a présenté son rapport définitif au commencement de l'année 1911. Le matériel recueilli et publié par

passés sous silence lorsqu'il est absolument nécessaire de les envisager comme des éléments essentiels de la question vitale qui nous intéresse.

D'ailleurs, quoique douloureux, ils ne sont pas avilissants et ne diminuent pas les grandes qualités et les mérites de la nation italienne.

Ils ne sont autre chose que la conséquence inévitable des fatalités historiques qui ont pesé sur cette belle et malheureuse contrée :

Rome n'avait appris aux différentes races de la Péninsule d'autre principe national, politique ou social que celui de la domination absolue des classes privilégiées de la « Ville éternelle ». Le seul lien entre les différentes régions de l'Italie consistait en l'unité de l'administration, des lois, de la langue officielle, mais il n'était, certes, pas suffisant pour suppléer au sentiment de l'unité de la race. Ainsi, après la chute de l'empire romain, les habitants de l'Italie n'opposèrent aucun obstacle au fractionnement de leur pays ; bien au contraire, il faut croire qu'ils y ont contribué par la force instinctive de leurs penchants, puisque nous voyons que les principaux Etats italiens, qui se constituent pendant le Moyen-Age, sont Gênes, la Lombardie, Venise, et la Toscane, qui correspondent précisément aux races ligure, gauloise, vénète et étrusque, qu'ils représentent ; les Etats du Pape sont formés principalement par le territoire des Latins ; le royaume des Deux-Siciles avait été auparavant le domaine de la race grecque. Pas un des peuples qui avaient jadis fait partie de l'empire romain, ne songe à en opérer la reconstruction. Créé par la force, il est perdu sans espoir de retour sitôt qu'a cessé la puissance dominatrice qui assurait la cohésion des éléments disparates, dont il était

cette commission comprend huit grands volumes ayant au total environ 3.500 pages.

Il y a eu plusieurs autres commissions et enquêtes mineures sur la condition des paysans dans l'Italie méridionale et en Sicile, mais toutes, grandes et petites, n'ont abouti à aucun résultat pratique.

composé. C'est en vain qu'Odoacre, Théodoric, les rois longobards, Charlemagne et puis les grands feudataires italiens (889-941) et, après eux, les empereurs d'Allemagne et les Papes essaieront de s'opposer à l'action dissolvante des différents peuples indigènes qui veulent de nouveau vivre de leur propre vie.

Les *municipes* ont exercé aussi une influence décisive pour déterminer le particularisme des Italiens. Ils étaient la seule institution qui permettait aux sujets de Rome de jouir d'une certaine autonomie et de l'illusion d'une presque indépendance. Par conséquent, à la chute de l'empire romain, après la cessation de toute autorité centrale, dans tous les anciens et nouveaux centres de vie sociale on s'empressa d'adopter cette forme de gouvernement. Mais chaque municipe s'inspire des traditions égoïstes et impérialistes de Rome; chaque ville voudrait refaire l'histoire de l'*Urbs*, c'est-à-dire soumettre et dominer ses voisins. Seulement, si Venise, Gênes, Florence et Milan réussirent à se former un assez vaste territoire, aucune de ces villes n'eut la fortune de Rome. Les municipes italiens, en raffermissant leur puissance, déterminèrent dans la Péninsule une sorte d'équilibre politique entre les différents Etats, qui la composaient. Mais cet équilibre rendait impossible tout essai d'unification, malgré la puissante impulsion que devait donner au nationalisme italien la formation d'une langue littéraire commune, au XIIIe siècle. Pendant cinq cents ans, jusqu'à Vittorio Alfieri, on n'entendra plus les appels patriotiques que Dante et Pétrarque adressaient aux Italiens. Avec Cola da Rienzi disparaît le dernier tribun de Rome.

Le particularisme des Italiens ne fut en aucune manière contrebalancé par l'influence des barbares qui, tout en établissant leur domination en Italie, étaient trop peu nombreux pour assimiler les indigènes ou pour les fondre entre eux : Les hordes qui suivirent Théodoric, ne formaient qu'un total de 250.000 personnes, dont seulement 40.000 combattants. Seulement 100.000 guerriers suivaient Alboïn et il y avait parmi eux 20.000 Saxons et d'autres barbares aussi.

Par conséquent, les petits Etäts de l'Italie supérieure, à cause de leur particularisme et exclusivisme, malgré les brillantes qualités civiles et militaires qu'ils déployèrent, malgré leur génie artistique, malgré les progrès extraordinaires réalisés dans la navigation, dans l'industrie, dans le commerce, dans les opérations bancaires, etc... usent leurs forces en des luttes perpétuelles et en de vains efforts pour imposer à leurs voisins leur propre domination. Placés entre le Pape et l'Empereur, ils voulaient toujours deux maîtres, pour n'en avoir aucun ; politique ingénieuse, sans doute, mais qui s'accommodait de toutes les bassesses, de toutes les trahisons et devait fatalement aboutir au double asservissement, au Pape aussi bien qu'à l'Empereur. Enfin l'Italie devient la proie facile des grands Etats étrangers qui s'en disputaient la domination. Venise, Gênes et le Piémont qui, seuls, ont maintenu leur indépendance, auront désormais assez à faire pour la conserver. Quant aux Etats du Saint-Siège et au Royaume des Deux-Siciles, depuis qu'ils existent, ils ont toujours été soumis à un gouvernement féodal-hiératique et féodal-despotique, et ont perpétué ainsi, jusqu'au commencement du siècle passé, des conditions moyenâgeuses.

D'un moment à l'autre, sans aucune préparation, inconsciemment presque, les peuples de l'Italie se trouvent unifiés par Napoléon et puis, de nouveau, grâce aux efforts combinés du Piémont, de la France et de la Prusse. Cette grande œuvre, à laquelle les classes privilégiées étaient hostiles et les classes populaires, surtout dans les campagnes, ou contraires ou tout à fait indifférentes, a donc été accomplie sans leur participation et sans aucune évolution préalable. Ainsi la nouvelle Italie fut composée des éléments, manquant d'accord et d'harmonie entre eux, qui constituaient auparavant les différents Etats, dans lesquels elle était fractionnée. Encore si ces parties dissemblables et hétérogènes avaient conservé leur propre organisme, ce qui aurait facilité le processus de transformation et d'adaptation ! Mais, dans le but d'opérer plus vite l'unification et dans l'espoir de détruire le particularisme, les ouvriers de l'unité italienne évitèrent à dessein toute forme d'autonomie et de fédéralisme et appliquèrent à la nouvelle constitution les principes de la plus rigoureuse centralisation. C'était créer un organisme incapable de se développer et même de mener une existence normale, car comment des organes si différents, soumis au même fonctionnement, pouvaient-ils coopérer harmonieusement à la prospérité de l'ensemble, et comment une législation, inspirée d'idées éthiques, de penchants, de sentiments et de conditions économiques propres à une majorité artificielle, pouvait-elle correspondre au besoin de minorités tellement disparates ?

Le fait est qu'après soixante ans de vie constitutionnelle, la nouvelle Italie n'a pu résoudre aucun des graves problèmes qui la travaillent depuis son début. Il suffit d'ouvrir un texte quelconque, traitant de son histoire moderne ou de parcourir la collection d'un journal ou les compte-rendus des discussions parlementaires pour constater que la vie publique y est paralysée par les luttes sociales, par le régionalisme et le particularisme, par des conflits et par un jeu perpétuel de cliques et de clientèles, enfin par le favoritisme, par la violence et la corruption de l'administration. Il suffit de citer les monstrueux abus financiers commis par Crispi et par ses amis, qui entraînèrent en 1893-1894 la faillite de plusieurs banques, des procès et des révélations scandaleuses, malgré lesquelles et malgré les attaques ouvertes, dont il fut l'objet au Parlement, Crispi se maintint au pouvoir jusqu'à la catastrophe d'Abyssinie (1896). Les détournements de fonds publics et les scandales se succèdent régulièrement ; ainsi, par exemple, à l'occasion des tremblements de terre de Casamicciola (1881 et 1883), de Reggio et Messina (1908) et dernièrement d'Avezzano et à l'occasion aussi de la construction du palais de justice, du monument national à Victor Emmanuel II et du nouveau parlement de Rome.

Des troubles continuels agitent le pays. Nous citerons seulement les plus graves : ceux en Sicile, dans l'Italie méridionale et à Carrare, en 1893 et 1894, réprimés par la force armée, par une grande effusion de sang et par les tribunaux militaires ; la révolution de Milan, au mois de mai 1898, et les mouvements qui éclatèrent aux Romagnes peu de temps avant la participation de l'Italie à la guerre européenne. Et que dire du régime corrompu et corrupteur de Giolitti, dont le principe fondamental était « de ligoter les consciences par l'intérêt » ?

Que dire du caractère et de la mentalité de 320 Députés qui, après avoir au commencement de mai 1915 approuvé démonstrativement la politique de M. Giolitti, quelques jours plus tard votèrent en masse pour la déclaration de guerre à l'Autriche ?

Enfin les conditions de l'Italie sont telles que la monarchie, qui est le seul lien véritable entre les différentes régions du pays, se trouve elle-même dans une situation précaire, ce qui inspirait à M. Sonnino la grave phrase dont il s'est servi à l'occasion de ses pourparlers avec le prince de Bülow et le baron Burian :

« La monarchie de Savoie a sa plus forte racine en ce « qu'elle personnifie les idéals nationaux. Et c'est cette « racine qui lui a permis de se soutenir malgré ses « longues luttes contre la Papauté et malgré les mou- « vements révolutionnaires socialistes. » (*Livre vert.* Dépêche du 18 février 1915 de M. Sonnino au duc d'Avarna).

Tous ces faits nous mènent à la conclusion que l'Italie doit encore accomplir une rude et longue tâche avant d'avoir réellement parfait son unité et organisé sa vie sociale et économique en manière de disposer d'un surplus de vitalité et de force qu'elle pourra employer en des entreprises coloniales. Jusqu'à présent, l'Italie a toujours dû recourir à des capitaux étrangers, pour la plus grande partie allemands, pour mettre à exécution tout grand projet bancaire ou industriel. L'exploitation économique des Balkans de la part des Italiens devrait donc s'opérer aussi à l'aide de capitaux étrangers, dont le coût serait plus cher à cause du courtage et des bénéfices que les titulaires italiens s'attribueraient.

Les occasions propices pour se lancer dans des entreprises coloniales ne se présentent qu'à des tournants très espacés de l'histoire et gare aux nations qui ne sont pas assez promptes pour les saisir. Mais gare aussi à celles qui veulent saisir l'occasion sans avoir la préparation et les forces nécessaires pour les mener à bonne fin !

*
* *

Que le lecteur habitué à entendre bien souvent un langage plein d'hypocrites flatteries ou de basses attaques ne se méprenne pas sur les intentions qui nous ont amenés à dire franchement la pleine et entière vérité aux Italiens, ne faisant d'ailleurs autre chose que répéter ce que de bons, sincères et désintéressés patriotes ont déjà proclamé du haut de la tribune parlementaire, dans la presse quotidienne et dans de nombreuses publications.

Le moment actuel est trop grave et solennel, et les questions, que concerne le débat, trop importantes (pour les Yougoslaves, il s'agit de leur existence nationale même) — pour qu'on puisse prendre en considération autre chose que le but suprême de vérité et de justice vers lequel nous tendons.

Attaqués au point le plus sensible de leur sentiment et de leur dignité nationale, les Yougoslaves doivent se défendre en employant tous les arguments qu'ils peuvent invoquer à l'appui de leur cause.

Malheureusement il est à craindre que les Impérialistes italiens, aveuglés par des idées exaltées ou entraînés par de basses cupidités — dans le but d'exaspérer 'amour-propre de leurs concitoyens — ne donnent une fausse interprétation à nos paroles, en les représentant comme une attaque contre la nation italienne.

Nous tenons, par conséquent, à déclarer solennellement qu'une telle intention a toujours été bien loin de notre esprit. Les Yougoslaves, dans l'espèce les Dalmates, ont aimé la langue et le progrès national des Italiens et ont donné des preuves non équivoques de ces sentiments en cultivant la littérature italienne et en manifestant ouvertement leurs sympathies pour la libération et l'unité de l'Italie.

En outre, les Yougoslaves se trouvent, eux aussi, en de si tristes conditions, ils ont été trop longtemps les victimes d'une injuste destinée, qui n'a pas encore cessé de les accabler, pour ne pas être convaincus que les conditions actuelles de l'Italie ne sont pas autre chose que la conséquence des fatalités néfastes dont ce malheureux pays a été frappé.

Ils aiment et admirent le peuple, le véritable peuple italien ; les grandes masses des paysans et des ouvriers, braves, sobres, travailleurs, économes, patients, bons et pitoyables, qui attendent eux aussi l'heure de leur rachat ; ils aiment et admirent les patriotes italiens, ces nobles cœurs, ces héros et ces martyrs qui, à l'exemple de Garibaldi et de Mazzini, ont lutté pour la libération de leur pays en adressant à la France et à l'Europe les mêmes appels désespérés, que nous leur adressons à présent, et faisant valoir contre l'Autriche les mêmes arguments que les Yougoslaves invoquent à présent pour combattre les velléités de conquête de l'Italie officielle. Nos adversaires sont seulement ceux qui représentent des aspirations et des tendances contraires à l'esprit et au caractère du peuple, du vrai peuple italien. Ce sont les Irrédentistes exaltés par un rêve qui, pour être sincère, n'en est pas moins fait de fol orgueil, d'ambitions démesurées, de violence et d'égoïsme brutal.

Ce sont les Impérialistes de la dernière heure qui, hier grands amis et admirateurs des Allemands, se rallient aujourd'hui à l'appel d'un hallahi qui les convie à la curée dont les Yougoslaves feront les frais et qui doit leur fournir le moyen de satisfaire de vastes et nombreuses ambitions et l'âpre appétit de gains fabuleux, qu'ils espèrent facilement réaliser.

*
* *

De graves événements historiques ont été la cause directe de l'arrêt que l'évolution économique et sociale des Yougoslaves a subi pendant des siècles. Par conséquent ils ne peuvent éblouir le monde en faisant parade d'une brillante situation. Néanmoins le voyageur qui a visité des villes nettement slaves, telles que Lioubïana, Zagreb, Doubrovnik, ne pourra pas s'empêcher d'admirer l'œuvre de progrès accomplie par les Slaves, exclusivement avec leurs propres moyens et malgré les énormes obstacles qu'ils ont dû surmonter. Belgrade aussi est digne d'admiration si on songe que cette ville conservait jusqu'en 1867 une garnison turque et que, jusqu'au coup d'Etat du 10 juin 1909, la Serbie était économiquement la vassale de l'Autriche-Hongrie, qui l'exploitait de la manière la plus honteuse.

Ce qu'il nous intéresse de démontrer, c'est que les Yougoslaves nonobstant les graves difficultés qui s'y opposaient, ont réalisé déjà un tel procès économique et donné de telles preuves de leurs capacités et aptitudes, que ce serait un crime de briser le brillant avenir dont ils ont la perspective et de priver l'humanité de leur collaboration au progrès universel.

Dans ce but, nous traiterons avant tout des provinces slovènes et des Slaves de l'Istrie et de Trieste, qui ont eu une histoire distincte de celle des autres Yougoslaves, pour nous occuper ensuite des Serbes et des Croates des Balkans et de leurs différentes vicissitudes dans les diverses contrées habitées par eux.

III

LES SLOVÈNES

Les Slovènes ou Slaves Koruthanes vécurent indépendants sous des princes de leur nation jusque vers la fin du VIIIe siècle. A cette époque, affaiblis par des guerres incessantes contre les Frioulans, les Bavarois et les Avares, ils durent accepter la domination des ducs du Frioul et de Bavière. Leur conversion au christianisme fut due uniquement aux soins du clergé germanique, ce qui devait exercer une influence fatale sur leur culture nationale pendant presque toute l'époque du Moyen-Age, où la vie intellectuelle s'identifiait avec la vie religieuse. Soumis au régime féodal, gouvernés par des comtes allemands, leur territoire finit par se décomposer en le comté de Gorice, les duchés de Styrie, de Carintie et de Carniole, dont ce dernier comprenait l'Istrie centrale et orientale. Cette division a été maintenue jusqu'à nos jours par les Habsbourgs, qui se sont rendus maîtres de toutes ces principautés, sauf qu'en 1822 ils formèrent une nouvelle province de l'Istrie, qui embrassait aussi la côte occidentale, ci-devant possession vénitienne.

Ainsi les Slovènes, après être sortis de la barbarie, ne formèrent jamais, comme les Serbes et les Croates, un Etat unitaire qui aurait donné une impulsion vigoureuse à leur conscience et à leur économie nationale. La domination allemande avait privé les Slovènes d'une aristocratie nationale ; elle avait imprimé aussi un cachet étranger à leurs villes, peuplées par un clergé, par des fonctionnaires et par des artisans allemands, et introduit de nombreux colons allemands dans leurs campagnes. Pourtant le sentiment et l'influence populaire devaient être assez vifs si les ducs de Carinthie (le duché de Carinthie ou de Karantanie comprenait à l'époque des empereurs saxons et franconiens tous les pays slovènes) étaient installés suivant les coutumes slaves et s'ils promettaient solennellement à cette occasion de protéger la langue, les mœurs et les usages slovènes. A ce cérémonial démocratique et traditionnelle de l'installation ducale en langue slovène, sont restés fidèles tous les ducs postérieurs et même les premiers Habsbourgs. Il est vrai du reste que ce n'est qu'à partir du commencement du XVIe siècle que les Hasbourgs firent les premiers essais de centralisation et que ce fut Marie-Thérèse qui fit les premières tentatives de germaniser les provinces slaves de son empire.

Les incursions turques mirent un terme à l'invasion des contrées slovènes de la part des colons allemands, qui ne trouvaient désormais plus à leur convenance un pays exposé aux ravages des hordes et des armées ottomanes. Ce nouveau danger commun apporta en outre aux Slovènes le bienfait de réveiller chez eux le sentiment national et celui de la solidarité et de la communauté de race avec leurs proches voisins, les Croates. Sans aucun secours de la part des Habsbourgs pendant tout le XVe siècle et, plus tard, très mollement soutenus, les paysans slovènes et croates organisent la défense du pays : des « *tabori* » (camps fortifiés), construits sur les hauteurs, étaient destinés à la défense commune ; des feux allumés sur les sommets servaient de signal pour annoncer l'approche du danger. Des conseils de guerre réunissaient les Slovènes et les Croates pour prendre des délibérations d'intérêt général. Les batailles livrées aux Turcs inspirèrent aux bardes nationaux des chansons qui transmirent aux nouvelles générations le souvenir de cet âge héroïque.

La même solidarité entre Croates et Slovènes se manifesta en 1573, lorsque la Jacquerie croate s'étendit rapidement dans les contrées slovènes. Le fait que les Croates élurent en 1526 pour leur roi, l'archiduc Ferdinand d'Habsbourg, se rattache probablement aussi à ce qu'il était le souverain des pays slovènes.

Pendant l'époque des guerres turques, d'importantes migrations des Balkans firent pénétrer dans les pays slovènes des éléments nationaux qui effacèrent plusieurs différences linguistiques.

De même la Réforme et la Contre-Réforme y apportèrent de nouveaux ferments à la vie de l'esprit. Les luthériens slovènes (Primus Trubar) cherchèrent à répandre la nouvelle doctrine en se servant de la langue populaire, à laquelle ils donnèrent une forme littéraire, et leur propagande s'étendit jusqu'en Istrie et en Croatie. Réciproquement, de nombreux membres du clergé croate, qui célébraient la liturgie romaine en langue slave (« *glagolitza* » ou paléoslovène) avaient, eux aussi, dans une époque antérieure, écrit des livres religieux en langue slave, pour l'usage des Slovènes.

La Contre-Réforme, à partir de la fin du XVIe siècle, dut aussi se servir de la langue slovène pour combattre le protestantisme, qui avait gagné de nombreux prosélytes dans le peuple.

Ensuite, pendant un siècle et demi, la vie intellectuelle du peuple slovène devient tout à fait latente, c'est-à-dire, limitée aux campagnes et le génie de la race se borne à conserver le trésor de la poésie nationale.

Mais les efforts faits par Marie-Thérèse (1740-1780) et Joseph II (1780-1790) pour répandre l'instruction et la science dans leurs Etats — quoique l'organisation des écoles fut exclusivement allemande — suffirent à donner une première impulsion à la littérature slovène. La création de l'Etat illyrien de Napoléon Ier ; le romantisme au commencement du XIXe siècle ; le mouvement illyrien de Ludovic Gaï ; le nationalisme qui s'éveilla à une nouvelle vie en 1848, donnèrent un essor plus vif à cette évolution qui marque des progrès toujours plus rapides. A la fin de l'année 1910, les Slovènes comptaient 85.34 %

de lettrés malgré l'énorme préférence que le gouvernement donnait à l'instruction des Allemands, surtout en ce
qui concernait les écoles supérieures. Le mérite principal
est donc dû à l'application et à la remarquable intelligence
des Slovènes.

Grâce à l'emploi presque exclusif de la langue allemande dans les écoles, dans l'administration, dans les tribunaux, dans la vie publique et sociale, le gouvernement
autrichien avait jusqu'en 1866, apparemment, germanisé
les villes slovènes et répandu même dans les campagnes
l'usage de la langue allemande. Il pouvait se flatter d'avoir
à peu près conquis ces territoires et d'avoir laissé à la
race slave, sauf quelques poètes et écrivains et quelques
rares patriotes, seulement la plèbe rurale, qui aurait, elle
aussi, tôt ou tard abandonné son dialecte pour parler exclusivement la langue de ses maîtres.

Mais à partir de l'année 1866, quand l'Autriche adopta
définitivement des lois fondamentales constitutionnelles
qui donnaient aux Slaves la possibilité, qui leur avait
manqué jusqu'alors, d'employer leurs énergies pour le
développement et l'organisation de leur vie nationale,
— les Slovènes, déployant une vigueur et une persévérance comparables seulement à celles des Tchèques, réalisèrent des progrès admirables (1).

Naguère asservis aux Allemands, grands propriétaires
terriens et, en outre, détenteurs des capitaux, de tous
les emplois, des entreprises industrielles et commerciales, etc... les paysans slovènes réussirent à former très
vite une bourgeoisie nationale et une phalange de fonctionnaires, de médecins, d'avocats, de littérateurs et de
journalistes, d'où sortirent les hommes politiques qui
ont organisé et continué avec une rare énergie et avec des
succès éclatants l'âpre lutte pour la conquête des administrations communales et des circonscriptions électorales.

(1) En septembre 1868, au grand *Tabor* de Gorice, ils réclament
déjà l'union administrative de tous les pays slovènes.

Ce qui caractérise l'effort slovène, c'est l'intime coopération des trois éléments, auxquels ils doivent leur résurrection nationale : travail et épargne, organisation économique, écoles. La conscience nationale, sitôt éveillée, donne au peuple, par le travail et par l'épargne, le sentiment de son indépendance économique — les organisations économiques renforcent ce sentiment — l'école le développe et l'idéalise.

Dans les villes, les Slovènes organisent avant tout leurs ouvriers, y établissent leurs commerçants, leurs avocats, leurs médecins, qui pourront tous compter, sans qu'il y ait jamais une défection, sur la clientèle de leurs compatriotes. Viennent tout de suite après la création des écoles et l'organisation de la vie sociale, politique et littéraire. De cette manière, les villes slovènes, qui avaient pris un vernis allemand, s'en débarrassent bientôt et deviennent des centres de vie nationale. La transformation est si radicale et si rapide qu'on en reste ébahi.

La même admiration inspirent les progrès réalisés par les Slovènes à Gorice et à Trieste, pendant la dernière vingtaine d'années. Les Irrédentistes prétendent que c'est grâce à l'appui du gouvernement autrichien que les Slovènes se sont infiltrés dans cette dernière ville. La réalité des faits dément au contraire cette audacieuse affirmation :

Les Slovènes, qui habitent exclusivement et depuis toujours la campagne et la banlieue de Trieste, se trouvent dans la ville en qualité d'indigènes depuis leur apparition dans les contrées adriatiques. Suivant un recensement de l'année 1735, il y avait à Trieste, sans compter les colonies étrangères, 3.865 citadins (parmi eux il y avait sans doute une importante fraction de Slaves, qui s'étaient élevés à la classe des bourgeois) et 3.385 campagnards, c'est-à-dire Slovènes. Suivant un recencement fait par Kandler, en 1842, il y avait alors à Trieste 53.000 personnes « qui parlaient l'italien » et 21.000 qui parlaient le slave. Bien entendu, comme la langue italienne était une langue internationale dont se servaient aussi les nombreuses colonies allemande, arménienne, grecque, turque, levantine, etc.., elle était parlée en public par tous les Slaves de Trieste, qui exerçaient une fonction publique ou le commerce et qui étaient ainsi compris dans le nombre de ceux qui parlaient l'italien.

Si le gouvernement autrichien, à partir du commencement du siècle passé, où l'idée nationale a commencé à se frayer une route dans les consciences endormies des populations de l'Autriche, avait reconnu aux Slaves les droits et le respect qui était dû à leur langue, il n'y a pas de doute qu'eux aussi, qui ont contribué d'une manière prépondérante à augmenter la population de Trieste, auraient conservé leur langue et leur conscience nationale. Mais le gouvernement autrichien au contraire, en interdisant, au profit de la langue italienne, l'emploi de la langue slave aux écoles, dans les bureaux, aux Tribunaux et dans la vie publique — a créé dans ce port maritime, entouré de populations slovènes et servant de débouché commercial et immédiat à des provinces slovènes, une espèce de La Rochelle des Italiens. Même lorsque la menace de l'Irrédentisme fut devenue plus pressante, le gouvernement autrichien, tout en faisant son possible pour barrer la route à ces courants antidynastiques et révolutionnaires, n'a jamais songé à chercher un appui chez les Slovènes ; car les Slaves ont toujours été le cauchemar et la bête noire des Habsbourgs, qui craignent que la bien réelle et effective majorité slave n'impose sa volonté aux Allemands ; ceux-ci, en effet, seulement grâce à l'emploi de moyens artificiels et violents peuvent jouer le rôle de race dominante. Du reste quelle preuve plus concluante de ce que nous venons d'affirmer que l'alliance politique des Italiens, des Grecs et des Allemands de Trieste contre les Slaves ? A l'occasion des élections, les Allemands de Trieste n'hésitent pas à engager leurs nationaux, par des proclamations affichées en public, à donner leurs votes aux candidats italiens, « pour combattre l'ennemi commun ».

Non, les progrès des Slovènes à Trieste sont dus au fait qu'ils possèdent le territoire où se trouve cette ville qui, par une loi d'endosmose, doit fatalement y puiser le nouveau matériel humain qu'il lui faut, — au réveil de leur conscience nationale, qui ne leur permet plus de s'italianiser, — à leur énergie, — à leur endurance au travail, — à leurs modestes exigences qui les rendent préférables, même chez les Irrédentistes, aux ouvriers italiens. Une grande partie de ces derniers constitue en effet un clan d'électeurs fidèles aux Irrédentistes, mais qui s'arrogent des allures et des prétentions de Prétoriens.

Si le gouvernement alloue aux Slovènes d'humbles places aux chemins de fer, dans le corps des gardiens de la paix (en 1910 : 382 contre 212 italiens) d'employés subalternes (126 contre 339) de garçons de bureau (1.188 contre 522), c'est que les Slaves s'appliquent à parler l'italien et l'allemand, tandis que les Italiens affectent le plus souverain dédain pour toutes les autres langues.

Les progrès des Slovènes à Gorice sont plus frappants encore. Les Irrédentistes parlent de Gorice comme d'une ville irrédente, centre politique et social du Frioul ; mais c'est évidemment vouloir équivoquer.

Gorice est située à l'est de l'Isonzo, dans un territoire où il n'existe que 2.734 Italiens contre 130.000 Slovènes (v. p. 9). Ils sont dans la ville au nombre de 14.812 contre 10.868 Slovènes et environ 3.000 Allemands. C'est le résultat du recensement de l'année 1910. Les Italiens étant maîtres de la commune, grâce à leur alliance avec les Allemands (1) et à un régime électoral favorable aux classes bourgeoises, ils dirigent les opérations de recensement, ce qui nous fait craindre qu'ils aient commis à Gorice les mêmes abus qu'à Trieste. Le fait est que, sans tenir compte de ce que la grande majorité des Italiens de

______

(1) A la Diète provinciale, pour contre-balancer le parti clérical du Frioul, les députés irrédentistes se liguent depuis plusieurs années aux cléricaux slovènes,

Gorice ont un nom slave et sont des Slaves italianisés, on y parle tout au moins autant le slave que l'italien. On est en outre frappé par le nombre considérable d'enseignes de commerce en langue slovène ; de magnifiques édifices, de grands hôtels, des maisons de banque, etc... appartenant aux Slovènes. A l'occasion de chaque élection communale, les Italiens se mettent en émoi et se liguent avec les Allemands — manière d'agir qui serait bien étrange s'ils avaient réellement une majorité prépondérante.

Fondée par les Slovènes, à l'époque du règne de Samo (première moitié du VIIe siècle), Gorice reçut comme Trieste un nom slave (*Gora* = colline) commun à plusieurs autres villes slaves. Assujettie de même que tous les autres pays slovènes à la domination allemande, elle devint le siège de leur aristocratie féodale. L'Autriche a toujours cherché à conserver l'importance de cet élément favori ; mais, éloignée du territoire de sa race, cette colonie allemande, malgré le continuel afflux de nouvelles recrues (des fonctionnaires retraités) ne pouvait pas prospérer. L'Autriche alors, pour empêcher la slavisation de Gorice, a réuni administrativement au Frioul italien, qui se trouve à l'ouest de l'Isonzo et est habité exclusivement par des Italiens, — la province de Gorice, malgré son caractère purement slave, en faisant de Gorice le chef-lieu de cette nouvelle agglomération créée d'une manière si artificielle.

Dans le même temps le gouvernement, en se servant des moyens que nous avons déjà plusieurs fois mentionnés, s'est mis à favoriser les Italiens et à opprimer les Slaves de manière à déterminer le mouvement de dénationalisation qui a eu lieu pendant les trois premiers quarts du XIXe siècle dans toutes les contrées où les Slaves se sont trouvés en contact avec les Italiens.

Mais les Slovènes, depuis qu'ils sont revenus à la vie nationale, marchent à grands pas vers la conquête de Gorice, dont l'avenir sera plus conforme à sa vraie nature et à sa situation géographique.

*
* *

Jusqu'en 1848, les masses populaires Slovènes n'étaient qu'une population d'ilotes. Assujettis presque tous au servage, ils ne pouvaient progresser ni intellectuellement, ni économiquement. Malgré les désillusions que le mouvement de 1848 apporta, le bref arrêt de la pression de l'absolutisme suffit pour réveiller les idéals de l'égalité nationale et de la liberté politique. La conscience nationale de la jeunesse s'anima pour le travail intellectuel et, pendant la paix sépulcrale de l'absolutisme de Bach, elle mûrit en silence pour la grande œuvre de la résurrection nationale. En outre, une conquête resta assurée : l'émancipation des paysans, qui fut la base et le point de départ de l'essor économique pris par les Slovènes. Dès lors commence leur progrès continuel qui a donné des fruits si considérables. Excellents agriculteurs et éleveurs de bétail, ils portent à la perfection ces deux branches de l'économie agricole. Dans le même temps ils s'adonnent au commerce et exploitent toutes les ressources industrielles du pays, dont la principale est la mise en valeur des riches forêts de leur contrée. On compte, en Carniole seulement, 60 scieries à vapeur et 800 scieries hydrauliques ; il y a aussi de nombreuses fabriques de parquets, de meubles et de tonneaux, et l'industrie domestique, celle des ustensiles pour l'agriculture et des ustensiles de cuisine, celle du charbon et le commerce du bois à brûler. Malgré la rareté du minerai de fer, les Slovènes, profitant de l'abondance du charbon de bois, créèrent, il y a longtemps déjà, de florissantes petites usines métallurgiques, d'où sont issues les grandes fabriques actuelles de Jelezniki (Eisnern), Kropa, Trjitch (Neumarktl), Yésénice (Assling), Borovlié (Ferlach). L'industrie domestique de la fabrication des chapeaux de paille prépara de la même manière le terrain pour les fabriques modernes de Domjale et de ses environs. La production de la lignite atteignit, en 1914, 3 1/2 millions de tonnes seulement dans la Carniole. Les mines de mercure d'Idria, avec leurs 800 tonnes de mercure par an, occupent la deuxième place en Europe. La terre de Bohine (Wochein) fournit le matériel pour l'extraction de l'aluminium.

Toutes ces industries et en outre la poterie, l'industrie verrière, la tuilerie, l'industrie des poêles en argile et celles du ciment, des cuirs, des souliers, de la brasserie, de la distillation de l'eau-de-vie, de la production de l'huile de lin et de la cire d'abeilles, et enfin les grandes fabriques de tissus de Lioubiana, Trjitch, Aïdovchtchina, sont autant d'éclatantes preuves des aptitudes économiques des Slovènes ; car si dans les grandes industries — notamment dans la métallurgie et dans l'industrie minéraire, il y a une large part et, quelquefois, une prépondérance absolue de capital allemand — de très nombreuses entreprises sont exclusivement slovènes et dans presque toutes, le capital slovène y est représenté. Pour ce qui concerne la main-d'œuvre, elle est presque exclusivement slovène. Le personnel technique est aussi, dans sa grande majorité, slovène.

Tout ce progrès industriel a été favorisé par les surabondantes énergies hydrauliques qui pourraient donner, dans la Carniole seulement, cent mille chevaux-vapeur.

Pour compléter la physionomie économique des Slovènes, il faut ajouter une brève esquisse de leurs associations coopératives, inspirées toutes du principe de la solidarité et du caractère démocratique du peuple.

A la fin de l'année 1912, il y en avait 952 dont 424 en Carniole, 254 en Styrie, 36 en Carinthie, 47 à Trieste, 135 à Gorice, et dans son territoire, 56 en Istrie ; 543 étaient des associations de crédit et comptaient 164.954 membres ; 47 de consommation et 274 des coopératives agricoles, avec 21.512 membres (97 laiteries, — 71 coopératives d'achat et de vente, — 62 coopératives pour l'élevage du bétail — 33 pour la culture des fruits) ; et il y avait en outre 29 coopératives industrielles. Ces coopératives sont groupées en quatre ligues, dont la plus importante est l'alliance des associations coopératives de Lioubiana qui comprend 591 associations dont 73 croates, 4 dalmates, 69 istriennes, avec un mouvement de 79 millions 1/2 de couronnes et 15 millions 1/2 de dépôts (1).

La *Banque provinciale de Carniole* à Lioubiana (fondée en 1912) est un grand établissement de crédit hypothécaire et communal. La *Banque de crédit de Lioubiana* (fondée en 1900 ; en 1912 : 8 millions de capital actionnaire, 6,3 millions de réserve, 13,2 millions de dépôts) avec ses succursales de Split (en Dalmatie) Céloveç (Klagenfurth) Trieste, Saraïevo (en Bosnie) Gorice et Celïé (Cilli) et la *Banque Adriatique de Trieste* (fondée en 1905; en 1912 : 8 millions de capital actionnaire et 6 1/2 millions de dépôts) avec ses succursales de Doubrovnik, Kotor, Metkovich, Split, Chibenik et Zadar (en Dalmatie) Opatia (en Istrie) et Lioubiana entretiennent avec d'autres banques mineures, la vie commerciale et l'industrie slave.

(1) Ce, suivant les indications contenues dans le livre de KREK-MILCINOVITCH : « *Kroaten und Slovenen* » (Jena 1916). D'après le *Hrvatski Kompas* pour l'année 1913-1914, la dite alliance comprend les coopératives suivantes :

	a	b	c	d	e	f	g	h	i	j	k	Total
Carniole .	163	25	39	58	28	3		4	9	4	2	335
Styrie . .	97	5	1		4			2		3		112
Carintie .	36	1	1	5						2		45
Gorice .	3	2	1			1						7
Trieste .	3	3										6
Istrie . .	46	28	2			1				1	1	79
Dalmatie .	63	7					10			3		84
	411	71	44	63	32	5	10	6		13	3	668

Celles de la Dalmatie font à présent partie de l'Union des Coopératives de Split.

N. B. — *a*) de crédit, — *b*) d'économie rurale et de consommation, — *c*) pour la vente du lait, — *d*) pour l'élevage du bétail, — *e*) pour l'achat d'ustensiles agricoles, — *f*) de viticulteurs, — *g*) de pêche, — *h*) de constructions, — *i*) industrielles, — *j*) différentes, — *k*) ligues centrales intermédiaires.

L'alliance des associations coopératives de Lioubiana et l'activité de la *Banque de Crédit de Lioubiana* et de l'*Adriatique de Trieste* (cette dernière a été créée avec une prépondérante participation de capital serbo-croate de la Dalmatie, de Trieste et de l'Istrie) constituent une preuve éclatante de la solidarité économique entre les Yougoslaves.

Pour bien saisir l'importance des progrès réalisés par les Slovènes, il faut considérer que leurs premiers établissements de crédit ne datent que de 1872, et que ce ne fut qu'en 1895 qu'ils atteignirent une certaine importance. Il faut considérer en outre que toutes les manifestations d'activité économique et bancaire des Slovènes furent combattues par tous les moyens possibles de la part des Allemands et des Italiens, qui regardent tout progrès des Slaves comme une atteinte à la situation privilégiée et prédominante qu'ils occupent dans le commerce et dans l'industrie.

Or, tout cet élan d'un jeune peuple, qui après de longs siècles de servage et d'oppression recueille ses énergies et, malgré tous les obstacles, se fraie une route vers un meilleur avenir, devrait être brisé pour satisfaire à l'avidité et à l'ambition des Impérialistes italiens, qui voudraient bâtir leur prospérité nationale sur les ruines de leurs voisins ?

Privés de Trieste et de Fiume, leurs débouchés naturels, les Slovènes ne pourraient exporter librement leurs produits qu'en Croatie, puisque de tous les autres côtés, ils devraient passer par les fourches caudines des douanes et des tarifs des chemins de fer étrangers. Mais en Croatie, pays essentiellement agricole et pourvu d'immenses forêts, ils ne pourraient pas exporter leur bétail, leurs fruits et leur bois, qui constituent un des principaux produits slovènes ; la Croatie ne peut non plus fournir aux Slovènes les produits industriels dont ils ont besoin... C'est donc tout simplement une catastrophe économique et une effroyable misère qu'on veut imposer aux Slovènes, coupables seulement de se trouver sur la route d'un voisin dénué de scrupules. Ils doivent se demander avec angoisse quel serait l'avenir économique de leur peuple brisé en deux tronçons, dont l'un se trouvera en pays étranger, comme une proie de guerre et un objet d'exploitation ?

IV

TRIESTE

Quoique ce grand port maritime se trouve englobé
dans le territoire national slovène, il convient de le
prendre séparément en considération à cause de son importance intrinsèque, de sa fonction économique et de ses
rapports avec les autres pays yougoslaves et avec les
autres provinces de l'Autriche, dont un simple coup
d'œil sur les chiffres suivants peut nous donner une idée
intuitive :

En 1913, Trieste a importé :

	Millions de quintaux	ayant la valeur en millions de couronnes
Par la voie de mer. .	23	869
Par chemin de fer. .	14,8	875
Soit au total . .	37,8	1.744

Pour ce qui concerne l'exportation, dans la même année, on avait $11,3 + 12 = 23,3$ millions de quintaux et
$932 + 783 = 1.725$ millions de couronnes.

Si l'on prend en considération tout le mouvement commercial de l'Autriche-Hongrie en 1913, on aura en millions de quintaux :

	Marchandises embarquées	Marchandises débarquées
A Trieste	9,8	20,4
A Fiume	10,9	8,7
Dans les ports dalmates.	9,8	2,7
Dans les ports de l'Istrie.	4	3,6
Dans les ports du Frioul.	1,7	0,5

Pour ce qui concerne les pays de destination ou d'origine et l'importance des importations ou exportations de

Trieste, nous avons pour 1913 le tableau statistique suivant :

POUR LES IMPORTATIONS MARITIMES :

Pays d'origine	Millions de quintaux	% du total	Millions de couronnes	% du total
Angleterre	7,5	32,6	53,7	6
Levant, Grèce et Mer Noire	3,1	13,5	162,4	18,7
Extrême-Orient. . .	2,3	10,0	158,7	18,3
Adriatique or. (1) . .	2,26	9,7	59,6	6,8
Italie	1,8	7,9	84,8	9,7
Etats-Unis d'Amérique.	1,0	4,6	80,9	9,3
Egypte	0,85	3,7	92,	10,6
Brésil.	0,6	2,6	93,6	10,7

POUR LES EXPORTATIONS MARITIMES :

Pays de destination	Millions de quintaux	% du total	Millions de couronnes	% du tota
Adriatique or. . . .	2,0	18,3	114,5	12,2
Levant, Grèce et Mer Noire	3,5	31,0	357,5	38,3
Italie	2,3	20,5	58,7	6,3
Extrême Orient. . .	0,8	7,0	144,0	15,5
Egypte.	0,5	4,4	156,0	16,7

POUR LES IMPORTATIONS PAR CHEMINS DE FER :

Pays d'origine	Millions de quintaux	Millions de couronnes
Frioul	1,3	
Italie	0,3	26
Hongrie.	1,0	67,5
Suisse	0,5	16,
Carniole, Styrie, Carinthie . . .	5,5 (2)	
Autres provinces de l'Autriche . .	5,6	
Allemagne	0,5	

(1) C'est-à-dire de la côte adriatique à partir de Trieste jusqu'au
Monténégro et à l'Albanie, sauf Fiume et le littoral croate.
(2) Dont 2 millions de la Carniole.

POUR LES EXPORTATIONS PAR CHEMINS DE FER :

A destination	Millions de quintaux	Millions de couronnes
Du Frioul	1,3	
De l'Italie	0,5	16
De la Hongrie	1,3	83
Carniole, Istrie, Carinthie . . .	2,5 (1)	
Autres provinces de l'Autriche . .	4,7	
Allemagne	1,2	

(*N. B.* — Les pays de moindre importance ont été omis dans cette statistique.)

Ces tableaux démontrent les faits suivants :

Pour la valeur de ses importations maritimes, l'Italie occupe le cinquième rang dans le port de Trieste où elle représente 9,7 % du total contre les 6,8 % de la côte orientale de l'Adriatique.

Pour la valeur de ses exportations maritimes, elle y occupe également le cinquième rang et représente seulement 6,33 % de la valeur totale — tandis que la côte or. de l'Adriatique représente 12,2 %, c'est-à-dire le double.

Pour la quantité de ses importations par chemin de fer, l'Italie occupe la septième place et représente seulement 26 millions de couronnes, tandis que les provinces slovènes occupent la deuxième place avec une quantité de marchandises presque égale à celle de toutes les autres provinces de l'Autriche et qui est plus de *dix-huit fois* supérieure à celle importée par l'Italie.

Pour la quantité de ses exportations par chemins de fer de Trieste, l'Italie occupe le sixième rang et représente seulement 16 millions de couronnes, tandis que les provinces slovènes occupent le deuxième rang avec une quantité de marchandises *cinq fois* supérieure à celle exportée par l'Italie.

(1) Dont 1,3 mil. à destination de la Carniole.

Ces conclusions n'ont pas besoin de commentaires ultérieurs !

Etant donnée sa situation, le port de Trieste devrait servir de débouché pour toutes les importations et exportations maritimes de l'Allemagne, provenant de la Méditerranée orientale ou de l'Extrême Orient ou destinées à ces pays. Mais l'Allemagne, à l'aide de frêts et de tarifs réduits, a eu l'habileté, non seulement de se rendre indépendante de Trieste et de Fiume, mais aussi de détourner au profit de ses canaux et ses ports de la mer du Nord une partie du mouvement commercial des provinces septentrionales de l'Autriche. Ainsi nous constatons la présence de nombreux expéditeurs autrichiens à Hambourg.

Néanmoins, rendez-vous de 1.440 voiliers (20.903 tonnes de jauge nette) et de 356 navires à vapeur (459.090 tonnes de jauge nette) qui, en 1913, composaient la marine marchande autrichienne, Trieste, après Marseille, Naples et Gênes, occupe le quatrième rang dans la Méditerranée et est le principal port de l'Adriatique.

Il faut reconnaître au gouvernement, ou pour être plus exact au parlement autrichien, le mérite d'avoir contribué puissamment au progrès de la marine à vapeur. Il est bien vrai que cette politique protectionniste avait, avant tout, le but de favoriser les exportations et l'industrie du fer, mais il n'en est pas moins vrai que pendant la dernière dizaine d'années, la marine marchande autrichienne a augmenté de 75 %, grâce à ce système des subventions, dont bénéficient non seulement les lignes régulières (pour 14 millions de couronnes par an) mais la marine libre aussi (en 1913 : 6 millions de couronnes).

A Trieste ont leur siège non seulement des sociétés de navigation à lignes régulières, telles que le *Lloyd autrichien*, l'*Austro-Americana*, la *Ragusea* et la *Dalmatia*, pour lesquelles Trieste est le port d'attache, mais les armateurs de la marine libre aussi, bien qu'ils puissent diriger leurs navires de n'importe quel endroit. Ils préfèrent néanmoins résider à Trieste où est le siège du « Gouvernement maritime autrichien », de nombreux courtiers et de la bourse, et où leurs navires ont plus souvent l'occasion de relâcher. Toutefois des armateurs importants, tels que Marco U. Martinolich et C°, Lussino et Eredi Matteo Premuda, ont leur siège à Lussinpiccolo et les Compagnies Unione, Napried et Zora à Raguse.

Comme nous l'avons déjà remarqué, les entreprises maritimes de l'Autriche se distinguent en :

I. — Sociétés qui entretiennent des lignes régulières de navigation :

			Paquebots	tonnes de jauge brute
1°	Lloyd autrichien de	Trieste.	66	278.191
2°	Austro-Americana (1)	»	34	144 704
3°	Dalmatia	»	33	13.000 environ
4°	Ragusea	Raguse.	6	3.566
5°	Istria-Trieste	Trieste .	11	2.190
6°	Austro-Croata	Ponte .	3 ou 4	1.000 environ

sans compter six autres petites sociétés qui ont, au total, une importance légèrement supérieure à celle de la seule Austro-Croata.

II. — Sociétés de navigation libre :

			Paquebots	tonnes de jauge brute
1°	Navigazione Libera Triestina .		11	42 015
2°	Navigazione Generale Austr. . (Gerolimich et C°) Trieste .		10	40 598
3°	Martinolich et C°, Lussinpicolo		8	34.551
4°	Lussino	»	5	19.382
5°	Premuda et C°	Trieste .	5	20.000
6°	Tripcovich et C°	» .	33	8.697
	qui sont des Sociétés anonymes.			
7°	Tripcovich et Consorts, Trieste.		16	58.122

(1) L'Austro Americana exerce aussi la navigation libre, mais celle-ci constitue la moindre partie de son activité.

		Paquebots	tonnes de jauge brute
8°	Racich et C°, Trieste. . . .	10	38.800
9°	Unione Raguse. . . .	6	23.043
10°	Naprijed » . . .	8	22.474
11°	Eredi Matteo Premuda, Lussin-piccolo	5	15.932
12°	Cossovich, Trieste	4	13.289
13°	Tarabocchia »	2	7.043
14°	Martinolich et Figlio, Trieste .	7	4 754
15°	Bielich et C°, Koutchichté . .	1	3.500 environ
16°	Perseveranza et Immacolata, Trieste	2	9.000
17°	Pio Negri et C°, Trieste. . .	1	3.000
18°	Jankovich. . . » . .	1	2.500
19°	Zora. Raguse . .	1	3.500

20° Huit autres entreprises de navigation libre (Radivo, Rochlitzer, Panajotopoulo, Pollich, Feltrinelli, etc..) possèdent dans leur ensemble 10.000 tonnes environ de jauge brute. Toutes ces compagnies, du n° 7 au n° 20 inclus, sont constituées par des associations de copropriétaires par indivis et par quirats.

Comme nous l'avons déjà remarqué aux pages précédentes (15 et 16) chez ces dernières sociétés on peut déterminer sur la foi des registres publics la nationalité des armateurs ; ainsi nous pouvons affirmer, d'une manière assez exacte bien qu'approximative, que les associations ci-dessus mentionnées appartiennent :

N°	à des Serbo-Croates	à des Italiens	à des Allemands
8- 9-10	pour 95 %	pour 5 %	—
15-18-19	100 »	—	—
13-17	—	100 »	—
7	50 »	40 »	pour 10 %
11	—	40 »	60 »
12	60 »	30 »	10 »
14	10 »	70 »	20 »
16	—	60 »	40 »
20	33 »	33 »	33 »

Pour ce qui concerne les sociétés anonymes, il est naturellement impossible de déterminer la nationalité des actions, mais suivant la notoriété et plusieurs autres indices, tels la banque qui leur ouvre crédit, la composition du conseil d'administration, et, enfin, suivant les admissions mêmes de M. Alberti, on peut avec une suffisante certitude affirmer : que le *Lloyd* appartient pour 25 % à des Slaves, dans l'espèce à des Tchèques et pour le reste à des Allemands ; l'*Austro-Americana*, pour 15 % à ses fondateurs, la famille Kozulich de Lochigne, pour 10 % à des Italiens et pour 20 % à des Slaves, enfin, pour le reste à des Allemands ; la *Dalmatia*, pour 20 % au Lloyd, pour 30 % à des capitalistes italiens et pour 50 % à des capitalistes serbo-croates de la Dalmatie ; la *Ragusea* pour 95 % à des Serbo-Croates et pour 5 % seulement à des Italiens.

L'*Istria-Trieste* appartient au contraire exclusivement à des Italiens et l'*Austro-Croata* à des Croates de l'Istrie. Pour ce qui est des sociétés anonymes de navigation libre, ci-dessus mentionnées aux numéros 1 à 6 inclusivement, suivant tous les indices dont on dispose, la propriété des actions peut être, par supposition, répartie comme suit :

	Serbo-Croates	Italiens	Allemands	Magyars
1°	40 %	10 %	40 %	10 %
2°	—	40 »	50 »	10 %
3°	—	50 »	50 »	—
4°	—	40 »	60 »	—
5°	—	40 »	60 »	—
6°	50 »	40 »	—	10 »

La marine marchande autrichienne appartient donc au capital allemand pour 393.431 tonnes de jauge brute, soit pour 47,82 % — au capital italien pour 159.314 tonnes (19,37 %) et au capital slave, presque exclusivement serbo-croate, pour 261.626 tonnes (31,80 %) — enfin, au capital magyar, pour 8.260 tonnes, soit pour 1,01 %.

Le capital italien est constitué pour la plus grande partie par les armateurs de Lochigne, tels que les Kozoulich, Martinolich, Geromilich, Premuda, qui sont tous de race slave, quoiqu'ils aient subi les influences dénationalisatrices, dont nous nous sommes occupés à plusieurs reprises (1).

Les équipages, que M. Alberti prétend être composés de marins croato-italiens, sont, au contraire, exclusivement de nationalité serbo-croate. Seulement, suivant les traditions de Venise, les ordres de manœuvre leur sont donnés en italien, langue que l'Autriche a pieusement conservée et cultivée, même dans la marine de guerre, bien que les équipages en comprennent tout juste autant qu'il faut pour exécuter les commandements. Cet état de choses y dure encore de nos jours, bien qu'on substitue graduellement la langue allemande à la langue italienne, de manière à faire de cette dernière la langue de chambrée. Mais en 1866, à la bataille de Lissa, on pouvait entendre sur les vaisseaux autrichiens les mêmes commandements que ceux qu'on clamait dans la flotte italienne.

Le système dont l'Autriche se sert pour empêcher à sa marine marchande de prendre un cachet slave, à quoi elle tend par la nature même de sa composition, consiste tout simplement en ce que, dans toutes les académies de marine, où se forment les capitaines, l'instruction est donnée en langue italienne et que cette langue domine exclusivement au « Gouvernement maritime de Trieste » et dans tous les bureaux qui en dépendent, ce qui constitue encore une preuve de la base artificielle sur laquelle reposent les manifestations de vie italienne sur la côte orientale de l'Adriatique.

(1) Au commencement du XIXe siècle, presque sans exception, dans toutes les familles de Lochigne, de même que dans les villes dalmates, on se servait exclusivement de la langue serbo-croate. L'italien était la langue qu'on employait dans le commerce et dans la vie publique.

Les banques slaves sont représentées à Trieste par une succursale de la *Zivnostenska Banka* de Prague (capital actionnaire et réserves 120 millions de couronnes) ; — par une succursale de la *Ustredny Banka ceskyh sporytelen* de Prague (capital et réserves 66 millions) (1) ; — par la succursale de la *Lioubianska Kreditna Banka* de Lioubiana, et par la *Jadranska Banka* de Trieste, dont nous avons fait mention ci-dessus (p. 67).

Il y a en outre :

	capital (1913)	dépôts (1913)
la Ludska Hranilniça	9.200	595.309
la Trgovsko obrtna Zadruga. .	8 000	1.615.197
la Trzaska posoïlniça	136.042	9.042.691 et

la *Hrvatska-Stédioniça*, dont nous ignorons tout détail, mais qui n'a qu'une importance minime.

Les Impérialistes italiens, par l'organe de M. Alberti, n'hésitent pas à prononcer, d'ores et déjà, les plus graves sanctions contre ces banques, coupables selon eux d'avoir favorisé le développement économique des Slaves — ce qui correspond parfaitement à la vérité — et en outre d'avoir été, en exerçant cette activité, l'instrument conscient du gouvernement de Vienne, ce qui constitue une méchanceté gratuite, dont le lecteur se persuadera par ce qui suit :

La haute finance de l'Autriche est représentée, à Trieste, par les succursales de :

la *Banque austro-hongroise de l'Etat* ;

le *Crédit-Anstalt de Vienne* (capital et réserves 243 millions de couronnes) ;

(1) Ces deux banques, dans l'espèce, la Zivnostenska, s'occupent principalement des très importantes entreprises industrielles tchèques à Trieste (commerce du café et du sucre, forges de Skoda, etc...) ; en outre, elles traitaient les affaires sans tenir compte de la nationalité des clients, ce qu'elles devaient faire par le motif que la Jadranska et la Lioubianska pouvaient suffire aux besoins du commerce et de l'industrie slovène et serbo-croate.

l'*Union-Bank de Vienne* (90 millions) ;
l'*Anglo-Oester. Bank de Vienne* (127 millions) ;
la *Depositen-Bank de Vienne* (43 millions) ;
la *Zentral Bank deutscher Sparkassen* (179 millions).

La seule banque, digne de ce nom, qui s'était formée à Trieste avec des capitaux italiens, était la *Banca commerciale triestina*, fondée en 1859 et ayant un capital de 8 millions ; mais depuis 1904 elle dépend du *Wiener-Bankverein* de Vienne qui a officiellement acquis un quart de ses actions et qui y a placé son représentant et contrôleur.

Une autre banque, la *Banca popolare* fondée au capital de un million, a été liquidée en 1911, et sa succession a été recueillie par une nouvelle banque, la *Banca di credito popolare* qui possède le même capital. Les dix autres banques italiennes de Trieste ne possèdent, prises toutes ensemble, qu'un capital de deux millions en chiffres ronds.

La *Cassa di risparmio* (Caisse d'épargne) *Triestina*, au capital actionnaire de 3,7 millions, s'occupe de prêts hypothécaires et sur gage. Les grands instituts d'assurances (*Assicurazioni generali* et *Riunione adriatica di sicurtà*) où il y a aussi une très large participation de capital allemand et international, placent leurs réserves principalement en hypothèques et dans l'achat d'immeubles et de titres. On peut par conséquent affirmer que tout le commerce et l'industrie de Trieste — sauf ceux des Slaves qui ont leurs propres banques — sont subventionnés et se soutiennent par le capital allemand.

Les plus importantes entreprises industrielles de Trieste appartiennent presqu'exclusivement à des capitalistes allemands ; ainsi les chantiers du *Stabilimento tecnico*, du *Cantiere navale San Rocco* et du *Cantiere navale Triestino* (ce dernier, sis à Monfalcone, près de Trieste), les forges de la *Krainische Industrie Gesellschaft*, la *Spremitura d'oli vegetali*, la *Pilatura di riso*, les brasseries *Dreher*, la *Sufid* (société pour l'utilisation des forces hydrauliques de la Dalmatie), les *Adriawerke* de Monfalcone, la *Fabrique de Linoleum*, la *Société des charbons de Promina*, la *Société du Gaz*, la *Société Greinitz* pour le commerce des articles industriels en fer, etc. etc. En ce qui concerne les autres entreprises industrielles de moindre importance, on peut affirmer que, sauf quelque *très rare* exception, toutes bénéficient d'une très large participation de capitaux allemands.

Dans les branches les plus importantes du commerce en gros, prédominent aussi, et absolument, les intérêts allemands et ceux des autres régions industrielles de l'Autriche (tchèques et polonaises). En effet, seulement la moindre partie des importations et des exportations de Trieste est destinée à la consommation ou à l'industrie locale (qui est d'ailleurs, nous l'avons constaté, principalement allemande), ou provient de ladite industrie, tandis que le reste est accaparé ou est fourni par les industries des provinces nordiques et ne fait que traverser Trieste, en transit. Cette vérité nous est confirmée par l'examen détaillé des principales marchandises qui arrivent à Trieste et qui en partent :

ARRIVAGES

1° Les charbons sont absorbés presque totalement et directement par la *Krainische Industrie Gesellschaft* — le *Lloyd Autrichien* — l'*Austro-Americana* — la *Marine de guerre* — les *Chemins de fer de l'Etat* et la *Südbahn*. Par conséquent, à Trieste il n'y a pas de véritables négociants en charbon en gros, mais de simples courtiers, parmi lesquels beaucoup d'Allemands.

2° Le café du Brésil passe, presque tout, en transit par Trieste et y est traité par de simples courtiers ou des représentants de grandes maisons de l'intérieur (allemandes, tchèques, polonaises). La même considération vaut pour :

3° Le riz de la Birmanie ;

4° la jute de Calcutta ;

5° les grains et semences huileuses de Bombay, dont la moindre partie est destinée à la *Spremitura d'olî vegetali*, à la *Pilatura* et au *Jutificio triestino*, qui sont d'ailleurs des entreprises en grande partie allemandes.

6° Le minerai de fer qu'on importe de Poti (Caucasie), de la Grèce et de l'Espagne, est presque entièrement destiné aux forges de la *Krainische Industrie Gesellschaft* à Servola et à Assling.

EXPORTATIONS :

1° Le sucre ; 2° les produits de manufactures ; 3° la bière ; 4° les machines ; 5° le bois, qui constituent les principaux articles d'exportation, proviennent tous des provinces allemandes ou slaves de l'Autriche, dont les fabriques, presque toutes, ont à Trieste leurs représentants. Par conséquent, les commerçants de Trieste ne peuvent participer à ces opérations que, tout au plus, en qualité de courtiers, et encore leur rôle est bien limité puisque les fabriques et les grandes maisons de commerce autrichiennes, sur l'exemple des Allemands, entretiennent à l'étranger de nombreuses agences, qui traitent directement avec l'acheteur.

Enfin, parmi les principaux expéditeurs, on compte des allemands comme *Scheuker et C°*, et des Hongrois comme *Hoffmann*.

Dans le commerce au détail, les Allemands possèdent aussi les plus importants magasins ; ainsi par exemple : *Greinitz*, pour les articles en fer ; — *Oehler, Weiss* : nouveautés ; — *Salamander, Bernsdorf* : chaussures, etc., etc...

Les Allemands se sont répandus et consolidés à Trieste socialement aussi par le groupe **très** important des fonctionnaires de l'Etat, des professeurs et des maîtres des écoles allemandes, — par leur journal, la *Triester Zeitung*, — par deux sociétés de canotage, — par les cercles

Austria et *Eintracht* — par un somptueux hôtel-restaurant et café *Excelsior*, sis dans l'endroit le plus en vue de la ville, sans que les Italiens eussent jamais songé à lutter contre cette invasion étrangère qui les menace directement.

Les Italiens ne représentent donc à Trieste que la grande majorité des propriétaires, des intellectuels, de la moyenne et de la petite industrie, du moyen et du petit commerce, de la main-d'œuvre, des commis et des employés, qui constituent le gros du personnel des entreprises allemandes susdites, avec lesquels ils n'ont aucune répugnance de collaborer.

Ainsi, derrière le vernis italien de Trieste, se cache non seulement l'influence du capital allemand sur toutes les entreprises italiennes qu'il appuie — et c'est le cas de la presque totalité des négociants et des industriels italiens de Trieste — mais aussi l'influence, plus directe encore, que les chefs des établissements allemands exercent sur leurs subordonnés. Ces relations entre Allemands et Italiens expliquent leurs alliances électorales et l'aversion pour tout contact social et privé que tous les deux affichent envers les Slaves.

Or, nous demandons : pourquoi alors les Italiens du Royaume qui, à ce qu'on prétend, considèrent Trieste comme la perle de leurs terres irrédentes, n'ont-ils pas livré bataille aux Allemands sur ce point contesté pour les empêcher d'y prendre pied ?

La réponse à cette question est bien simple :

1° Les Italiens ont, en général, peu de capitaux disponibles, si bien qu'ils ont dû subir l'invasion de leur pays par les capitaux allemands. En outre, les capitalistes italiens abhorrent les risques du commerce et des placements industriels.

2° Aux Italiens manque en général l'esprit d'initiative et d'entreprise pour les industries modernes et même pour leurs industries anciennes, ce que M. Alberti déplore à l'égard de l'armement des navires. Nous voyons ainsi que, sauf les industries alimentaires et celles des voyageurs, les Italiens ne s'adonnent guère, par leur propre impulsion, qu'aux industries qui existent dans leur pays depuis la Renaissance. Les grandes entreprises industrielles et commerciales modernes sont dues à l'immigration des Allemands qui apportèrent en Italie leurs capitaux, leur initiative et leur travail, en donnant ainsi aux Italiens un exemple d'activité qui trouva enfin des imitateurs.

3° Toute la vie industrielle et commerciale de Trieste dépend des provinces autrichiennes qui sont le centre d'importation et d'exportation de Trieste. L'Italie est économiquement étrangère à Trieste, ce que M. Alberti reconnaît aussi implicitement dans son livre.

M. Alberti prétend au contraire que les Italiens ne pouvaient donner aucun appui à leurs compatriotes de Trieste à cause des lois autrichiennes sur les sociétés anonymes. Mais si les Italiens de Trieste ont pu constituer des banques telles qne la *Commerciale* et la *Popolare*, — si la *Sufid* a été créée par des Italiens du Règne, — si la *Sociéta anonima cemento Portland dell'Adriatico* possède une fabrique de ciment en Dalmatie, comment peut-on affirmer que les Italiens du Règne n'auraient pu influer sur les destinées économiques de Trieste soit directement, soit en fournissant les capitaux nécessaires à leurs compatriotes de Trieste ?

Pour en revenir à notre thèse primitive, nous constatons que c'est un non-sens que d'affirmer que les banques slaves de Trieste sont soutenues par ce même gouvernement autrichien qui s'identifie avec les intérêts des pires adversaires des Slaves, c'est-à-dire avec les Allemands.

Comment le gouvernement autrichien prêterait-il tout son appui aux banques allemandes pour qu'elles réussissent dans leurs projets de conquête, et dans le même temps, il aiderait les plus irréductibles ennemis de ces Allemands ?

Il faut que toute cette série de légendes créées artificiellement par les Impérialistes italiens disparaisse devant la réalité des faits. Il faut que tous ceux qui s'intéressent à la question yougoslave se rendent bien compte de la fausseté des affirmations audacieuses de ceux qui prétendent représenter les Yougoslaves aux yeux de l'Europe comme des créatures de l'Autriche.

De longs siècles de souffrances indicibles protestent contre cette calomnie ! L'histoire est là pour prouver que toute la politique des Habsbourgs a été dirigée contre les Slaves et que ces prétendues faveurs ont été simplement des actes de la plus élémentaire justice que l'Autriche leur consentait après de dures luttes, après de longs refus, et contre lesquels les Italiens protestaient comme s'il se fut agi d'une injustice qu'on leur eut infligée (1).

Les Habsbourgs se sont emparés de Trieste pour étendre leur domination dans l'Adriatique et non pour y établir la puissance économique et politique des Slaves. Ils ont compris Trieste et l'Istrie dans la Confédération germanique. Princes germaniques avant tout, ils ont toujours voulu que leurs provinces allemandes bénéficient de ce débouché sur la mer. Depuis que l'Autriche subit la prédominance de l'Allemagne, Trieste fait partie du programme pangermaniste. Le seul vrai et réel obstacle à la descente des Teutons vers la mer est la présence des masses Slovènes qui, compactes, leur barrent la route à

(1) Pisino, en Istrie, ne compte que 1.500 Italiens contre 2.500 Croates qui vivent dans l'enceinte même de la ville, respectivement contre 14.000 qui se trouvent dans la commune (ville et environs), 28.000 dans le district judiciaire, et 42.000 dans le district politique (sous-préfecture). En 1899, le gouvernement autrichien se décide à y instituer un gymnase croate, *la première école supérieure slave pour les 223.000 Slaves de l'Istrie*. Contre cet acte de tardive et incomplète justice, les Italiens réagirent par les plus violentes protestations. Leur agitation, qui dura plusieurs mois, s'étendit même dans le Royaume, et prit toutes les formes, notamment celle d'un meeting de leurs représentants et de leurs maires, à Trieste.

partir de la Drave. Cet obstacle de 150 kilomètres d'épaisseur ne pouvait être ni brisé, ni renversé. Le seul moyen de l'aplanir était alors celui de la compression politique, intellectuelle et sociale des Slovènes. L'Autriche, en effet, tient séparés un million et demi de Slovènes en cinq différentes provinces, où elle les soumet à la domination des minorités italiennes et allemandes.

Les Italiens, au contraire, n'ont jamais inspiré aucune crainte à l'Autriche. En effet, la totalité des paysans et la bourgeoisie cléricale du Trentin, du Frioul et de l'Istrie sont profondément attachées à l'Autriche et décidément contraires à l'Irrédentisme. En 1911, les Italiens de ces provinces élisaient par suffrage universel douze députés (dix cléricaux et deux socialistes) dévoués au gouvernement et six députés libéraux-nationaux et un socialiste qui étaient pro-italiens. L'accueil que les populations rurales du Trentin et du Frioul ont fait aux « armées libératrices » italiennes, a donné lieu à de très amères constatations de la part du grand journal milanais *le Sécolo* (voir article du 11 octobre 1916). Par conséquent, sans compter le fait que les premières manifestations d'Irrédentisme à Trieste ne remontent qu'à 1866, et que jusqu'en 1891 Trieste élisait des députés fidèles à l'Autriche et même de nationalité allemande, les 119.000 Italiens de Trieste, parmi lesquels il y avait un très fort contingent de socialistes anti-nationalistes et des partisans du gouvernement, et les 147.000 Italiens de l'Istrie, dont une grande partie sont des cléricaux, ne pouvaient inspirer aucun souci sérieux à l'Autriche. Mais même si tous les Italiens de l'Autriche eussent été de fervents nationalistes, quelle crainte pouvait avoir l'Autriche, garantie par la Triple-Alliance de tout retour offensif de l'Italie ? Elle pouvait donc tranquillement continuer à pratiquer le système de la compression des Slaves, et elle l'a fait.

Si le gouvernement autrichien avait voulu que Trieste fut slave, il n'aurait eu autre chose à faire que de concéder aux Slaves des écoles et donner à leur langue la place

qui lui est due, dans l'Administration publique et devant
les Tribunaux. Il aurait en outre octroyé un régime électoral bien différent de celui en vigueur, qui se base sur les
curies et donne aux minorités italiennes la majorité dans
les administrations des communes et à la Diète provinciale. Alors les Slaves auraient eu à Trieste, déjà au commencement du XIX⁰ siècle, ce puissant centre de vie sociale et nationale qu'ils y ont créé il y a à peine une
vingtaine d'années et qui empêche à présent à leurs con-
nationaux de continuer à grossir les files de leurs adversaire ; alors les Slaves représenteraient de nos jours, au
municipe de Trieste, la majorité des citoyens de la ville...

Mais l'Autriche n'a jamais eu d'autre but que de faire
de Trieste une ville allemande. Par ce motif, elle favorisa
les Italiens pour empêcher aux Slaves, qui représentent
une race maîtresse du sol et indéracinable, de donner
leur empreinte nationale à la ville. Cependant l'Autriche
poursuivait lentement son œuvre de germanisation : germanisation des bureaux gouvernementaux, germanisation
des écoles, germanisation des banques, germanisation du
commerce et de l'industrie. Elle a si bien réussi dans son
œuvre et à présent la langue allemande est tellement répandue dans la ville que même les Irrédentistes sont
obligés de la connaître et de la parler à l'occasion, à quoi
ils se prêtent d'ailleurs d'assez bonne grâce.

*
* *

Les Serbes et les Croates de la Dalmatie existent depuis
longtemps à Trieste comme un facteur économique assez
important. Pour les Dalmates, Trieste n'a pas été seulement la ville où leurs marins venaient chercher un em-
barquement, mais aussi le centre d'affaires de leurs armateurs et le domicile préféré des très nombreux capitaines dalmates qui, dans ce port de relâche et où abou-
tissent toutes les lignes régulières, avaient une plus
fréquente occasion de voir leurs familles.

A l'aide de l'industrie maritime et d'heureuses spéculations commerciales, plusieurs Serbo-Croates de la Dalmatie, vers la moitié du XIXe siècle, y avaient acquis de considérables richesses qu'ils employèrent dans la construction de nombreux et grands immeubles de rapport à proximité des quais. La crise de la navigation à voiles amena un temps d'arrêt dans la prospérité de leurs entreprises, qui se rétablirent peu à peu vers la fin du siècle passé, pour prendre un nouvel essor quand les subventions maritimes leur donnèrent le moyen de lutter contre la concurrence mondiale. Nous avons déjà remarqué que, pendant les dix dernières années d'avant la guerre, la marine marchande autrichienne s'est augmentée de *75 pour cent*.

La communauté orthodoxe des Serbes dalmates occupe une des premières places ; l'église de Saint-Spiridon est parmi les plus belles, sinon la plus belle de Trieste ; tout le groupe de maisons à proximité de l'église lui appartient ; c'est là que se trouve l'école serbe et la société de lecture et de réunions. Elle possède aussi d'autres immeubles et des capitaux très importants provenant de nombreux legs pieux. Les Serbes et les Croates de la Dalmatie sont en outre représentés à Trieste par plusieurs maisons considérables de commerce ; par des médecins, des avocats, des fonctionnaires de l'Etat, etc... Leur centre commun de réunion est le *Dalmatinski Skup*.

A Trieste se trouve le siège de la compagnie de navigation *Dalmatia*. La *Ragusea* y a son agence principale. Toutes les entreprises industrielles de la Dalmatie (houillère de Promina, exploitation des forces hydrauliques, fabriques de ciment) y ont leur siège ou y sont représentées ; ce qui constitue une preuve de l'importance que ce grand port adriatique a pour la côte dalmate qui, par la voie de Trieste, importe et exporte la majorité de ses produits(1).

(1) Nous appelons d'ores et déjà l'attention du lecteur sur le point que nous développerons ensuite en traitant de la Dalmatie, c'est-à-dire que l'importance de Trieste pour la Dalmatie dépend du manque des communications entre la Dalmatie et son hinterland.

Depuis quelques années, une grande association serbo-croate et slovène, le *Balkan*, s'occupe des expéditions, des transports et des commissions entre les pays slovènes, la Dalmatie et son hinterland, c'est-à-dire la Bosnie et l'Herzégovine.

A Trieste il y a plusieurs milliers de marins dalmates, masse flottante au gré du mouvement des navires qui, à chaque arrivée dans le port, changent d'équipage. Il y a en outre un groupe considérable de Dalmates établis en qualité d'ouvriers, petits commerçants, hôteliers, etc... Parmi eux, méritent une attention spéciale les débitants et négociants en vins, petits propriétaires, qui depuis une vingtaine d'années, grâce à leur esprit d'initiative ont conquis une importante situation dans cette branche du commerce et ont introduit les vins dalmates à Trieste, où ils étaient inconnus auparavant. Plusieurs, ont poussé plus loin : jusqu'à Gratz, en Styrie, à Vienne et à Prague où, quoique dans une mesure moindre, ils ont obtenu le même succès.

Au contraire, jusque vers le milieu du siècle passé, les Slovènes n'existaient à Trieste que comme la plèbe rurale de la banlieue et de la campagne et, dans la ville, comme la plèbe ouvrière. Tout Slovène qui, en sortant de ces rangs obscurs, s'élevait socialement, devait par nécessité entrer dans la nouvelle société italienne, qui s'était formée depuis 1848 par suite de la protection accordée par le gouvernement autrichien aux Italiens et du système d'oppression adopté envers les Slaves. D'autant plus grand est le mérite des Slovènes qui, aussitôt que par un long et obscur travail préparatoire ils eurent formé un petit noyau d'intellectuels, réalisèrent dans un bref laps de temps des progrès surprenants. Ce phénomène ne pourait être appliqué seulement par les qualités dont les Slovènes sont doués ; un autre facteur bien plus puissant les a aidés : c'est l'union physiologique de la ville de Trieste avec le territoire slovène où elle existe, si bien que le progrès des Slovènes ne se réduit en somme qu'à la manifestation d'une force élémentaire qui brise les barrières artificielles qu'on lui a opposées.

Elément négligeable il y a quelques années, les Slovènes forment à présent à Trieste, avec les Serbo-Croates, un bloc compact d'ardents patriotes et représentent un tiers de la population autrichienne de la ville (1). Des quartiers entiers sont habités presque exclusivement par eux et on y parle de préférence leur langue. Une nombreuse et compacte bourgeoisie slovène (2), un

(1) C'est-à-dire 59.319 contre 118.959 Italiens et Italianisés autrichiens et 8.880 Allemands. Suivant le premier recensement de l'année 1910, il y avait seulement 38.485 Slovènes et un nombre proportionnellement plus grand d'Italiens. Mais de tels abus furent commis à cette occasion par le Municipe de Trieste, qu'une révision du recensement dut être ordonnée par le gouvernement et les nouvelles opérations donnèrent le résultat de 56.916 pour les seuls Slovènes. A leur tour, les Italiens se plaignent d'avoir été, à cette occasion, les victimes d'injustices commises à leur préjudice. Les faits suivants, incontestables, prouvent la vérité du chiffre susindiqué :

1° Les Italiens de Trieste sont maîtres du Municipe, mieux organisés, et socialement et économiquement tout à fait indépendants des Slovènes. Il est par conséquent impossible qu'ils aient subi des abus, qu'ils pouvaient d'ailleurs empêcher en remplissant exactement les fiches de la feuille du recensement, ce qu'ils sont tenus à faire personnellement.

2° En 1911, les suffrages donnés à Trieste aux candidats slovènes atteignirent 11.000 voix ; or, étant 1 : 5 la proportion entre le nombre des électeurs et celui des habitants d'une circonscription, il résulte que les Slovènes de Trieste doivent être 10 × 11.000, soit 55.000, auxquels il faut ajouter un nombre très important et proportionnel aux Slovènes qui se sont abstenus du vote ou qui ont été séduits par les candidats italiens et ont voté pour eux.

3° En 1911, il y avait à Trieste 6.227 écoliers slovènes de 6 14 ans, qui représentent, suivant l'expérience fondée sur les statistiques, le 1/10 de la population. Il faut ajouter à ce chiffre celui des enfants réfractaires à l'école...

(2) Un indice de l'importance de la bourgeoisie slovène de Trieste nous est donné par la fréquentation des écoles supérieures : En 1911 : à l'école réale allemande (lycée polytechnique) il y avait

théâtre national, un cercle, un grand hôtel « *Balkan* » et plusieurs cafés, un journal très répandu (*Edinost*), des librairies, des associations ouvrières, des coopératives, etc.; et, enfin, plusieurs écoles slovènes (1), donnent une empreinte partiellement slave à Trieste.

Malgré leurs progrès qui inspirent des craintes si graves aux Italiens, les Slovènes de Trieste n'ont pu conquérir encore une place dans la grande industrie et, sauf quelques rares exceptions, dans le grand commerce — ce qui d'ailleurs aurait été impossible pour des gens qui, dans un passé très rapproché, se composaient presque exclusivement d'agriculteurs et d'ouvriers. Mais ils sont bien près d'atteindre ce but, qui correspond au développement naturel de leurs énergies et de leur vitalité. La magnifique organisation bancaire et économique qu'ils ont créée, est là pour les appuyer dans ces nouvelles entreprises.

90 élèves slovènes et au gymnase allemand 199. Les Slovènes sont obligés de s'inscrire aux écoles allemandes pour le motif que le gouvernement leur refuse l'instruction supérieure dans leur langue nationale. Les Italiens, au contraire, quoiqu'ayant leur gymnase municipal, font leurs études à ces deux écoles allemandes. (En 1911 : il y avait 201 + 152 élèves italiens).

(1) L'école des SS. Cyrille et Méthode, fondée dans le quartier de Saint-Jacques, en 1887, avec 74 élèves, en avait en 1911, 1537.

V

LES SLAVES DE L'ISTRIE

Les Slovènes occupent la partie septentrionale de l'Istrie dont ils forment le 14,26 % de la population totale, sans prendre en considération Trieste qui, avec sa banlieue, constitue une province séparée, ayant sa propre Diète. Les Slovènes et les Serbo-Croates (ceux-ci occupent le reste de la péninsule et les îles du Kvarner) subirent de différentes vicissitudes historiques, suivant les régions qu'ils habitèrent. En effet, on doit distinguer :

I. Les villes maritimes et le territoire qui en dépendait en l'Istrie occidentale ;

II. La partie orientale ;

III. Les îles de l'Istrie : Loussin (Lochigne), Cherso (Çres), Veglia (Krk) qui appartiennent géographiquement à l'archipel dalmate et y appartinrent politiquement aussi, jusqu'au commencement du siècle passé (1). Les divisions administratives et politiques de l'Istrie présentent une importance spéciale si on prend en considération le fait que, suivant toute probabilité, elles doivent s'être trouvées en harmonie à des conditions spéciales ethnographiques ou économiques qui les ont déterminées.

Sous la domination romaine, l'Istrie orientale appar-

(1) Dans les « Provinces illyriennes, ces îles, avec l'Istrie centrale et orientale faisaient partie de la « Croatie civile » une des six « provinces » de ce nouvel Etat. Le 3 août 1816 François II fit de la Croatie civile un « Royaume d'Illyrie » qu'il maintint jusqu'en 1822, époque à laquelle il rendit au royaume de Croatie les contrées qui lui avaient appartenu, mais annexa lesdites îles à la nouvelle province d'Istrie,

tient à la « Liburnia » qui, avec les îles, est comprise à son tour dans la grande province balkanique de « Dalmatia ». L'Istrie occidentale appartient au contraire à l'Italie ; c'est ici que s'égrenaient le long de la côte les villes commerciales de Tergeste (Trieste), Amulia (Muggia), Piranum (Pirano), Humagum (Umago), Néapolis (Cittannova), Parentium (Parenzo), Ruginium (Rovigno), Pietas Julia (Pola), qui continueront après la chute de l'empire romain à mener la vie autonome des municipes italiens, jusqu'à ce que Venise, après de luttes bien dures, les soumette, vers l'époque des Croisades, à sa domination et ruine de cette manière leur commerce. Le même sort échoit aux îles de l'Istrie, quand, grâce à l'invasion turque, la puissance nationale des Croates faiblit et Venise peut s'en emparer définitivement, de même que de la côte et de l'archipel dalmate.

La partie orientale de l'Istrie, au contraire, resta, au pouvoir des ducs du Frioul et ne cessa pas d'appartenir au groupe formé par les pays slovènes limitrophes jusqu'à ce que Napoléon l'englobe dans l'Illyrie, et l'Autriche qui se substitua à Napoléon dans l'héritage de Venise, la réunit à l'Istrie occidentale avec les îles de Lochigne, Çres et Krk, qu'elle détacha de la Dalmatie.

Suivant les historiens triestins, Kandler et Facchinetti, les aborigènes de l'Istrie auraient été des Slaves — ce qui est aussi l'opinion de l'ethnographie moderne, avec la seule variante que les Slaves auraient été mêlés à des Celtes, qui les avaient soumis. La meilleure preuve à l'appui de cette thèse nous est donnée par le nom même de Trieste — en latin Tergeste — dérivé du mot slave *terg* ou *terjichté*, c'est-à-dire marché — qui correspond à la fonction économique que la ville remplissait même avant la conquête romaine.

L'Istrie a appartenu donc *ab immemorabili* aux peuples slaves qui se trouvaient aussi au nord de la Péninsule et qui géographiquement constituent avec elle un territoire unitaire, l'influence politique de la colonisation grecque (Néapolis) et de la domination romaine et vénitienne ne s'étant étendue au-delà de la côte occidentale.

Depuis le VIII⁰ siècle se manifestent dans l'Istrie de nouvelles immigrations slaves qui proviennent des provinces voisines. Les feudataires allemands de l'Istrie, qui sont en lutte avec les villes romanes et qui leur enlèvent peu à peu leurs territoires, favorisent ce mouvement qui leur procure de nouveaux colons. Venise aussi, à partir du XV⁰ siècle, introduit de nombreux colons slaves dans les régions de l'Istrie qu'elle a conquises, pour les repeupler, puisque les guerres et les pestilences avaient transformé ces contrées en désert (1). Il est donc évident que les villes de l'Istrie puisaient dans le territoire slave, qui les environnait, les éléments nécessaires pour continuer leur vie. La lutte silencieuse et inconsciente, qui se pousuivait dans les villes de l'Istrie entre la vieille bourgeoisie italienne et les jeunes couches slaves, qui se renouvelaient continuellement par de fréquentes infiltrations, aurait fini sans doute par la victoire de ces dernières, si leur situation réciproque n'avait pas changé au cours du XIX⁰ siècle, et si un nouvel élément perturbateur n'avait pas exercé une influence décisive au profit des Italiens. En effet, la bourgeoisie citadine, qui auparavant opposait aux nouveaux venus la barrière de ses privilèges et son dédain séparatiste de race dominante, s'approche graduellement d'eux et s'efforce de les assimiler, mue par les nouvelles institutions populaires et par l'esprit national qui se manifeste de tous côtés, à appuyer sa domination sur une base plus large. Cette œuvre de dénationalisation se poursuit presque sans interruption jusque vers l'année 1866-1867, époque à la-

(1) De l'an 1200 à 1500, il y avait eu trente-et-une épidémies de peste en Istrie et de 1502 à 1558, à Trieste seulement, la peste avait sévi en dix différentes années. En 1580, la ville de Parenzo ne comptait que *trois cents* habitants, et Pola, en 1600, *quatre cents* seulement.

quelle les Slaves de l'Istrie commencent à s'organiser pour
la lutte nationale (1). Nous avons déjà vu dans quels buts
et par quels moyens le gouvernement autrichien a favorisé
cette assimilation de Slaves par les Italiens.

Les fatales conséquences économiques de ces agissements peuvent être aisément déterminées ; d'ailleurs,
il ne s'agit que d'une simple constatation : les Slaves de
l'Istrie, qui au XVIe siècle avaient été dépossédés par la
Contre-Réforme de leur langue littéraire et liturgique,
dépourvus d'écoles, dans l'impossibilité de former aux
villes une bourgeoisie propre et un foyer national, honnis
et bafoués, ne sont jusqu'à l'année susdite qu'une plèbe
rurale presque inconsciente, durement exploitée par le
propriétaire, le commerçant et l'usurier italien (2).

Dépourvus des richesses naturelles que les pays slovènes possèdent, les paysans de l'Istrie n'ont d'autre ressource que l'exploitation d'un sol maigre, aride et rocheux
et, ceux qui habitent le littoral ou les îles, la pêche et la
navigation, en outre. S'ils n'ont réussi à atteindre pas
même l'aisance, ce n'est donc pas faute d'énergie ou
d'application au travail de leur part, mais à cause de la
stérilité de la terre, du manque de capitaux et de tout
encouragement de la part du gouvernement et de la bourgeoisie italienne, propriétaire du sol, détentrice de l'administration provinciale et maîtresse des communes, qui
les haïssait et les traitait en ennemis nationaux. Néanmoins, en cinquante années d'âpre travail, les Slaves de

(1) L'idée nationale s'était manifestée déjà en 1848. En 1861, il y
avait à la diète de l'Istrie deux députés slaves. Mais le parti national ne s'est vraiment organisé qu'en 1870, avec la fondation à
Trieste, du journal *Nasa Sloga* et avec l'assemblée populaire qu'on
tint, en 1871, à Kastva.

(2) Bien souvent, ces fonctions se trouvaient cumulées dans la
même personne. Il y a une vingtaine d'années encore, les taux des
intérêts *hypothécaires* en Istrie atteignaient même *seize pour cent*,
sans que le gouvernement autrichien se souciât jamais d'intervenir dans l'intérêt du paysan slave par l'application des excellentes
lois contre l'usure, dont il dispose.

l'Istrie ont réalisé des progrès remarquables : à présent, ils ont l'administration dans un grand nombre de communes qui étaient auparavant toutes, sans exception, en possession des Italiens, et dix-neuf députés les représentent à la diète de l'Istrie contre vingt-cinq Italiens, et trois au Parlement de Vienne contre trois Italiens. En 1861, ils en avaient seulement deux à la Diète contre vingt-huit Italiens et pas un seul au Parlement. Tels étaient les effets du régime électoral que l'Autriche créa pour opprimer les Slaves et qui se base sur le système des curies d'électeurs ; c'est grâce à ce système que les 147.000 Italiens de l'Istrie dominent encore à la Diète provinciale et dans beaucoup de communes sur 223.000 Serbo-Croates et Slovènes ! (1).

Le réveil politique des Slaves de l'Istrie s'est produit parallèlement avec le progrès de leur organisation scolaire (société des SS. Cyrille et Méthode) (2), et de leurs organisations économiques qui sont toutes coopératives, ce qui correspond au caractère démocratique de leur race.

Quand l'Istrie fera partie de la Yougoslavie, une administration nationale équitable et soucieuse des intérêts du peuple fournira à l'agriculture et à la pêche l'appui et l'encouragement, qui lui ont fait défaut jusqu'à présent.

(1) La curie des villes élit 15 députés, dont 12 italiens et 3 slaves ;
Les communes rurales élisent 15 députés, dont 3 italiens et 12 slaves ;
Les grands propriétaires (107 électeurs) élisent 5 députés italiens ;
La Chambre de commerce de Rovigno (13 électeurs) élit 2 députés italiens.
La cinquième curie, instituée en 1908 sur la base du suffrage universel, élit trois députés italiens et cinq slaves. Mais les circonscriptions électorales en sont formées de manière que les Italiens soient énormément avantagés. Ainsi il y en a une où 5.820 électeurs italiens disposent d'un mandat, tandis qu'une circonscription croate de 20.925 n'a le droit d'élire qu'un seul député.

(2) Tous les pays yougoslaves, dans l'espèce la Dalmatie et la Croatie, contribuent à l'entretien de la section istrienne de cette société.

La population de l'Istrie connaîtra enfin le bien-être et une nouvelle vie animera ce pays, qui depuis si longtemps attend un régime de justice et d'équité.

Les industries agricoles et l'industrie minière (houille) qui n'est exploitée que par la *Länderbank* de Vienne à Vines-Carpano ; celles du ciment, de la verrerie, des conserves alimentaires (sardines), des pierres de taille, pour lesquelles existent en surabondance des matériaux excellents, se développeront davantage et plusieurs nouvelles industries surgiront dans ces branches grâce aux nouveaux débouchés qu'elles auront dans les pays yougoslaves.

Dirigées par un gouvernement national et démocratique, dont le but principal sera d'élever les conditions économiques de la population, les classes pauvres de l'Istrie participeront directement aux bienfaits de la nouvelle situation de leur pays.

Nous préférons ne pas envisager l'avenir de l'Istrie dans le cas où les rêves des Impérialistes italiens devraient se réaliser... D'ailleurs, ils ne cachent pas leurs intentions et leurs projets : la guerre sans merci à tout ce qui n'est pas italien ; l'exploitation à outrance de toutes les ressources du pays en hommes et en matériaux suivant les systèmes employés par les Vénitiens ; l'oppression du paysan comme elle se pratique actuellement encore en Italie ; la concurrence désastreuse des produits agricoles italiens : telles seraient les tristes perspectives [de la malheureuse province !

VI

LES SERBO-CROATES
JUSQU'A L'INVASION TURQUE

(Partie Générale).

Des régions des Carpathes, leur patrie primitive, attirés
vers leur territoire actuel par la grande migration des
peuples, les Yougoslaves, sans organisation commune,
du milieu du Ve siècle au VIIe, se répandirent peu à peu (1)
dans les contrées méridionales où, grâce à leur force
ethnique, ils s'assimilèrent peu à peu les races étrangères
qu'ils y rencontrèrent.

Ce phénomène mérite d'attirer notre attention. En effet
dans les Gaules, en Espagne, en Italie, la civilisation
latine impose graduellement sa langue et ses institutions
aux conquérants barbares qu'elle finit par absorber. Les
Slaves, au contraire, non seulement ne se laissent pas
dénationaliser par les aborigènes, mais les attirent à soi
de telle manière que toute différence des races disparaît

(1) C'est un mouvement migratoire caractéristique et tout à fait
différent de celui des peuples germaniques (Francs, Vandales, Vi-
sigoths et Ostrogoths) ou des races jaunes (Huns, Avars, Magyars)
qui, avant d'envahir le territoire dont elles veulent s'emparer par
la force, s'organisent sous la direction d'un chef suprême. Par ce
motif, chez les Slaves, l'autorité royale se forma beaucoup plus tard
que chez les Germains, et ne fut jamais une institution unitaire,
commune à toute la race.

D'autre part, la postériorité de leur immigration a eu pour effet
que les Slaves, à leur arrivée dans les nouvelles contrées, se sont
trouvés en présence d'un Etat allemand déjà puissamment organisé
et doué d'une force d'expansion qu'il exerçait au détriment de ses
voisins.

complètement. Même asservis par les Bulgares, les Slaves
leur font adopter leur langue, si bien que du conquérant
il ne reste que le nom, l'empreinte du type mongol et
l'agglutination dans la formation des mots. La noblesse
bosniaque se convertit en masse à l'Islamisme, mais elle
n'accepta jamais la langue turque. Encore de nos jours,
malgré leur antagonisme religieux avec leurs compatriotes restés fidèles à la Croix, les musulmans de cette
province ne parlent d'autre langue que la serbo-croate
et cultivent avec passion la poésie nationale.

Il n'y a eu que les Slovènes, dont tout une partie s'est
laissée dénationaliser par les Allemands — mais à ce fait,
moins que leur condition de serfs de la glèbe, contribua
un élément tout puissant à cette époque-là, c'est-à-dire le
clergé national allemand qui les convertit au christianisme.

Chez les anciens Slaves, la base de la vie sociale était la
famille, et la réunion de plusieurs familles, descendant
des mêmes ancêtres, en des communautés (*bratstvo*) qui
vivaient sous l'autorité d'un chef (*tchelnick*) qu'elles s'é-
lisaient. Tous les membres de la communauté vivaient
en pleine égalité entre eux. Leur occupation était l'agriculture et l'élevage du bétail. Des industries domestiques
très développées, une morale élevée, une religion inspirée du culte des forces de la nature et du principe de
l'immortalité de l'âme, mettent les Slaves sur un rang
supérieur à celui des autres peuples barbares.

Plusieurs « *bratstva* », forment la tribu (*plémé*) dont le
territoire est appelé « *joupa* » et se trouve sous l'autorité
d'un « *joupan* » également élu, qui est le juge suprême
et le chef en guerre. Au milieu de la *joupa* se trouve
une enceinte fortifiée (*grad*), siège des réunions des
tchelnik et lieu de marché. A cette époque primitive,
les Slaves, de même que les autres barbares, ignoraient
ce que c'est que l'idée de la patrie et de la nation. Leur
horizon politique était borné à leur tribu. Pourtant l'i-
dentité de la langue, de la religion et des mœurs, la

communauté de l'origine et des traditions les rapprochaient et leur inspirait un vague sentiment de l'unité nationale. Les luttes avec les Germains et les Avars obligèrent plusieurs tribus à s'unir sous l'autorité d'un prince (*knèze*). La nécessité d'une forte discipline militaire, la vaillance guerrière des chefs qui se continuait dans certaines familles et en augmentait la richesse et l'autorité, détermina la transmission des commandements par voie d'hérédité et la formation d'une aristocratie. L'exemple et l'influence directe des Francs, et plus tard des Byzantins, avec lesquels ils se trouvent en contact et en lutte, y contribua aussi.

Les Serbo-Croates sont connus jusqu'au commencement du IXᵉ siècle, sous le nom générique de Slovènes. Vers la fin du VIIIᵉ siècle, la Croatie était limitée à une principauté qui s'étendait sur la côte adriatique du fleuve Arsa (Istrie orient.) au fleuve Cetina (en Dalmatie, au sud de Split) et se prolongeait dans l'intérieur du pays, au sud de la Save, jusqu'à la Drina. Parmi les autres nombreuses principautés, une était appelée Serbie et occupait à peu près le territoire compris entre les vallées de la haute Drina et du Lim, c'est-à-dire la partie nord-est du Monténégro et une partie de l'ex-Sandjak de Novi-Pazar. Ces deux noms de tribus, qui étaient d'ailleurs communs à d'autres Slaves, furent ensuite adoptés comme des noms politiques et nationaux par les Slaves occidentaux du Balkan (1).

Dans la première période historique des Serbo-Croates, c'est-à-dire à partir de leurs premières immigrations jusqu'à l'extinction de la dynastie nationale croate (1102), les faits suivants, qui offrent un intérêt particulier au point

(1) Les Slaves de la Lusace étaient appelés « Serbes » et c'est le nom que portent encore leurs derniers survivants. A l'époque des empereurs saxons et franconiens, la région qui fut plus tard nommée petite Pologne était connue comme *Chrobatia*. Lucius, l'historien dalmate de 1500, nous rapporte que les Dalmates et les autres Slaves, leurs voisins, appelaient leur langue *Kruatam* vel *Serbam*.

de vue social et économique, sont dignes d'une mention spéciale :

1° Les Serbo-Croates qui n'avaient jusqu'alors jamais vu la mer, s'adaptent bientôt au nouvel élément et deviennent d'excellents marins. La principauté de la Néretva, qui s'étendait du fleuve Cétina au fleuve Néretva, attaquée par les Vénitiens, qui ravagent les côtes dalmates pour s'emparer du bois et y faire des razzias d'hommes, qu'ils vendaient ensuite sur les marchés levantins, organise bientôt des puissantes flottes, attaque à son tour les Vénitiens et les bat à plusieurs reprises. Ensuite, les Narentains se mettent à piller les navires vénitiens. En 887, les Vénitiens, après la défaite et la mort de leur doge, Pierre Candiano, survenues près de Makarska, pour pouvoir naviguer librement sur l'Adriatique, doivent s'engager à payer un tribut annuel aux ducs, et après aux rois de Croatie. Ce tribut a été payé sans interruption, jusqu'en l'année 1000.

En 871, le prince de Croatie Domogoï, qui était vassal du roi des Francs, Ludovic, prend avec sa flotte une part prépondérante à l'assaut et à la prise de Bari, et la délivre des Sarrazins.

En 1083 et 1084 le roi de Croatie Dmitar Zvonimir, allié du duc normand Robert Guiscard, bat complètement près de Durazzo (Albanie) et dans les eaux de Corfou les flottes byzantine et vénitienne.

2° Toute la vie sociale, politique et économique des principautés slaves, gravite vers la mer Adriatique. Les villes dalmates (Klis, Bihatch, Knin, Belgrade-sur-Mer, Nine, Trogir, Solinc) étaient le siège des princes et des grands dignitaires ecclésiastiques croates qui, de là, administraient l'intérieur du pays. Les Croates fondent en Dalmatie de nouvelles villes : ainsi Belgrade et Chibenik et Nine, auxquelles ils concèdent la même autonomie que celle dont jouissaient, suivant leurs statuts, les autres villes dalmates.

3° Les Slaves entretiennent les meilleures relations

avec les villes autonomes dalmates : Zadar, Trogir, Split, Doubrovnik et Kotor, dont les classes dirigeantes, pendant cette première époque, sont romanes ou latines, c'est-à-dire qu'elles conservent la langue, les institutions et la culture latines. Ces villes ont leur flotte et exercent librement le commerce et la navigation tant pendant l'époque de la suzeraineté byzantine qu'à partir de l'année 882, où elles payent un tribut aux princes ou rois croates. Leurs prévôts (prior) étaient confirmés par les rois de Croatie et avaient le titre et la charge de grands dignitaires du royaume.

4° Les Slaves s'approchent spontanément des grands foyers de culture de Rome et de Byzance. Les principautés slaves sont administrées et organisées sur le modèle adopté par les Francs et les Normands. Les progrès économiques et sociaux y sont très rapides ; la culture intellectuelle y fleurit suivant les conditions de l'époque. La langue slave est adoptée à l'église malgré les dures luttes qu'elle doit soutenir avec la liturgie latine, qui fait tous les efforts possibles pour la supplanter, et prend des formes littéraires.

Les ruines des châteaux royaux et des nombreuses églises construites par les Serbo-Croates pendant cette époque, les abondantes trouvailles qu'on fait en armes, ornements, etc... dans les monuments funéraires, nous témoignent de la prospérité des Etats slaves. Si déjà au commencement du Xe siècle, suivant le témoignage de l'empereur et historien contemporain Konstantin Porphyrogénète, le seul prince croate Tomislav pouvait lever 100.000 fantassins et 60.000 cavaliers et armer 80 grands navires ayant chacun 40 hommes et 100 plus petits avec une chiourme de 10-20 hommes chacun, on peut en conclure qu'un Etat capable d'un pareil effort devait être doué d'une puissante organisation et devait posséder de très importantes ressources économiques.

Dans la société slave, s'est opérée une transformation due aux fréquentes guerres et à l'influence des traditions romaines qui se sont perpétuées dans les villes dalmates, c'est-à-dire qu'un nouvel élément, les serfs, y fait son apparition. Mais, en dehors des villes, le peuple est libre et jouit des mêmes droits que les nobles.

*
* *

La seconde période de l'histoire des Serbo-Croates, qui va jusqu'à l'invasion de leurs territoires par les Turcs, nous présente ce phénomène que, précisément quand la puissance des rois croates commence à faiblir, les Némania fondent dans la principauté de Serbie le noyau d'un puissant nouvel Etat. Grâce à la faiblesse des Grecs, les Némania rejetèrent les derniers restes de la suzeraineté byzantine et étendirent leur domination sur la plus grande partie de la Péninsule balcanique. Etienne, le premier couronné, obtint de Rome le titre royal (1217) et Douchan (Etienne-Douchan) dit Douchan « silni » (1331-1355) prit le nom d'empereur des Serbes et des Grecs. Après avoir réduit à son obéissance les Albanais, la Montagne Noire et la plus grande partie de la Macédoine, il pénétra au sud jusqu'au golfe de Corinthe et à l'est jusqu'à Andrinople ; Belgrade et une partie de la Bosnie furent également rattachées à ses domaines ; il marchait sur Constantinople, quand sa mort subite sauva peut-être les Grecs d'un désastre. Les succès de Douchan ne s'expliquent pas seulement par ses mérites personnels. La Serbie avait alors atteint un remarquable degré de prospérité. Les mines assuraient au souverain de larges revenus (1) ; Le Code célèbre qu'il avait donné à ses sujets fixait les droits publics et respectait les traditions nationales. L'indépendance politique était garantie par l'indépendance religieuse : Etienne était déjà revenu à l'obédience orien-

(1) Déjà au commencement du XIIIe siècle, le roi Ouroch Némania entreprit l'exploitation des mines de Prizrend, Roudnik, Yaniévo, Novo Berdo, Kopaonik, Treptcha, Kratovo, Srébréniça, Olovo, Kroupanié.

tale et avait obtenu la fondation d'un archevêché serbe
à Petch, dont le premier titulaire fut le frère du roi,
Saint-Savas. Douchan, à son tour, érigea l'archevêché
en patriarcat qui, jusqu'au XVIII⁰ siècle, conserva à
l'église serbe son autonomie complète. Les couvents,
nombreux et riches, étaient des foyers de civilisation et
d'art (1). Contre les Hongrois, Douchan s'appuyait sur
les Vénitiens, et il ménageait Doubrovnik, dont les marchands parcouraient ses Etats et où il se rendit personnellement par deux fois en 1349 et en 1350, accueilli
par de splendides réceptions. A Skoplié, à Petch, à Prizrend, les artistes italiens se rencontraient avec les fugi-
tifs et les émigrés byzantins. A côté des souveraines
grecques, des princesses d'origine latine apportaient à la
Cour leurs élégances et leurs mœurs.

Douchan, qui avait pressenti la gravité du péril turc,
demandait à Innocent VI de le nommer Capitaine de la
Chrétienté contre les Musulmans ; l'empereur Charles IV
de Luxembourg saluait avec joie les projets de « son
très cher frère qu'unissait à lui la sublimité de la même
généreuse langue slave » ; mais le Pape préféra donner
au roi de Hongrie le titre de porte-enseigne de l'Eglise
catholique contre les Serbes infidèles !

Cependant, à peine Douchan fut-il descendu dans la

---

(1) Saint Savas avait déjà construit les magnifiques monastères
de Stoudénitza et Hilendar ; le roi Miloutine, après ses victoires de
la fin du XIII⁰ siècle, dicta la paix à Byzance et, devenu le gendre
de l'empereur grec (1299) dirigea les efforts de sa politique pour
attirer vers lui les sympathies de ce monde dont il ambitionnait la
conquête. Il construisit à Constantinople une des plus belles églises,
avec un hôpital ; à Salonique des palais et l'église de Saint-Nicolas
et Saint-Georges ; à Jérusalem, une église. Les plus magnifiques sont
pourtant celles qu'il érigea dans ses Etats, c'est-à-dire l'église de
Bagnska (entre Mitroviça et Novi Pazar) et le monastère de Gratchaniça, près de Kosovo.

Stévan, le père de Douchan, éleva l'église de Detchani entre Petch,
et Diakoviça, de laquelle il prit le surnom de Déchanski.

Douchan Silni est le fondateur de l'église des saints Archanges
Michel et Gabriel, près de Prizrend sur la Bistriça.

tombe, que les querelles intestines reprirent. La Macédoine était encore mal soumise; la Bosnie, travaillée par
l'hérésie bogomile ; le littoral regardait vers l'Occident.
La faiblesse des héritiers de Douchan et leurs querelles
de famille favorisèrent l'anarchie. Les Turcs trouvèrent
ainsi devant eux, non pas un peuple uni dans la même
volonté de résistance, mais un assemblage de principautés
féodales. Quinze ans après la mort de Douchan, la puissance serbe s'effondrait à la bataille de Tchernomiéna,
sur les bords de la Maritza (26 novembre 1371).

La bataille de Kosovo (15 juin 1389) acheva la ruine
des Serbes qui, néanmoins, continuèrent leur résistance
jusqu'en 1521 où Belgrade, leur dernière forteresse, fut
prise par les Turcs.

Comment expliquer la décadence si rapide de l'empire
des Némania ? Il est certain qu'un peuple qui n'avait pas
encore accompli son évolution nationale, courait un immense péril à entrer en contact trop immédiat et constant
avec une civilisation raffinée jusqu'à la corruption. Les
monarques serbes ont subi le même sort que les descendants de Clovis ; ils ont emprunté au monde grec, qui
les entourait et les fascinait, ses faiblesses et ses vices,
le goût de la subtilité théologique, le besoin du luxe, les
habitudes de duplicité et d'intrigue. La politique des
souverains n'était pas soutenue par l'instinct national et
leurs victoires n'avaient pas d'avenir, parce qu'elles ne
naissaient pas du passé. Les institutions féodales qui
s'étaient développées chez les Byzantins et qu'avait ensuite fortifiées l'invasion latine du XIIIᵉ siècle, favori-
saient l'esprit de séparatisme qui avait ses origines dans
la configuration géographique du pays et dans l'organisation sociale antérieure des diverses tribus.

Ces divisions intestines furent encore aiguisées par les
querelles religieuses, inévitables à une époque où la pensée ne se manifestait que sous une forme théologique.

L'hérésie bogomile, qui des Balkans se répandit dans
l'Europe occidentale, avec les Catarins et les Albigeois,

rallia chez les Yougoslaves des millions d'adeptes et ils
dominèrent en Bosnie. Les persécutions de la part des
souverains orthodoxes, auxquelles faisaient pendant les
persécutions des rois croates, laissèrent des rancunes qui,
au moment de l'invasion, se traduisirent par de redoutables
défections, et elles préparèrent le terrain à l'apostasie
en masse de la part de la noblesse bosniaque, qui trouva
dans le monothéisme rigoureux de l'Islam une doctrine
plus conforme aux principes des bogomiles (1). Cependant on trouverait à la même époque l'équivalent de ces
symptômes morbides chez la plupart des nations de l'Europe. La cause réelle et suffisante de la défaite des Serbes,
il faut la chercher dans ce qu'ils étaient au premier rang
de la défense chrétienne, et qu'ils en constituaient l'avant-
garde. Ils furent la victime d'une calamité tragique, analogue à celle qui a condamné la Belgique à d'atroces dé-
vastations. Si les Yougoslaves, comme les Russes, ont si
longtemps végété dans une demi-barbarie, c'est qu'ils
avaient couvert de leur courage et de leurs souffrances
l'Europe qui, derrière eux et grâce à leur résistance, a eu
le temps de se reprendre et de s'organiser. Au contraire,
s'ils avaient faibli, et si en renonçant à leur religion ils
avaient fait cause commune avec leurs oppresseurs, depuis
longtemps toute l'Europe, sauf, peut-être, les îles britan-
niques, serait devenue le domaine des hordes mongoles,
tartares et turques (2).

*
* *

Les rois hongrois apportèrent au début une nouvelle
vie à l'État croate, qui conservait sa complète indépen-

---

(1) La principauté de Bosnie, tour à tour soumise par les rois
croates et par les rois serbes, est toujours prête à se rebeller. En
1377, elle se constitue en royaume.

(2) Dans son œuvre : *La Grande Serbie*, M. E. Denis nous a donné
un précis si complet et si lapidaire de cette période de l'histoire yougoslave, que nous nous sommes permis d'en transcrire presque
intégralement quelques pages.

dance puisqu'il ne s'agissait que d'une union purement personnelle ; mais dans le même temps, la turbulente noblesse croate avait désormais à faire avec un roi, dont l'autorité était rehaussée par l'éclat d'une autre couronne et par l'appui que l'armée hongroise pouvait à l'occasion lui donner.

En effet Coloman (1102-1116) soumit à l'autorité royale les villes dalmates qui, en se plaçant sous la protection nominale de Byzance, dans le fait s'étaient déclarées indépendantes. De longues luttes s'engagent avec Venise pour la domination de la côte dalmate, au cours desquelles les villes et les îles dalmates changent plusieurs fois de maîtres et Belgrade-sur-Mer, la résidence préférée des rois croato-hongrois est, en 1125, rasée par les Vénitiens. Ces guerres qui durent jusqu'au commencement du XVe siècle, sont continuées avec une extrême opiniâtreté de la part de Venise, bien que les villes dalmates eussent manifesté leur préférence pour la domination croate, plus libérale et exempte de tout danger pour leur trafic, et bien que la fortune militaire ne lui fut pas d'habitude favorable car, en 1381, le roi Ludovic d'Anjou avait même obligé Venise à lui payer un tribut annuel de 7.000 ducats. Jamais Venise n'aurait établi sa domination sur la côte orientale de l'Adriatique sans l'invasion turque qui minait l'existence et absorbait toutes les énergies des Etats slaves. Un fait qui, de nos jours, n'aurait aucune influence sur la volonté des populations mais qui, au Moyen-Age, était d'une gravité exceptionnelle, fit aussi pencher la balance au profit de Venise : en 1409, la République acheta pour 100.000 ducats de Ladislas de Naples, le rival du roi Sigismond, ses droits hypothétiques sur la Dalmatie, et cela suffit pour donner à la nouvelle conquête de Venise une auréole de légitimité qui l'aida puissamment à s'y maintenir malgré les deux guerres que le roi Sigismond lui fit (1411-1420).

L'organisation de l'Etat croate était trop faible pour résister à la fois à l'assaut de plusieurs ennemis ;

depuis la fin du XIIe siècle, la féodalité avait remplacé peu à peu l'ancienne organisation nationale, qui se basait sur l'union des grands groupes de familles. La société maintenant se fractionne en haute et basse noblesse, en citadins, en paysans libres, en affranchis (libertini) et serfs (coloni) et en esclaves. Ces trois dernières catégories sont sujettes à la juridiction de leur seigneur. L'Etat croate était devenu une oligarchie de petits potentats qui faisaient chacun leur politique à part et leurs guerres personnelles, toujours d'accord seulement pour contrecarrer l'autorité royale ; une situation analogue à celle qui existait en France à l'époque de la guerre de Cent Ans. L'invasion tartare (1241-1242) qui ravagea horriblement tout le pays sauf les châteaux-forts et les villes fortifiées, en détruisant complètement les progrès économiques et sociaux accomplis pendant des siècles de travail et d'efforts, porta au comble la ruine dont l'Etat ne put se relever que très lentement et d'une manière incomplète. Désormais la vie sociale et le progrès se concentrent au littoral et dans les villes royales de la Croatie, auxquelles le souverain concède de nombreux privilèges pour se créer un point d'appui contre les grands feudataires. Les franchises octroyées aux villes croates leur créaient une situation plus autonome que celle dont jouissait à cette époque-là même Londres, la ville douée du statut le plus libéral qu'on connût alors en Europe.

A cause des désordres, des luttes et des ravages qui règnent tout autour, les villes attirent à elles, comme vers un port tranquille, beaucoup de monde et même des nobles qui y cherchent refuge. Les sciences et les études y sont cultivées ; les chapitres et les couvents se donnent la tâche de les entretenir. Les industries et le commerce y fleurissent et y apportent de grandes richesses qui favorisent le développement des beaux-arts: la magnifique cathédrale gothique de Zagreb construite au commencement du XIIIe siècle, et la splendide église de Sainte-Marie à Topusko, construite vers la même époque et dans le même style, font pendant aux églises romanes de Saint-Jérôme et de Sainte-Anasthasie de Zadar (1) (XIIe et XIIIe siècles) et aux cathédrales de Trogir (1420) et de Chibenik (1450), cette dernière dans le style de la première Renaissance). Les villes royales de la Croatie commercent avec la Hongrie, les pays slovènes, la Bosnie et la Dalmatie ; les voies fluviales et d'excellentes routes entretiennent les communications : la principale était celle qui de Vachka sur la Drave menait par Virovitice, Varajdine, Zagreb, Turopolié, Kupa et Topusko où elle se bifurquait en deux branches, dont l'une se dirigeait à Brigne, Vratnik et Ségne (littoral croate) et l'autre à Bihatch, Knin, Chibenik et Zadar (littoral dalmate). Les villes dalmates commerçaient avec la Croatie, la Bosnie et l'Herzégovine et, par leurs flottes nombreuses, objet de convoitise de la part de Venise, avec les ports de la côte italienne.

Dans les villes dalmates peu à peu, s'est opéré pacifiquement un changement radical. Un grand nombre de Slaves, ayant quitté la campagne, sont venus s'y établir. Tout en conservant dans la vie publique la langue latine, on y emploie aussi la langue serbo-croate, qui était parlée maintenant par la majorité des citoyens. Déjà en 1177, un chroniqueur nous rapporte que le pape Alexandre III, à l'occasion de sa visite à Zadar, est accompagné jusqu'à l'église de Sainte-Anastasie par tout le peuple « qui chante en langue esclavonne des louanges infinies ».

Jean Lucich (Lucius) de Trogir, l'historien dalmate du XVIIe siècle, affirme que les citadins dalmates étaient devenus bilingues ; qu'ils se servaient de la langue latine seulement pour les écritures et parlaient la langue slave et « une langue latine corrompue, comme l'italienne ». Un envoyé du gouvernement vénitien en

______

(1) Nous ne citons pas l'église lombarde de Saint-Donat à Zadar, construite au commencement du IXe siècle, pendant la domination byzantine.

1553 communique dans sa relation qu'en Dalmatie, sauf
de très rares exceptions, tout le monde s'habillait à la
mode slave et vivait suivant les mœurs de cette race ; les
hommes parlaient souvent en public la langue « franque »
(italienne) aussi ; mais dans leur famille, on parlait exclusivement la langue slave, puisque leurs femmes n'en connaissaient pas d'autre. Dans les villes dalmates, où l'écriture nationale est très répandue (1), se préparait déjà à
une époque antérieure la même évolution qu'à Raguse où,
dans la littérature, la langue italienne se substitua, au
XVI⁰ siècle, à la langue latine, pour être à son tour sup-
plantée, à partir du commencement du XVII⁰ siecle, par
la langue serbo-croate.

En même temps, et comme dans tout le reste de l'Europe, à l'anarchie du régime féodal se serait substituée
une monarchie absolue qui aurait unifié la nation, puisque
l'identité de la race était trop marquée pour qu'il pût
exister deux Etats séparés. D'ailleurs la Bosnie, qui flot-
tait entre le groupe croate et le groupe serbe, aurait fini
par s'attacher à l'un ou à l'autre, et à en détruire l'équilibre.

La domination de Venise, fatale à la prospérité commerciale des villes dalmates, de la Bosnie et de l'Etat croate,
dont la Dalmatie constituait la base économique et le
centre de la vie politique et nationale, n'aurait pu durer
longtemps...

Hélas ! la fatalité accabla les Croates, de même que les
Serbes, en les mettant en conflit avec les Turcs. Les
Croates luttèrent, eux aussi, héroïquement avec le roi

---

(1) Les caractères glagolites, ceux dont les saints Cyrille et Méthode se servirent pour leur traduction de la Sainte Ecriture et des
livres lithurgiques, se conservent encore chez les Croates pour le
rituel paléo-slovinique. En Serbie, au contraire, ils se transfor-
mèrent graduellement en écriture cyrillienne, dont se servent les
Serbes. La *Bosantchiça* une écriture qu'on employait en Croatie,
Dalmatie et Bosnie jusque vers la fin du XVI⁰ siècle, représente une
phase intermédiaire de cette évolution.

Sigismond et le roi Vladislav, aux désastreuses batailles de Nicopolis (1396) et Varna (1444) — puis avec Hunyadi Janos à la bataille de trois jours, dans la plaine de Kosovo (1448) ; ils prirent part à toutes les heureuses campagnes du héros transylvain et de Mathias Corvin, que la chanson nationale célèbre comme « Sibinianinc Ianko » et le « roi Mathias »; ils subirent en combattant à eux seuls les dures défaites de Krbava (Udbina) en 1493, et dans les montagnes de Pliéchiviça en 1520 ; enfin, avec les Magyars, celle décisive et funeste de Mohatch (1526) qui établit la domination turque même dans la Hongrie.

Malheureusement la féodalité avait ruiné les finances, détruit l'organisation, la prospérité économique et l'esprit national des couches plus larges et plus profondes de la population (1), créé partout des rivalités et des haines qui avaient rétréci l'horizon politique. L'Etat croate, par conséquent, ne pouvait — sans avoir un secours de ses voisins, qui assistèrent au contraire impassibles à la catastrophe, dont ils espéraient tirer un profit — lutter avantageusement contre un peuple barbare, mais plein de vigueur, uni par le même enthousiasme fanatique et par une discipline de fer sous le commandement absolu de sultans doués des plus éminentes qualités politiques.

Et la destinée s'accomplit...

(1) La condition des paysans, devenus presque partout des serfs, était tellement dure que, dans l'ancienne Serbie et en Macédonie, ils considérèrent au début les Turcs comme des libérateurs.

VII

LA DOMINATION TURQUE

(Partie générale).

Vers la moitié du XVI° siècle, presque tous les Balkans
se trouvent sous la domination turque.

De la Croatie indépendante, il ne reste désormais qu'un
coin de terre marqué par une ligne qui, de Sègne à
Oguline et Karlovci, suit la Kupa jusqu'à Sisak et traverse
ensuite les districts de Ivanitch, Krijevci et Koprivniça
jusqu'à la Drave. En Dalmatie seulement les îles et les
villes maritimes plus importantes peuvent se sauver de
l'invasion.

Dans tous les pays soumis à la domination turque, le
sol devint propriété de l'Etat et toutes les différences sociales disparaissent devant le pouvoir absolu du sultan.
C'est de cette autorité suprême qu'émanent directement
les pouvoirs dont sont investis les gérants d'une fonction
civile ou militaire. Seulement en Bosnie Herzégovine,
l'aristocratie féodale slave, étant passée en masse à l'islamisme, a conservé ses privilèges.

L'égalité devant la puissance du sultan valait bien
entendu seulement pour les Mahométans ; les infidèles
(*giaours*=hérétiques), qui au commencement de l'invasion
turque avaient été tolérés dans un but politique, devinrent
plus tard, lorsque la nouvelle domination se consolida, le
raïa exposé à toutes les violences et aux caprices les
plus cruels des maîtres. Les terres de l'Etat forment des
propriétés appelées *timars* ou *ziamets* suivant qu'elles
donnent une rente annuelle inférieure ou supérieure à

400 ducats. Celles-ci sont attribuées leur vie et leur fonction durant aux pachas, aux agas, en général aux grands chefs civils ou militaires. Les *timars* au contraire sont concédés héréditairement à des militaires, qui se sont distingués, et impliquent la charge de fournir à l'armée du sultan un nombre déterminé de cavaliers et de les conduire personnellement en guerre. Les propriétaires des *timars* et des *ziamets* sont les *spahis* ou *seigneurs* auxquels les cultivateurs chrétiens payaient la dîme, sans compter les dons, les prestations et les corvées de toute espèce. Ils devaient en outre un tribut en argent (*haratch*) au sultan, qui donnait l'occasion aux agents du fisc de commettre les plus horribles violences. Le *raïa* leur devait payer directement les droits de perception, de même que les contributions, que les agents judiciaires (*mouselims*) et les agents de police (*soubacha*) avaient le droit d'imposer et qui constituaient leurs revenus, puisqu'ils n'avaient aucun appointement fixe. Les juges (*Kadi*) vivaient aussi des dons que les justiciables étaient tenus de leur faire et des peines pécuniaires qu'ils imposaient et encaissaient à leur profit. Le *Kadi* était compétent pour tout différend entre un chrétien et un musulman et jamais, peut-être, n'est-il arrivé qu'un « chien d'infidèle » obtint justice contre un « suivant de la vraie foi ». Heureusement les causes entre paysans étaient jugées par les chefs du village, les *Knèzes*, qui les représentaient aussi devant les autorités turques. Les chrétiens, sauf ceux qui obtenaient la permission d'habiter dans les villes ou les bourgades, ne pouvaient exercer ni le commerce, ni un métier quelconque.

On peut alors s'imaginer facilement quelle était la situation de ces malheureuses contrées où, pour les chrétiens, manquait la plus essentielle condition de tout progrès économique, c'est-à-dire la tutelle légale de la propriété. La domination turque a été partout si atroce que la culture de terres aussi riches que celles de l'Egypte et de la Mésopotamie a été négligée, même par les paysans musulmans « fellahs » ou arabes-persans, auxquels une dure expérience avait appris que tout fruit de leur travail et de leur épargne était immanquablement destiné à attirer la cupidité et un acte de violence de la part du seigneur turc. Ainsi les paysans slaves ne produisaient que seulement ce qui était indispensable pour leur subsistance ; en effet, à quoi bon accumuler s'ils ne pouvaient jouir du fruit de leurs peines? Comme les Turcs habitaient aux villes, aux bourgs ou dans leurs châteaux, les paysans tâchaient de se tenir le plus loin possible de leur contact, qui était toujours dangereux. Ce qui rendait horrible la condition des « raïas », c'était le tribut d'enfants qu'ils devaient payer au Sultan : à des époques déterminées, quelquefois chaque cinquième année, les percepteurs du tribut choisissaient les plus beaux garçons slaves et les plus belles jeunes filles qui, convertis par force à l'islamisme, passaient, les uns aux casernes des Yanitchares, les autres dans les harems du Sultan ou des optimates turcs.

Réduits à des conditions d'existence si précaires et si pénibles, les Slaves du Balkan reprennent le système de vie qu'ils avaient à l'époque primitive de leur histoire. Les nobles, sauf dans cette partie de la Croatie qui a conservé son indépendance, ont disparu : ils sont tombés sur d'innombrables champs de bataille, ou ont émigré, ou, réduits à la condition de paysans, ont apporté aux couches populaires l'esprit chevaleresque, les qualités guerrières, le sentiment de la dignité personnelle et le culte de l'art poétique, qualités qui, dans ces temps-là, étaient un privilège presque exclusif de l'aristocratie et dont, autrement, on ne saurait expliquer la diffusion, si générale, dans un peuple réduit au servage.

De vastes courants migratoires se forment : les *Ouskoques* et les *Haïdouks* passant en Dalmatie, en Croatie, en Hongrie même, pour continuer avec leurs frères de race la lutte contre les Turcs. Le plus célèbre exode est celui de 40.000 familles de la Métohia qui, conduites par Arsène III Cernoïevich, le patriarche de Petch, émigrèrent en 1690 en Hongrie ; Léopold Ier leur ayant promis une complète autonomie politique et religieuse. L'Empereur donna exécution à sa parole en jetant le voïevode serbe dans un cachot, où il mourut...

Les Albanais qui, sauf quelques tribus, avaient adopté en masse la religion mahométane, jouaient un rôle principal dans l'œuvre de persécution des Serbes et de propagation de l'Islamisme. Ils occupèrent dans la vieille Serbie, en Macédoine et sur le littoral, de Bar à Dratch, les régions que les Serbes avaient dû abandonner.

Les *Zadrougas* (les anciens *bratstvo*) qui n'avaient jamais cessé d'exister, mais qui avaient subi l'influence de la transformation politique, sociale et économique des Serbo-Croates, devinrent de nouveau le seul centre de vie. sociale. Le besoin de s'appuyer l'un à l'autre, pour soulager leurs misères et pour se défendre des dangers communs, resserre les liens des familles dont les membres se rapprochent et se réunissent sous un toit commun et sous l'autorité d'un *staréchina* ou *gospodar*, chef librement élu ; c'est le *tchelnik* d'autrefois. L'agglomération de plusieurs zadrougas constitue un village, dont le chef est le *Knèze*, également nommé par voie d'élection. Malgré cet état d'abjection, l'âme et le caractère national ne fléchissent pas : des hommes d'élite, les haïdouks, sont toujours en lutte contre les Turcs ; la muse populaire, en des poèmes d'une rare beauté, célèbre leurs exploits et ceux des anciens héros nationaux et, par là, entretient toujours vif le souvenir d'un passé glorieux et l'espoir d'un meilleur avenir.

VIII

LA DALMATIE

Sous la domination Vénitienne
et sous l'Administration Française.

Au commencement du XVe siècle, Venise ne s'était emparée que des îles dalmates et des principales villes de la côte : Zadar, Chibenik, Trogir, Split et Kotor. Le reste de la Dalmatie était partagé entre les petites principautés féodales serbo-croates. Raguse conserva son indépendance, qu'elle maintient, grâce à son habileté diplomatique, même quand les Turcs, par la prise de Klis (1537)' étendirent leur domination jusqu'aux bords de l'Adriatique. La minuscule république de Poliça (1) put sauvegarder aussi son autonomie au prix de dures luttes et contre le paiement d'un tribut.

Après la guerre de Candie, le Sultan reconnut à Venise la possession de tout le littoral de Zadar à Spliet jusqu'à la première chaîne des montagnes. Cette ligne de frontière, qui fut tracée en 1671, est appelée la « linea Nani » et les acquisitions territoriales le « Vecchio Acquisto » (domaine ancien). A l'occasion de cette guerre, la république de Poliça et le Primorié de Makarska (le littoral d'Omiche à la Narenta) se rendirent indépendants : Poliça de la suzeraineté et le Primorié de la domination turque.

A l'issue d'une nouvelle guerre, les Vénitiens obtinrent par le traité de Karlovci (1699) toute la Dalmatie, sauf le territoire de la République de Raguse, le district de

(1) Le territoire constitué par le massif de Mosor, entre Split et Amiche, limité au S. O. par la mer et au N. E. par le cours inférieur de la Cetina et par une ligne qui va de Soline à Klis et Signe.

Imotski et la partie montagneuse des districts de Signe et Knine (« Linea Grimani » et « Nuovo Acquisto »). Enfin, par le traité de Passarovitz (1719), ces deux districts prirent leur extension actuelle et Venise obtint le nouveau district de Imotski (« Nuovissimo acquisto »-« linea Mocenigo »).

Venise, en occupant la Dalmatie, n'avait d'autre but que de s'emparer des stations maritimes, qui se trouvaient de ce côté de l'Adriatique, étant donné qu'elle était trop faible pour enlever au Pape ou au Roi des Deux-Siciles leurs ports sis sur la côte occidentale de cette mer. En outre elle voulait supprimer les dangereux concurrents qu'elle avait dans les villes maritimes dalmates. L'exploitation des forêts dalmates était aussi l'objet de ses convoitises : Venise avait elle-même besoin d'énormes quantités de bois pour les fondations de ses palais et pour ses constructions navales ; le bois était aussi pour elle un important article d'exportation en Egypte et en Syrie ; or, où pouvait-elle se pourvoir plus facilement de cette cargaison que directement au bord de la mer, en épargnant ainsi les frais du transport par terre ?

A partir du XVI° siècle, apparaissent les premiers symptômes de la décadence de Venise, arrivée à l'apogée de sa puissance et de sa richesse ; ses citoyens se dépouillent peu à peu des vertus civiles et militaires qui avaient fait la force et la fortune de la république ; les soldats et les marins dalmates deviennent alors, eux aussi, un objet d'exploitation. En 1797, les démocrates vénitiens, en s'adressant à Napoléon pour qu'il conservât à Venise ses possessions en Istrie et en Dalmatie, font valoir l'intérêt de l'Etat à conserver ces ports, ces forêts et ces marins, qui lui sont indispensables ; mais ils ne font pas une seule fois mention, des sentiments d'affection qui devraient unir ces contrées à la métropole ou de l'intérêt des Dalmates et des habitants de l'Istrie, à rester, dans l'avenir aussi, sous la domination de la République de Saint-Marc (1).

(1) ALBERTI : *Trieste a la sua fisiologia economica.*

Toute la politique vénitienne tend vers les buts suivants :

1° Ruiner économiquement les villes maritimes dalmates, ses anciennes rivales. Dans ce but, à l'exception du vin, toutes les exportations de la Dalmatie devaient être dirigées sur Venise et, de même, tous les articles d'importation devaient y être achetés. Avec ce régime tyrannique et restrictif, la noblesse et la riche bourgeoisie marchande latino-romane des villes dalmates qui, sous la domination des rois croates, étaient arrivées au plus haut degré de prospérité, ruinées complètement, disparurent peu à peu et furent remplacées par une nouvelle aristocratie, celle-là importée de Venise ou créée sur place et formée d'anciens fonctionnaires, à laquelle le gouvernement concédait, à titre de fief, de vastes territoires.

2° Abaisser intellectuellement et abrutir la noblesse et la bourgeoisie dalmate, pour leur enlever toute velléité et possibilité de faire une politique contraire à celle du gouvernement. Pour nos contemporains, il est presque impossible d'imaginer à quoi était réduite l'existence purement végétative de ce monde qui partageait sa vie entre les plaisirs de la table, les pratiques du culte et de misérables potins ou compétitions personnelles. Pour se former une idée de cette situation dégradante, il suffit de considérer que Venise n'a laissé en Dalmatie aucune école — que l'Université de Padoue, sans aucun examen préalable, délivrait des diplômes de docteur en médecine ou en droit aux « sujets d'outre-mer » sur la simple production d'un certificat de deux médecins ou de deux avocats de leurs pays constatant la capacité du candidat — enfin que la première impression d'un livre en Dalmatie date de 1774, et il s'agit là d'une lettre pastorale du nouvel archevêque.

3° La seule industrie que Venise laisse subsister en Dalmatie et en Istrie, c'est la navigation, car elle entretient le commerce des Vénitiens, qui sont trop amollis pour supporter les fatigues de ce dur métier.

C'est ainsi que, grâce à l'habileté et à la vaillance de ses marins et de ses armateurs, en 1780, l'île de Bratch avait 40 bâtiments, au long cours ou de cabotage, Lochigne 100 et Kotor qui, pendant la seconde moitié du XVIIIe siècle, avait vu quadrupler sa flotte marchande, surpassait de beaucoup ces deux ports. L'essor de la navigation explique le développement des chantiers de Lochigne, Trogir et Kortchoula, et le bien-être de quelques villes maritimes qui, aux Bouches de Kotor, tournait au faste : les palais et les églises de Pérast, Dobrota, Pertchagne l'attestent encore de nos jours.

4° La Dalmatie vénitienne, au littoral, constituait une agglomération d'États quasi-autonomes. Pour passer d'un district à l'autre, hommes et choses devaient payer un droit de péage. Chaque ville avait conservé ses statuts qui différaient les uns des autres, et en outre ses usages locaux, qui avaient force de loi, mais étaient absolument inconnus dans la localité voisine. Les poids et mesures variaient aussi d'un endroit à l'autre. Partout, les nobles formaient une corporation et une caste séparée. Dans dix des quinze unités communales de la Dalmatie, les bourgeois aussi avaient leurs assemblées, mais leurs droits étaient limités à l'élection de quelques votants qui concourraient avec les nobles à la nomination des employés publics (à Cres et à Ossor) ou à la désignation de procureurs ou tribuns chargés de défendre leurs droits (Omiche). Ainsi partout, sauf à Kortchoula, la noblesse jouissait d'une prépondérance absolue dans l'élection des officiers ou magistrats municipaux, qui expédiaient toutes les affaires publiques, sauf les affaires civiles et criminelles ; celles-ci étaient du ressort d'un « comte » vénitien, assisté des juges locaux. Seulement à Zadar (12 nobles et 12 bourgeois) et à Trogir et à Split (6 nobles) il y avait un conseil municipal qui s'assemblait sous la présidence du comte. Les plébéiens des villes, de même que les nobles et les bourgeois, avaient leurs corporations (*bratovchtiné* ou *scuolelaiche*) pourvues de biens meubles et immeubles. Les paysans du littoral dalmate, qui dépendaient économiquement des nobles et des riches bourgeois, seuls propriétaires des terres, faisaient vie à part des citadins ; ils se trouvaient sous l'autorité civile et militaire d'un chef (« *capovilla* » ou « *arambacha* ») et avaient, eux aussi, leurs confréries qui traitaient des intérêts et des affaires du village et formulaient à l'occasion des griefs que leurs chefs allaient présenter au comte. Ainsi le nombre des fonctionnaires vénitiens était très limité : un « *provéditeur* », ayant l'autorité et les attributs d'un prince absolu, résidait à Zadar, et tout : justice, finance, armée et église, dépendait en dernier ressort de lui ; dans chaque district il était représenté par le « *comte* », son délégué, assisté d'un chancelier et d'un camerlingue, pour les affaires judiciaires et financières.

Dans les districts de l'intérieur *(nuovo et nuovissimo acquisto)* la situation était tout à fait différente de celle des villes et du littoral. Ce territoire avait été conquis grâce au sang versé par les paysans dalmates pendant leurs luttes séculaires et pendant les guerres de Venise contre les Turcs. Néanmoins, il devint la propriété de l'Etat qui le concéda aux paysans (1) contre le paiement de la dîme qu'ils donnaient auparavant aux Turcs et contre l'obligation de faire le service militaire pour défendre le pays contre de nouvelles invasions. La population se trouvait ainsi sous la dépendance directe de l'Etat ; elle était enrégimentée comme celle des confins militaires autrichiens ; les chefs des districts d'Obrovac, Knine, Signe, Klis et Imotski, portaient le titre de provéditeurs. Les districts de Narenta et Vergoraç étaient gouvernés par des surintendants choisis héréditairement dans les familles Nonkovich et Dechkovich, en récompense des services

(1) Le gouvernement fit d'importantes concessions de terrains à des monastères, aux menses et à des particuliers. Principalement dans le *vecchio acquisto*, des contrées entières ou des îles, comprenant plusieurs villages, furent donnés à titre de fiefs à des familles qui avaient rendu service à la République ou capté sa confiance.

qu'elles avaient rendus au pays. La Poliça avait conservé son organisation à part.

De cette manière, Venise, en tenant les Dalmates divisés en différentes classes sociales et morcelés territorialement, n'avait autre chose à faire qu'assister passivement aux antagonismes, aux jalousies et aux compétitions locales auxquelles se bornait l'horizon politique de chaque fraction et qui en absorbaient tout l'intérêt et toutes les énergies.

5° Un nombreux clergé et des ordres religieux, favorisés et dominés par le gouvernement, employaient toute leur influence pour tenir la population dans l'obéissance et dans la soumission (1).

6° Les bourgeois et les nobles étaient affranchis de tout impôt — même des droits d'entrée aux portes des villes, Les revenus de la province étaient limités à la dîme — à *l'erbatico* (*travarina*), une taxe pour le droit de pâturage sur les terrains publics — au produit des salines, — et aux dits droits d'entrée qui, de même que les douanes qui les percevaient, étaient organisés de manière à rendre tout commerce impossible. Ces impositions, ne pesaient nullement à la population ; d'ailleurs, on les recouvrait avec beaucoup de laisser-aller et d'indulgence. Personne n'avait ainsi un

(1) En 1781, il y avait en Dalmatie, sans compter la république de Raguse et l'Albanie vénitienne (Bouches de Cattaro) sur 212.385 catholiques et 51.071 orthodoxes, 2.404 prêtres séculiers et 885 religieux et religieuses catholiques et 221 prêtres orthodoxes ; les catholiques avaient deux archevêchés et dix évêchés, 1.200 églises ou chapelles, 462 paroisses, 54 couvents. Les évêchés et les paroisses étaient dotés de revenus destinés à l'entretien des églises et à la subsistance des bénéficiaires. Les revenus, surtout ceux des évêques, et des chanoines, étaient plus que suffisants. Au contraire beaucoup de curés de l'intérieur du pays devaient en dehors des offices cultiver la terre comme les autres paysans. Les prêtres recevaient dans les séminaires de Zadar et de Priko près de Omiche une instruction rudimentaire. Beaucoup faisaient leurs études dans quelque presbytère et n'apprenaient pas même le latin. Ces prêtres et plusieurs autres observaient le rite paléo-slovinique. Les Franciscains au contraire, qui au XIII° siècle avaient été envoyés en Dalmatie et en Bosnie, possédaient une instruction beaucoup plus profonde.

motif de se plaindre de la domination de Venise qui préférait couvrir les déficits à l'aide d'abondantes subventions qui venaient de la métropole.

7° Mais, d'autre part, les paysans dalmates étaient entretenus dans l'état de misère et d'abandon où les avaient réduits plusieurs siècles de luttes contre les Turcs. Le gouvernement de la République de Saint-Marc, qui avait admirablement développé sur son propre territoire la voirie, l'agriculture et les industries, possédait pourtant l'expérience, l'initiative et les moyens de faire aussi quelque chose dans l'intérêt des Dalmates, qui, surtout ceux de l'intérieur, ne connaissaient plus d'autre métier que celui des armes. Néanmoins, il ne fit rien, absolument rien dans ce but. Les Français trouvèrent la Dalmatie dans un état d'abandon effroyable : il n'y existait pas du tout de routes ; l'eau potable manquait à la campagne ; les terres, abandonnées, servaient de pâturage à de nombreux bestiaux, tenus à l'état presque sauvage. Les magnifiques forêts que la Dalmatie possédait sur le versant de ses montagnes, vers la mer, avaient été détruites d'une manière si complète et si barbare pour servir à la construction des palais et des flottes de Venise que, les pluies aidant, il n'en restait rien. Encore de nos jours, le voyageur ne voit à leur place, tout le long de la côte dalmate, pendant des centaines et des centaines de kilomètres, que d'immenses étendues de roches nues et arides. L'agriculture se pratiquait suivant des systèmes primitifs qui ne faisaient rendre à la terre que des produits misérables (1). La canalisation, le drainage, la régularisation des cours d'eau, n'existaient pas même à l'état de simples expé-

______

(1) Pas une seule des nombreuses familles vénitiennes auxquelles le gouvernement a fait cadeau de grands domaines, ne s'est établie à la campagne ou occupée directement de la culture de ses terres. Partout le propriétaire se désintéresse complètement de l'agriculture et s'en remet entièrement au paysan, duquel il perçoit à titre de bail héréditaire une quote-part du produit annuel, sans lui fournir aucun encouragement, aucun conseil, aucune aide pécuniaire.

riences de bonification. Partout les fièvres paludéennes sévissaient et rendaient inhabitables les contrées les plus fertiles. La Dalmatie était réduite à un tel degré de misère qu'elle ne pouvait suffire à ses propres besoins : Venise envoyait à Split et à Kotor la moitié des provisions de chaque année. L'île de Kortchoula devait importer les blés pour huit mois. A Zadar, on devait envoyer en temps de paix 8.000 ducats d'or chaque année, et 4.000 à Kotor. De cette manière, les Dalmates étaient à la merci de Venise qui, à tout moment pouvait les réduire à l'obéissance par la faim... Mais Venise n'avait pas besoin d'en venir à cette extrémité :

Du commencement du XVI⁰ siècle jusqu'à la fin du XVII⁰, les Dalmates avaient été séparés de leurs frères de race par les Turcs et cette barrière n'avait été rompue que sur un seul point, à savoir sur une ligne d'une centaine de kilomètres où les hauteurs du Velebit séparent la Dalmatie de la Croatie. Pendant deux siècles, Venise a été le seul Etat chrétien qui eut offert aux Dalmates un appui contre les Turcs ; réduits par ces guerres perpétuelles à la plus dure misère, ils ne s'imaginaient pas que le gouvernement vénitien fût en devoir d'y apporter un remède, conception qui n'existait pas dans ces temps-là. Habitués aux souffrances, et en faisant une comparaison entre leur condition et celle des raïas de la Bosnie, ils s'adaptaient à ce régime, dur et soupçonneux dans les villes, mais qui, à la campagne, se faisait si peu sentir et ne demandait aux paysans autre chose que de faire la guerre, leur occupation préférée. Ils ignoraient qu'une œuvre anonyme, de la fin du XVI⁰ siècle, attribuée à Fra Paolo Sarpi, le docte conseiller de la République, contenait des maximes comme celles-ci :

« Si vous voulez que les Dalmates vous soient fidèles, « tenez-les dans l'ignorance » et « plus la Dalmatie sera « pauvre et désolée, moins ses voisins auront envie de « s'en emparer ».

Par conséquent, les Dalmates s'engageaient volontiers

au service de Venise. Au besoin, elle pouvait compter sur plus de 60.000 soldats aguerris, nombre énorme si on songe que la population totale de la Dalmatie vénitienne, en 1796, n'était que de 256.000 habitants (1), mais qui s'explique par le fait que, — exception faite pour la marine marchande —, le métier des armes était la seule carrière que Venise avait laissée ouverte aux Dalmates.

Malgré le manque total de routes, deux fois par semaine les caravanes de Bosnie arrivaient à Split et à Chibenik. Le commerce y était assez vif, si bien que par le traité de Pojarevaç (Passarovitz), en 1718, la Porte avait stipulé le droit d'avoir à Split son *Emin*, fonctionnaire chargé de percevoir le droit de 3 °/₀ sur les marchandises qu'apportaient ou qu'emportaient les sujets turcs. Venise subit ce mouvement commercial plutôt qu'elle ne l'encouragea, ce qu'on aurait pu facilement faire par la construction de routes. Mais, de ce fait, la Dalmatie aurait tiré un bénéfice, ce qui ne correspondait pas aux visées politiques de Venise.

En 1797, les exportations de la Dalmatie étaient de :

Huile	florins.	800.000
Vin	»	750.000
Slivoviça (eau de vie de prunes).	»	240.000
Amandes	»	100.000
Figues	»	50.000
Poisson salé	»	120.000

(1) C'est le résultat du recensement officiel fait par les Vénitiens. A ce chiffre, il faut ajouter 35.000 habitants de la République de Raguse et 31.000 de l'Albanie vénitienne. Il y avait alors 1.150 familles nobles, 1.916 familles bourgeoises et 40.696 familles plébéiennes, parmi lesquelles on comptait seulement 2.753 ouvriers et 3.541 marins ; tous les autres étaient agriculteurs. Les îles, compris celles du Quarnero (Lochigne, Cres et Krk) qui sont actuellement détachées de la Dalmatie, avaient 56.000 habitants (28 par kilomètre carré), l'intérieur 70.000 (12 par kilomètre carré), le littoral 130.000. Les villes de Zadar, Chibenik, Split, Omiche et Makarska n'avaient pas à elles cinq 25.000 habitants.

Peaux, suif, laines.	»	1.100.000
Sel	»	140 000
TOTAL		3 300.000

Et les importations de :

Grains	florins.	600.000
Viandes	»	133.333
Etoffes	»	2.000.000
Métaux.	»	130.000
Denrées coloniales	»	60 000
Fruits et légumes	»	20 000
TOTAL		2.943.333

Ce qui correspond au mouvement d'une grande maison de commerce !

Le gouvernement autrichien qui, en 1797, succéda à celui de Venise, trouva dans les prisons de Zadar parmi deux cents condamnés, une *cinquantaine* qui avaient depuis longtemps achevé leur peine : l'un deux, depuis *cinq ans !* C'est que le gouvernement allouait aux prisonniers, pour leur nourriture, une somme manifestement insuffisante, et le gardien fournissait le surplus. Mais quand un condamné avait fini sa peine, il devait indemniser le gardien, et s'il ne pouvait le faire, celui-ci le retenait en prison jusqu'à ce qu'on lui eût remboursé sa créance.

Dans les prisons, accusés et condamnés étaient entassés pêle-mêle avec les fous, pour lesquels il n'existait aucun hospice. Il est impossible de décrire la saleté repoussante, dans laquelle ils se trouvaient : la terre nue n'était pas même recouverte de paille ; les fenêtres étaient obstruées de planches, ce qui empêchaient toute ventilation.

L'Hôpital de Split était un souterrain humide, en contre-bas de la rue, et autour duquel passait un fossé puant. La « *Piétà* » ou hospice des enfants trouvés, était un bouge infect d'où, de 603 nouveau-nés qui y avaient été déposés en dix ans, *pas un n'était sorti vivant !*

Mais Venise qui dépensait en Dalmatie des trésors pour
des constructions monumentales destinées à rehausser la
puissance et la magnificence de la République, tels que
murs d'enceinte des villes, palais des hauts fonctionnaires,
loggias, casernes, etc., etc., ne disposait ni de l'argent, ni
de l'initiative nécessaire lorsqu'il s'agissait d'une œuvre
humanitaire ou d'utilité publique ; elle évitait tout ce
qui pouvait être pour les Dalmates un sujet d'orgueil :
pendant sa domination aucune église ne fût érigée qui
pût égaler, même de loin, la beauté artistique de celles
qui remontent à l'époque des rois de Croatie.

L'administration égoïste de Venise n'a pas seulement
été critiquée et condamnée par les fonctionnaires français qui constatèrent, presque immédiatement après sa
cessation, le cruel abandon où elle avait laissé cette malheureuse province ; mais des Dalmates illustres aussi,
tels que Tommaseo et Pierre-Alexandre Paravia, quoique
appartenant au parti italophile, prononcèrent le plus sévère jugement sur l'œuvre néfaste de ce gouvernement qui
est absolument sans excuse si on considère que, depuis
le commencement du XVIIIᵉ siècle, les guerres ayant
cessé, il pouvait librement entreprendre une œuvre
humanitaire et civilisatrice.

Nous serons moins sévère et nous admettrons sans
difficulté que Venise n'a fait autre chose que se confor-
mer à l'esprit du temps et aux traditions de Rome qui
dominaient en Italie et suivant lesquelles les pays et les
peuples étrangers, surtout les classes pauvres, n'étaient
qu'un objet d'exploitation. Mais nous ne pouvons d'autre
part admettre que les Impérialistes italiens fassent appel
à la sentimentalité des Dalmates et invoquent les souvenirs de la domination vénitienne pour légitimer et justifier leurs aspirations de conquête !

Napoléon, non plus, n'a pas occupé la Damaltie dans
un but humanitaire, mais uniquement pour s'en servir
comme d'une base d'opérations pour les entreprises guerrières qu'il projetait contre la Turquie, d'accord avec le

tsar Alexandre, et qui devaient se continuer jusqu'aux Indes, où il voulait frapper d'un coup mortel la puissance anglaise. Mais Napoléon était la synthèse de la France d'alors. Son âme et son esprit avaient subi l'influence des nobles principes de la Révolution... La tâche immédiate de son gouvernement fut donc d'élever le moral et l'intelligence des nouveaux citoyens de son empire, de respecter leur conscience nationale, de réparer la ruine économique, dans laquelle cette malheureuse province se trouvait plongée.

Là où les Vénitiens n'avaient institué *pas une seule école*, le gouvernement français créa : deux lycées-universités, onze gymnases, dix-neuf écoles élémentaires ou primaires pour garçons et huit pour jeunes filles, deux académies, quatre séminaires, huit écoles industrielles.

Dans les écoles élémentaires, l'instruction était donnée en langue serbo-croate, de même qu'au lycée de Doubrovnik. Le *Journal officiel* témoigna de la considération due à cette langue, en l'adoptant aussi bien que l'italienne.

Dans toute la province, on introduit les codes français, des tribunaux et une administration régulière. Un conseil général de 48 membres nommés par le gouvernement, faisait participer, depuis 1808, les Dalmates à la vie publique. Il faudrait plusieurs pages pour esquisser seulement l'œuvre énorme que la France entreprit en Dalmatie pour assainir les campagnes et pour y développer l'agriculture, le commerce et l'industrie.

Napoléon comprit vite que la destinée de la Dalmatie était, non seulement au point de vue national, intimement liée aux régions contiguës des Balkans, mais aussi au point de vue économique. Par conséquent, il voulut y créer aussi des voies de communication qui n'existaient pas auparavant. Les ingénieurs Français repérèrent cinq routes qui, de la Dalmatie, donnaient accès dans la Bosnie et dans l'Herzégovine et où, pour le moment, il n'y avait que des sentiers (1). Le général Marmont et le gouverneur civil Dandolo n'avaient trouvé en Dalmatie qu'une route allant d'Ostroviça à Trogir, une autre de Chibenik à Knin, par Dernis, et une troisième de Knin à Gospich (en Croatie), construites par les Autrichiens pendant leur courte domination de juillet 1797 à février 1806. Or Marmont, déjà l'année suivante fit exécuter de belles routes de Knin à Klis et de Klis à Split, puis de Trogir à Chibenik, de Tril à la Bosnie, de Soline à Trogir et de Signe à Raguse.

Les visées de Napoléon allaient plus loin. En 1802, il écrivait à Roedear, qui devait se rendre en Hongrie. « On verra « également la Dalmatie et on traitera cette question : quelle « influence la réunion de l'Istrie et de la Dalmatie a-t-elle « aujourd'hui et peut-elle avoir un jour sur la prospérité « de la Hongrie (2), soit par les débouchés qui existent « déjà, soit par les canaux qu'on pourrait creuser » (3).

Dandolo, le gouverneur de la Dalmatie, probablement suivant les plans et les instructions de Napoléon, lui soumettait le 27 janvier 1807 le projet de se faire céder une partie de la Croatie turque (Bosnie) et de la Croatie autrichienne et de dévier d'Ostroviça sur la Una aux ports dalmates de Obrovaç et de Zadar (14-20 heures de parcours) les exportations de la Basse-Hongrie, du Banat de Temesvar et de la Slavonie qui parviennent à Karlovaç (Croatie) par eau, en remontant le Danube, la Save et l'Unna, et de là continuent leur voyage par terre, soit par la route Caroline, qui mène à Riéka (Fiume), soit par la route Joséphine qui conduit à Sègne, après quatre jours de voyage (4). Malheureusement, la courte durée

(1) De Knin et de Signe, par Travnik ; d'Imotski et de Vergoraç, par Mostar ; de Raguse, par Trebinié.

(2) Napoléon, sous le nom de Hongrie, comprend évidemment aussi la Croatie.

(3) PREZZOLINI. *La Dalmatie*, p. 24.

(4) PISANI. *La Dalmatie*, page 250. Dandolo projetait aussi de réunir l'Unna au Krka, par un canal (page 264).

de l'administration française, les troubles intérieurs et les guerres, empêchèrent Napoléon de réaliser tous ces projets grandioses.

Sous les Vénitiens, le budget de la Dalmatie ne dépassait pas 300.000 livres ; sous les Autrichiens (1797-1806) ou arriva à 600.000 florins qui faisaient 1.500.000 livres. Dandolo déjà en 1808 le fait augmenter jusqu'au double (1.315.000 livres de dépenses et 1.404.000 de recettes) ; c'est que, pour citer un seul fait, sous son administration, en deux ans, le produit des salines dalmates se tripla.

Le temps manqua à l'administration française pour que son œuvre portât ses fruits et fût appréciée par toute la population dalmate. D'autre part, le tempérament que les Français s'étaient fait à l'école de la Révolution et des guerres contre la coalition, le génie impétueux de Napoléon, ainsi que le caractère enthousiaste de Dandolo ne pouvaient pas s'adapter à la mentalité des Dalmates et l'on mit trop de fougue dans l'application des réformes radicales qu'on introduisit dans une province habituée depuis plus d'un siècle à croupir dans le marasme d'une vie végétative (1).

Par conséquent, l'administration française, malgré ses mérites extraordinaires, rencontra partout des obstacles et des adversaires, sauf dans les villes où les intellectuels furent vite gagnés aux principes de liberté que la France représentait.

Il est intéressant de détailler les causes du mécontentement des Dalmates et de leurs conflits avec le gouvernement français :

1° Sitôt que parvint en Dalmatie la nouvelle des événements qui s'étaient déroulés à Venise le 12 mai 1797, et avant même que se fussent ébruitées les stipulations

(1) La république de Poliça, privée de ses privilèges, que Venise avait toujours respectés, se souleva. L'abolition de la loi Grimani et la libre disposition des terres dans le « nuovo et nuovissimo acquisto », que les paysans dalmates acquirent de ce fait, les exposèrent aux embûches des usuriers.

secrètes des préliminaires de Léoben (avril 1797) par lesquelles Napoléon donnait à l'Autriche les possessions de Venise, dans toute la Dalmatie, se dessina un vaste mouvement pour rétablir l'ancienne union avec la Croatie. Les chefs en étaient le comte Draganich-Vrantchich et l'archevêque Cippico de Split, l'évêque de Makarska, Blachkovich, le franciscain P. Andrée Dorotich, le vicaire général orthodoxe Gérasim Zélich, le comte George Voïnovich de Cattaro. Une députation se mit en route, le 17 juin 1797, pour présenter à l'empereur, à Vienne, une adresse votée par les conseils municipaux des villes dalmates et par les assemblées des anciens, aux villages. Elle rencontra à Ségne le colonel Kazimir, un officier de confiance du général Rukavina, qui annonça aux délégués la prochaine arrivée de son chef et se chargea de remettre l'adresse au ban croate Ivan Erdödy, pour qu'il la transmît à destination. En effet, au commencement de juillet, le général Rukavina, avec ses Croates, occupa la Dalmatie ; il lança une proclamation, où François II déclarait de prendre possession de cette province « en vertu de ses droits anciens et incontestables et en sa qualité de roi de Hongrie, de Croatie et de Dalmatie ».

Il est bien vrai que François II, sitôt qu'il se rendit maître de la Dalmatie, oublia ses promesses. C'est en vain qu'une nouvelle pétition de la municipalité, de l'archevêque et du chapitre de Split et une autre, analogue, de Makarska lui furent envoyées par l'entremise du ban de Croatie. Rukavina aussi rappela à son souverain les engagements qu'il avait pris en son nom et sous la foi du serment envers les Dalmates et que c'étaient ces promesses solennelles, faites dans les églises, dans leur langue et par un homme de leur nationalité, ainsi que la présence de soldats de la même race, qui seules avaient déterminé l'enthousiaste adhésion des Dalmates au nouveau régime. C'est en vain enfin que la Chancellerie hongroise rappela à l'empereur que, dans la cérémonie de son couronnement comme roi de Hongrie, il avait juré de reconquérir la Dalmatie... car le 13 mai 1802, la Chancellerie aulique de Vienne décidait « que l'empereur d'Autriche n'est pas lié par le serment qu'il a prêté comme roi de Hongrie » !! François II, d'ailleurs, pour manquer de parole, n'avait pas attendu que la Chancellerie aulique eut apaisé les scrupules de sa conscience : Rukavina n'avait pas encore fini de prendre possession de la Dalmatie, que le Ministre des Affaires Etrangères, François Thugut, y envoyait le conseiller aulique, Raymond Thurn, chargé de la direction des affaires civiles, avec l'instruction de combattre le « désir inopportun » des Dalmates en faveur d'une réunion à la Croatie. Thurn s'était mis tout de suite à l'œuvre en persécutant le parti national et en organisant une coterie bureaucratique et italophile qui devait dominer la vie politique de la Dalmatie jusqu'en 1870 et qui continua jusqu'à nos jours à exercer son influence néfaste.

Mais malgré tous ces déboires, l'empereur d'Autriche n'en était pas moins pour les Dalmates le légitime héritier et successeur des anciens rois croates et ils ne pouvaient considérer les Français autrement que comme des étrangers qui s'étaient, par la force des armes, rendus maîtres du pays.

2° Cette impression était exaspérée par le fait que les employés et les soldats français parlaient une langue tout à fait inconnue dans la contrée. Il est bien vrai que le général Marmont avait très bien appris la langue serbocroate et qu'il fit tout son possible pour en répandre la connaissance parmi ses officiers. Il avait l'intention d'introduire la langue nationale dans tous les bureaux publics, en limitant l'emploi du français aux relations avec le pouvoir central. Mais ces louables efforts ne pouvaient porter leurs fruits que dans un temps relativement long.

3° Les Dalmates se sentaient froissés par les innovations et les réformes radicales introduites sans aucune transition par les Français, qui les secouaient violemment dans leur torpeur séculaire et provoquaient la rancune de leur inertie et de leur misonéisme. Les mœurs et les traditions de tous ces gens attachés si étroitement à leurs coutumes furent profondément blessés quand ils se trouvèrent soumis tout d'un coup à des institutions et à un rouage administratif et bureaucratique, qui leur causait la crainte et la répugnance qu'inspire l'inconnu.

4° La noblesse dalmate se tournait aussi du côté des Habsbourgs. Les principes égalitaires introduits par les Français ne pouvaient, à coup sûr, lui convenir et l'abolition de ses privilèges et exemptions lésait directement ses intérêts. Les nobles dalmates préféraient même l'union à la Croatie que l'union à l'Autriche — car en Croatie et en Hongrie la situation et les droits moyenâgeux des nobles étaient restés presqu'intacts.

5° Le clergé non plus, dont l'influence était très grande, ne pouvait avoir de sympathies pour les idées libérales et émancipatrices de la Révolution française, ni pour Napoléon, le geôlier de Pie VII, ni pour Dandolo qui voulait réduire le nombre des évêchés, soumettre les candidats au sacerdoce à un programme d'études laïques, saisir les bénéfices, menses, prébendes et patrimoines des confréries, pour créer un fonds spécial à l'aide duquel le gouvernement aurait pourvu à l'entretien du clergé et au développement des institutions de bienfaisance. La bigoterie des Habsbourgs était au contraire pour le clergé la meilleure garantie du maintien de ses privilèges. De son côté le clergé orthodoxe subissait l'influence de la Russie et du Monténégro ligués aux ennemis de la France ; par conséquent, quoique persécutés par Venise et traités très durement de la part de l'Autriche, les prêtres orthodoxes soulevaient la population contre l'administration française, qui pourtant avait institué en Dalmatie le premier évêché pravoslave.

6° Les succès obtenus par la flotte anglaise dans l'Adriatique et le blocus de la côte dalmate avaient complètement ruiné la marine marchande et créé un grand nombre de mécontents, qui faisaient d'amères comparaisons entre leur misérable condition et la prospérité de Vis (Lissa) qui, en deux ans, sous l'administration anglaise, avait vu sa population passer de 4.000 à 11.000 habitants et accumuler des richesses considérables.

7° Le recrutement obligatoire introduit par Napoléon créa le plus vif mécontentement dans la Dalmatie, provoqua des désertions en masse et, exécuté de vive force, fournit à l'armée de mauvais soldats, indisciplinés et prêts à passer à l'ennemi.

Pourtant les Dalmates avaient donné à Venise de magnifiques troupes, de vaillants marins ! Mais la raison de l'attachement des Dalmates à Venise se trouvaient dans les guerres soutenues en commun contre les Turcs. En outre les Vénitiens avaient eu l'habileté d'attirer les Dalmates par des engagements volontaires, en ménageant leur langue et leurs mœurs et en leur donnant des chefs indigènes.

* *
*

Malgré cela, les Dalmates, surtout ceux de l'intérieur, considéraient Venise comme un pays étranger. En effet il n'existe pas une seule poésie nationale qui ait célébré Venise ou ses guerres. Cependant les « gouzlars » dalmates n'étaient pas des chauvinistes. En dehors des haïdouks dalmates, surtout de ceux du district de Zadar, ils ont chanté les gestes des héros serbes, albanais (Skenderberg), croates (Zrini, Ivo Sénianine et Derentchin), roumains (Sibinianine Yanko, Mirtcheta) bulgares (Starina Novak) — mais ils considéraient la gloire et les exploits de Venise comme tout à fait étrangers à leur race, même quand ils y avaient directement contribué.

La même remarque est à faire à l'égard des littérateurs dalmates : Marco Maroulich, le grand humaniste de Split (1450-1527), Hannibal Loutchich († 1535) et Pierre Hektorovich († 1567) de Hvar (Lésina), Pierre Zoranich,

Bernard Karnaroutich (1553-1600) et George Barakovich (1548-1628) de Zadar, et puis Pierre Kanavelich de Kortchoula († 1719) et Gerôme Kavanine de Split — en traitant des sujets différents, ont célébré en langue slave leur pays et leur race. Mais Venise et l'Italie n'ont, au contraire, jamais inspiré la Muse d'aucun Dalmate.

Car, malgré son habileté et sa souplesse, Venise ne pouvait cacher complètement son jeu. Son but, d'étouffer chez les Dalmates tout souvenir de leur passé, se manifestait d'ailleurs par des actes tels que la destruction systématique de toutes les chartes municipales et du livre patriotique de Jean Lucich *De regno Chroatiæ et Dalmatiæ* (Amsterdam 1666).

Sauf à Raguse, où les belles-lettres ont continué à fleurir, à partir de la moitié du XVIIe siècle, on ne rencontre dans les autres villes dalmates aucune manifestation de vie littéraire. Venise, en ruinant leur prospérité économique, a brisé aussi tout essort de l'esprit.

Dans le morne silence qui recouvre comme un drap funéraire la Dalmatie une seule voix se fait entendre : celle du Franciscain André Katchich-Miossich. De son Primorié de Makarska. il s'adresse à tous les Yougoslaves dont il glorifie les héros par des chants qui ont la noble simplicité et la pure beauté des poèmes populaires. Le recueil de ces poésies, intitulé *Razgovor ugodni naroda slovinskoga* (*Entretien agréable du peuple slave*), forme une épopée qui suggère irrésistiblement à toute la race le sentiment et l'orgueil de l'unité nationale.

IX

RAGUSE (DOUBROVNIK)

La fortune de Raguse nous fournit le meilleur exemple de ce que les autres villes de l'Adriatique oriental seraient devenues sans la fatalité qui s'est acharnée contre elles, en envoyant les Turcs s'abattre sur les royaumes croate et serbe, d'où elles tiraient leur prospérité et en rendant possible à Venise, leur rivale, de devenir leur maîtresse ; car, autrement, elles aussi auraient continué à développer leur commerce et leur industrie et, en subissant l'influence du milieu, se seraient peu à peu complètement transformées en villes slaves.

Raguse, jusqu'en 1205, se trouva sous l'autorité de l'empire byzantin. De 1205 à 1358 elle se plaça sous le protectorat des doges, et quand Louis d'Anjou enleva aux Vénitiens les villes et les îles dalmates, elle se mit aussi sous sa tutelle, en conservant toujours sa pleine et complète autonomie.

Voisine de petites principautés serbo-croates (1), elle atteint un tel degré de prospérité industrielle et commerciale que ses comptoirs étaient répandus dans tous les Etats balcaniques et aussi sur les côtes de la Mer Noire et dans tout le Levant. Sitôt que les Turcs prirent pied dans les Balkans, Raguse sut évoluer vers cette nouvelle puissance, se placer sous sa protection et ainsi

(1) De la Néretva (entre la Cetina et la Néretva) de Zahoumlié ou Houm (entre la Néretva et Raguse), de Travun ou Trébinie (entre Raguse et Kotor), de Douklia (entre Kotor et le Drin).

maintenir son indépendance et conserver une complète
liberté de navigation et de commerce, même aux
époques où toute la Mer Méditerranée était troublée
par les guerres maritimes entre les Turcs et les Etats
chrétiens. Avec ces derniers Raguse entretint aussi
les meilleurs relations. Grâce à quels miracles d'équilibre diplomatique la République de Saint-Blaise réussit-
elle à participer avec une flotte nombreuse à l'entreprise de Charles V contre Tunis (1535), sans que cette
hostilité apportât aucune perturbation à ses bonnes relations avec le Sultan ?

A Raguse se développe le même processus que dans
les autres villes dalmates : municipe latino-roman d'abord,
elle se transforme peu à peu et devient du XV° au
XVI° siècle une ville purement slave. Imprégnés de clas-
sicisme, passionnés de la langue et de la littérature italienne, les penseurs et les écrivains ragusains, à partir
du commencement du XVII° siècle, donc à une époque où
le monde yougoslave était un chaos de ruines, se font
avec le bénédictin Orbini (*Storia del regno degli slavi,
1601*) et avec le poète Gundulich (*Osman*) les promoteurs
de l'idée nationale, de l'indépendance politique et de
l'union des Slaves. C'est à partir de cette époque qu'à
Raguse rayonne la littérature serbo-croate qui, beaucoup
plus tard, se créera ses foyers actuels de Novi Sad, de
Belgrade et de Zagreb.

La transformation si radicale de Raguse ne dépend pas
seulement du fait qu'elle se trouvait géographiquement
placée au milieu de populations slaves mais, bien plus,
de ce que la source de son progrès économique était dans
les Balkans :

Au XV° siècle les trois cents navires de Raguse tra-
fiquent dans toute la Méditerranée et même en Angleterre. Plusieurs de ses marins sont les compagnons de
Colomb lors de la découverte de l'Amérique. Plus tard les
armateurs ragusains entreprendront, eux aussi, pour leur
propre compte, des voyages aux Antilles. Mais la base

première et essentielle de la prospérité de Raguse était sa fonction économique dans les Balkans, où elle a ses racines les plus fortes et les plus vitales.

Les routes commerciales de Trebinié et de la partie septentrionale du Monténégro aboutissaient à Raguse, où convergeaient aussi celles de la région de la Néretva, car, à cause des marécages et des fièvres paludéennes, l'embouchure de ce fleuve était peu accessible. Les premiers traités de commerce de Raguse sont stipulés avec le grand joupan serbe Stiépan Némania ; avec Kouline, ban de la Bosnie (1189) ; avec les Katchich, princes d'Omiche ; avec Miroslav, frère de Stiépan Némania et prince de Iloum.

Plus tard, aux XIIIe et XIVe siècles, la pénétration des Ragusains dans les Balkans s'étend davantage : ils stipulent des nouveaux traités très importants avec la Bosnie, avec la Bulgarie, avec Bysance et avec les rois de Serbie. Depuis 1240, ils payaient à ces derniers un revenu annuel d'environ 10.000 francs pour pouvoir exercer librement le commerce sur son territoire où ils exploitent les mines d'argent de Novo Brdo et d'autres mines aussi, de même qu'en Bosnie et en Bulgarie ; à Sophia, ils fondent des fabriques d'étoffes. Pendant la domination turque (1) l'activité des Ragusains ne diminue pas ; leurs colonies commerciales se trouvent un peu partout dans les Balkans : en Bosnie, en Herzégovie, en Serbie, en Albanie, à Sophia, à Trnovo, à Plovdiv, à Drinopolie (Andrinople) et à Constantinople. Pour les malheureuses populations, sujettes à la domination turque, quel sujet de réconfort que le contact avec un Etat slave encore libre et prospère !

La base du commerce de Raguse consistait en l'exportation des matières brutes des Balkans et en l'importation des produits que l'industrie occidentale fournissait à l'Orient, auxquels s'ajoutaient ceux aussi des industries que les Ragusains avaient créés dans leurs propres territoires et qui atteignirent bientôt un grand degré de per-

(1) Le premier traité de commerce entre Raguse et le Sultan date de 1396.

fection et de prospérité : travaux d'orfèvrerie, fabrication
d'étoffes, tannage de peaux, ouvrages en fer, fonderies de
cloches et de canons, etc., etc.

En 1797 la République de Raguse, en comparaison de
sa prospérité aux XV° et XVI° siècles, se trouvait en pleine
décadence ; elle aussi, de même que Venise, avait été mor-
tellement frappée par la découverte de l'Amérique, qui
avait ouvert des nouvelles routes commerciales, dont
d'autres peuples plus jeunes et plus actifs s'étaient
emparés. Elle avait été aussi bien durement éprouvée
par les deux tremblements de terre de 1520 et 1667.
Pourtant à la fin du XVIII° siècle Raguse avait encore
363 navires au-dessus de 15 tonneaux, valant 16 millions de piastres, qui donnaient un revenu annuel de
2 1/2 millions de piastres aux armateurs et payaient à
la République 152.000 piastres pour droits de navigation. Le commerce d'exportation par mer s'évaluait à
420.000 piastres, celui d'importation à 1.800.000. Le
commerce par terre avec l'Albanie et la Bosnie se mon-
tait pour les exportations à 1.500.000 ; pour les importations à 900.000 piastres et donnait un bénéfice de
300.000 piastres. Le revenu total que le commerce à lui
seul procurait, tant à l'Etat qu'aux particuliers, était éva-
lué à 1.700.000 piastres ou 700.000 florins équivalant à
8.400.000 de livres dalmates.

Quelque temps avant l'occupation française (28 mai 1805)
Raguse eut un renouveau de prospérité : les flottes de
Gênes et de Venise, qui depuis 1796 et 1797 suivaient les
destinées de la France, avaient disparu par effet du blocus
anglais, et Raguse, forte de sa neutralité, monopolisait
à son avantage la navigation de la Méditerranée.

L'agriculture était très avancée dans le petit territoire de Raguse ; pas un pouce de terrain n'était perdu et,
sur les coteaux, des terrasses en maçonnerie, soutenant
les terres, augmentaient la surface cultivable. Les paysans vivaient dans une condition analogue au servage ;
mais leurs redevances étaient très modérées et leurs

maîtres, étant aussi leurs compatriotes, employaient vers eux une sévérité paternelle pour les habituer à la propreté, à l'ordre, et à l'épargne.

Les fondations pieuses et les couvents étaient richement dotés. Les institutions de bienfaisance soulageaient dans les limites du possible les malheureux. Pour l'instruction de la jeunesse il y avait un collège, aux bâtiments grandioses, qui était très fréquenté; après, les jeunes gens étaient envoyés dans les Universités étrangères, spécialement à Salamanque et à la Sorbonne. Le P. Dolci, dans les *Fasti letterari di Ragusa*, donne plus de trois cents biographies d'écrivains, de poètes, d'orateurs originaires de Raguse.

Le blocus maritime, mis par les Russes et par les Anglais aux côtes de l'Adriatique, ruina complètement la marine marchande de Raguse dès qu'elle devint sujette à l'empire de Napoléon. Les Ragusains durent renoncer à tous les avantages commerciaux que leur sage politique et les traités de commerce leur garantissaient, surtout dans l'Empire Ottoman. Plus tard le gouvernement autrichien ne fit rien, absolument rien, pour relever les sorts de Raguse; bien au contraire, par des dispositions fiscales et administratives inopportunes, il créa toutes sortes d'obstacles aux efforts et à l'initiative privée. D'ailleurs l'élan et l'énergie de la noblesse de Raguse sombra sous le coup fatal qui la priva pour toujours de la liberté et de l'exercice du pouvoir. Suivant une légende, qui est d'ailleurs confirmée par les événements, les nobles de Raguse, après la chute de la République, auraient prêté serment de renoncer plutôt à avoir une descendance, que de voir leurs enfants sujets à une domination étrangère; et, réellement, presque toutes les familles aristocratiques de Raguse se sont éteintes sans laisser de postérité.

Mais, pendant le siècle passé, les classes populaires de l'ancienne république se substituent à la noblesse; elles continuent les traditions de travail de leurs ancêtres et, grâce à l'émigration (1) et à la navigation, accumulent des nouvelles richesses, qui permirent aux armateurs ragusains de se placer au premier rang aussitôt que le Gouvenement autrichien eut créé à sa marine des conditions plus favorables.

Raguse nous fournit une preuve éclatante de l'importance essentielle que l'indépendance a pour la prospérité économique d'un peuple. La magnificence de ses remparts majestueux, la beauté et l'opulence des édifices publics et des palais, la noble aisance de ses citoyens fidèles encore aux anciennes traditions, la luxuriante végétation qui entoure la ville, la propreté, les riches costumes et les manières affables des paysans, tout témoigne de la richesse et de la civilisation, qu'avait atteint, exclusivement grâce à ses propres mérites et malgré les plus graves difficultés, le seul Etat yougouslave qui avait eu la possibilité de vivre et de se développer dans la liberté.

(1) Pour citer un exemple : l'armateur Mihanovich, qui possède à Buenos-Ayres une flotte ayant la valeur d'une soixantaine de millions, est né à Ston d'une pauvre famille de marins.

$$X$$

LES PAYS YOUGOSLAVES

Sous la domination des Habsbourgs.

« La domination des Habsbourgs », c'est la seule qua-
lification appropriée au régime personnel et absolutiste
que ces souverains ont appliqué, non seulement dans leur
« Etats héréditaires » (Autriche supérieure et inférieure,
Styrie, Carinthie, Carniole, Tyrol), mais aussi dans la
Bohême, la Hongrie et la Croatie, pays qui les ont librement élus leurs rois et auxquels ils ont juré de respecter
leur constitution et leurs libertés. Toute l'histoire intérieure de l'Autriche-Hongrie se résume en une longue lutte
entre ces Etats et le souverain, qui profite de sa situation
d'empereur d'Allemagne, de sa puissance personnelle et
des désastres (guerres de religion, invasion turque, etc.),
dont ses sujets sont frappés, pour les soumettre à sa
volonté despotique.

Toutes ces luttes ont le caractère bien déterminé de
conflit national, où les Allemands, représentés par les
Habsbourgs, s'efforcent d'imposer aux Slaves et aux
Magyars leur domination et leur langue.

Expulsés ensuite à la paix de Prague (1866) de l'Allemagne et de l'Italie, les Habsbourgs se trouvent désormais
impuissants à dominer dans les même temps les Slaves et
les Magyars. Ils se décident en 1867 pour le dualisme et
abandonnent aux Magyars les Croates, les Slovaques et
les Roumains, dans le but d'affaiblir l'opposition slave
dans l'autre partie de l'Etat, et de créer aux Magyars des

difficultés et des luttes intérieures, qui pourront toujours servir de prétexte à l'empereur pour intervenir.

La condition d'infériorité politique qui a été faite aux Slaves devait nécessairement avoir une répercussion sur leur prospérité économique, par le fait que les deux races dominantes, Allemands et Magyars, s'empressèrent d'exploiter leur situation privilégiée pour en tirer tous les avantages possibles. Les Tchèques seulement et les Slovènes aussi (ces derniers dans une mesure beaucoup plus restreinte), se trouvant à proximité des grands centres industriels créés par les Allemands, purent profiter de ce voisinage et suivre le mouvement ascensionnel de leurs adversaires nationaux. Les Yougoslaves au contraire, n'étant pas dans une situation ausssi favorable, subirent dans toute sa dureté la loi des vainqueurs.

En traitant séparément de chaque groupe politique des Yougoslaves, nous aurons l'occasion de constater la désolante vérité que nous venons d'affirmer : pendant tout le XIXe siècle, dans l'espèce pendant l'époque du grand mouvement commercial et industriel qui se manifeste vers le dernier quart du dit siècle, les Yougoslaves sont sacrifiés au profit des Allemands et des Magyars, qui s'enrichissent à leurs dépens et, par les moyens les plus iniques, leur rendent impossible tout progrès économique.

1° LA CROATIE

Dans les territoires qui sont restés à la Croatie après l'invasion turque, c'est toujours le même régime féodal qui continue à opprimer les paysans au point de les pousser à la révolte (1573). Malgré le danger turc, continuellement suspendu sur leurs têtes, les nobles croates, qui donnent sur le champ de bataille d'éclatantes preuves de bravoure, ne cessent de prendre part aux luttes des partis et de poursuivre leurs ambitions personnelles. Pourtant un bien grave danger les menace : Ferdinand d'Autriche, qu'ils ont élu roi en 1527, à la diète de Cétina,

se soucie fort peu de remplir l'engagement formel qu'il
a pris, de leur prêter aide et secours contre les Turcs. Il
tâche, au contraire, de réduire la Croatie, et même la
Hongrie, à la condition de provinces autrichiennes. Cette
politique est continuée, avec la persévérance opiniâtre des
Habsbourgs, par ses successeurs. La noblesse croate s'efforce de réagir. Mais la tentative faite par Zrinski et
Frankopani échoue ensuite à la défection de Louis XIV,
de Venise et du sultan. Ils paient de leur tête leur essai
de rébellion (1671). Leurs biens sont confisqués et distri-
bués aux favoris de l'empereur.

Les Habsbourgs appliquent la même méthode, lorsque,
grâce aux efforts combinés de leurs armées et des troupes
serbes et croates, la plus grande et la plus riche partie
de la Croatie est délivrée des Turcs. (Paix de Karlovci :
16 janvier 1699). Ces immenses régions sont considérées
comme étant, par droit de conquête, propriété du fisc im-
périal qui les cède gratuitement ou à des conditions très
avantageuses aux courtisans de l'empereur. Ainsi, un nouvel élément étranger se mêle à la noblesse croate qui, néanmoins, conserve son individualité, son orgueil, ses sentiments nationaux et se rapproche de la noblesse magyare
pour une lutte commune contre les intrus. Ceux-ci et les
armées impériales infligèrent un traitement si dur aux
paysans croates dans les contrées libérées, que plusieurs
se firent haïdouks ou passèrent la Save et s'enfuirent chez
les Turcs, dont la domination leur semblait plus tolérable
que celle de leurs nouveaux maîtres.

Le système d'exploitation des Croates (1), mis en
œuvres par les empereurs d'Autriche, se manifeste de
la manière la plus évidente par leur politique dans la
Voïna Kraïna (Confins militaires). Institution nationale
ils avaient été établis au début, sur la ligne de l'Una,

(1) Par suite de l'invasion Turque, les émigrés des principautés
serbes s'établirent par dizaines de milliers au Croatie (pages 114-
115). Sous le nom de « Croates » ont doit donc comprendre ces
Serbes aussi.

puis, ensuite aux progrès des Turcs, on les transféra sur la Kupa. Peu à peu les empereurs d'Autriche les placent directement sous leur administration. Ferdinand II, en 1630, les détache tout à fait de la Croatie.

En 1746, Marie-Thérèse procéda à une nouvelle organisation des Confins militaires, qui s'étendaient alors de la mer Adriatique, le long des montagnes de Pliécheviça et du cours de l'Una, de la Save et du Danube, jusqu'aux Alpes de la Transylvanie. Toute la population civile y fut soumise au régime militaire et les hommes obligés à servir sous les drapeaux de 16 à 60 ans. Toutes les autorités civiles furent abolies. Les officiers autrichiens exerçaient même les fonctions de juges et de maîtres d'école. La seule langue admise fut la langue allemande.

Pourtant, cet essai de dénationalisation, quoique fait sur une échelle si vaste, par l'emploi de moyens aussi irrésistibles que la discipline militaire, et pendant une époque si longue (jusqu'en 1873) ne réussit pas. Les Croates en effet s'adaptèrent au régime militaire qui correspondait à leurs mœurs et à leurs penchants, et à leurs traditions historiques ; ils versèrent, sans métaphore, des torrents de sang au profit de la politique des empereurs d'Autriche, qui étaient en même temps rois de Croatie ; mais jamais ces soldats, ni la phalange d'officiers et de généraux sortis de leurs rangs, ne cessèrent d'être de fervents patriotes, malheureusement victimes de leur aveugle dévouement pour une dynastie qui n'a su que les exploiter. La langue allemande, dont les soldats savaient seulement baragouiner les phrases nécessaires pour les besoins du service, ne devint jamais la langue de leur famille, ni ne fut employée entre eux, dans leurs entretiens privés. Elle disparut immédiatement des Confins militaires aussitôt que cessa cet état anormal (8 septembre 1873), et que ces régions furent réincorporées à la Croatie (15 juillet 1881).

Bien entendu, dans les « Confins militaires », l'agriculture ne pouvait pas prospérer sous l'administration

de l'armée ; ni meilleure était la condition de la plèbe
rurale dans le reste de la Croatie où le paysan était presque
partout réduit à la condition de serf de la glèbe, justiciable
de ses seigneurs et corvéable à merci. Sauf de rares exceptions, tout le sol appartenait à l'Etat, à la grande
et petite noblesse, aux ordres religieux, ou enfin, aux
riches bénéfices ecclésiastiques. Même la possibilité d'a-
méliorer son sort manquait au paysan, qui n'avait pas la
faculté de quitter son maître ; d'ailleurs l'industrie était à
un état rudimentaire et l'émigration tout à fait inconnue.

Pourtant la Croatie réalisa quelques progrès économiques dès que la Slavonie fut délivrée de la domination
turque (1699). On trouva cet immense et fertile territoire
tout à fait abandonné et exposé aux inondations. Au prix de
rudes et longs efforts, le paysan croate réussit à remettre
ces terres en culture ; ces nouveaux produits du sol (bois
et froment), furent exportés par la voie du Danube, dans
les provinces allemandes de l'Autriche, et par la Save et
la Kulpa, à Karlovci, et de là, par deux grandes routes
commerciales construites sur l'initiative de Charles VI et
de Joseph II à Bakar, Fiume et Sègne. Pour ce qui concerne les industries, il faut distinguer entre les populations des campagnes, qui, à l'aide de leur industrie domestique, très développée, pourvoyaient à tous leurs modestes
besoins — et la bourgeoisie, qui se fournissait dans les
villes, chez les marchands et industriels dont la plupart,
surtout en Slavonie, étaient des Allemands immigrés.

Phénomène étrange, malgré les graves perturbations
politiques et sociales, la littérature yougoslave commence
à se développer dans ces temps pourtant si troubles et
tourmentés. C'est grâce à la Réforme que ce mouvement
se produisit dans la seconde moitié du XVIe siècle. Le
baron styrien Jean Ungnad, qui avait été longtemps com-
mandant des Confins militaires, fonda près de Tubingue,
une imprimerie en caractères latins et slaves (glagolites)
pour la diffusion de la Bible, des Evangiles et des livres
lithurgiques en langue slovène et serbo-croate. Ce mouve-

ment, auquel s'associèrent le Slovène Primoz (Primus) Truber, Etienne Konzul (de l'Istrie), Antoine Dalmatin et Mathieu Frankovich (Flacius Illyricus) était encouragé par Maximilien II, alors prince héréditaire et favorable au protestantisme. Le programme des promoteurs était de répandre la Réforme dans les Balkans, à l'aide de la langue serbo-croate « qui est comprise et parlée jusqu'aux portes de Constantinople ». La nouvelle confession recruta de nombreux adeptes dans les villes, notamment à Zagreb, Koprivniça et Varajdine ; plusieurs nobles croates se convertirent aussi ; ainsi Nicolas Zrinski, le héros de Sighet. Son fils George, dans un but de propagande, fonda même une imprimerie à Nédélichtché.

Mais ce mouvement fut bientôt enrayé par suite de la réaction de la noblesse et du clergé croate, dont l'autorité s'était grandement accrue et avait pris de profondes racines dans l'âme populaire grâce à leur coopération aux guerres contre les Turcs, qui absorbaient tout l'enthousiasme et toutes les énergies de la nation.

De leur côté, les ordres religieux catholiques acquièrent de grands mérites pour le développement de l'instruction et de la culture en Croatie : les Paulins fondèrent en 1503, à Léplogava, un gymnase (lycée) qu'ils augmentèrent en 1656 par l'adjonction d'une faculté philosophique et, en 1683, d'une faculté théologique. Les Jésuites ouvrirent en 1607 à Zagreb un gymnase qui était fréquenté, en 1609, par 260 élèves laïques, et en 1604, par 360. En 1662, ils ajoutent au gymnase trois chaires de philosophie qu'ils transforment plus tard en académie de science, à laquelle Léopold Ier concéda, en 1671, tous les privilèges de l'université de Vienne. L'académie s'accrut en 1727 d'une faculté théologique. Les Jésuites fondèrent en outre des gymnases, à Pojega, à Varajdine et à Osïek.

Toutes ces institutions scolaires furent créées principalement avec l'aide pécuniaire de la noblesse et du clergé croate qui, par de nombreux legs, en assurèrent le fonctionnement régulier. Ainsi la Croatie, bien que ruinée économiquement, conservait toujours le sentiment de sa dignité nationale et s'efforçait de se maintenir au niveau intellectuel des autres nations civilisées.

Ce soin pour les études et pour la culture intellectuelle continua à se manifester en Croatie jusqu'à nos jours par une série d'institutions qui font honneur au pays. En 1769, Marie-Thérèse fonda à Varajdine une académie pour les études politiques et de droit qui, en 1773, fut transférée à Zagreb, où elle devint l'Académie royale et, un siècle plus tard, en 1874, l'Université de Zagreb. La nécessité d'apprendre le latin, qui était la langue diplomatique de la Croatie, c'est-à-dire la langue qu'on employait jusqu'en 1848 dans les relations officielles avec la Hongrie, au Parlement croate et devant les Tribunaux supérieurs, contribua puissamment à la culture des études classiques. L'amour qu'on avait pour la langue nationale n'était pas moindre ; l'initiative de Ludovic Gaï n'a pas été le geste d'un isolé ; Gaï qui devait, en 1829, se lier d'amitié à l'Université de Pesth avec Kollar et Safarik, avait fondé en 1827, à l'Université de Gratz, un cénacle auquel participaient ses compatriotes : Kurelac, Déméter et Baltich. La rapide diffusion de l'Illyrisme et le sacrifice que les Croates de Zagreb firent en renonçant au dialecte de la Croatie nord-occidentale (« *kaikavski* ») pour adopter la « *chtokavchtina* » parlée, dans toutes les autres contrées yougoslaves, sauf dans les pays slovènes et aux îles, ne peut s'expliquer autrement que par le fait que Gaï avait trouvé ses concitoyens tout prêts au mouvement dont il avait pris l'initiative. La tendance politique en est manifeste : en 1832, le comte Ianko Draskovich publie sa *Dissertation* sur les droits historiques de la Croatie et sur la nécessité de lui réunir la Dalmatie, la Bosnie, l'Istrie et les provinces slovènes (1).

(1) Tout de suite après la conclusion de la paix de Karlovci (26 janvier 1699), Paul Ritter Vitézovich (1632-1713), publia à Zagreb, en 1700, une brochure, *Croatia rediviva* dédiée à Léopold Ier et à

Les Magyars contribuèrent puissamment, sans le vouloir, à exaspérer le nationalisme croate ; le souffle de la Révolution de juillet 1830 excita leurs velléités de s'affranchir de l'absolutisme de François II en vertu du droit historique hongrois qu'ils interprétèrent, à l'égard de la Croatie, comme leur fournissant des titres de suprématie. Ainsi, à la diète de Presbourg, en 1832, ils prétendirent imposer aux Croates la langue magyare, ce qui provoqua la plus vive réaction de la part de ceux-ci. Ces luttes politiques et nationales, qui se continuèrent sans interruption jusqu'à nos jours, ont tenu constamment en éveil l'effort patriotique des Croates. Zagreb est le centre de leur vie intellectuelle : un théâtre national, *la Matiça* croate, l'Académie yougoslave et une galerie fondée par Mgr Strossmayer, une cohorte de littérateurs, de peintres et de sculpteurs font de cette ville une métropole.

En 1848-1849, les Croates, par leur intervention armée contre les Magyars, avaient sauvé de la ruine la monarchie des Habsbourgs. Ils s'étaient jetés dans la mêlée, moins par dévotion aux empereurs d'Autriche, que pour sauver leur propre indépendance menacée du chauvinisme magyar. François-Joseph avait promis aux Croates la réunion de Fiume et de la Dalmatie à leur royaume et cette promesse avait reçu un commencement de réalisation quand le ban croate Iélatchich fut nommé gouverneur de Riéka et de la Dalmatie. De leur côté, les Serbes

son fils Joseph Ier « totius Croatiae regibus », où il appelait leur attention sur le fait que le littoral adriatique du fleuve Rasa à Antivari, la Bosnie-Herzégovine, le territoire entre Save et Drave, et la Croatia alpestris (Carinthie, Carniole et Styrie), constituant la « Croatie blanche », et la Serbie, la Bulgarie et la Macédoine (la « Croatie Rouge »), sont habitées par le même peuple et doivent par conséquent former un seul Etat.

Cette œuvre d'un chauvin croate n'en est pas moins une manifestation de la pensée yougoslave qui, immanente à l'âme nationale, s'éveille aussitôt qu'un événement historique fait entrevoir la possibilité de sa réalisation.

de la Batchka et du Banat, qui avaient combattu avec les Croates, avaient été récompensés par l'institution de leur Voïvodine. Mais la constitution octroyée le 4 mars 1849 ne fut guère appliquée par François-Joseph. Il avait déjà en 1849 appelé au pouvoir le fameux ministre Bach et par ses lettres patentes du 31 décembre 1851, il supprima la constitution qui fut remplacée par l'absolutisme le plus dur. En 1854, l'allemand est introduit comme langue officielle en Croatie et en Hongrie ; une phalange d'employés étrangers, « les hussards de Bach », envahit les deux royaumes. La libération des paysans, que la Diète croate avait décidé en 1848, est mise à exécution en 1853 par les fonctionnaires autrichiens. Après des siècles d'escavage, les paysans croates recouvrent enfin la pleine liberté du sol qu'ils cultivaient, mais les propriétaires — et c'était la noblesse nationale croate — reçurent l'indemnité en papiers de l'Etat autrichien, qu'ils durent accepter à leur valeur nominale, tandis que ces valeurs étaient fortement dépréciées. Absolument ruinée, la petite noblesse croate dut chercher les emplois de l'Etat. Les possesseurs de *latifundia*, presque tous des aristocrates allemands ou magyars, ne perdirent au contraire qu'une minime partie de leurs propriétés, c'est-à-dire les terres détenues par les paysans. Les grands domaines qu'ils cultivaient, à l'aide de journaliers ou en obligeant les serfs à des corvées, continuèrent à subsister.

Donc la Croatie se trouva privée d'une nombreuse classe de moyens propriétaires qui, jouissant de l'indépendance économique et ayant le loisir de s'adonner à la politique, auraient pu jouer un rôle important dans les luttes graves que la Croatie devait soutenir. Car la constitution centraliste octroyée par François-Joseph au lendemain de Solférino et de Magenta, qui ravalait ce Royaume au rang d'une province autrichienne, ne pouvait être acceptée par les Croates. Les dures expériences faites pendant l'absolutisme de Bach les amenèrent même à s'approcher des Magyars, dans l'intérêt d'une défense

commune. Mais quand, après la défaite de Sadowa et
après son exclusion de la Confédération germanique,
l'Autriche dut prendre une nouvelle orientation pour assurer la suprématie à l'élément germanique, les Magyars
ne songèrent qu'à exploiter la situation et s'empressèrent
de stipuler avec l'empereur un accord (28 juin 1867) qui
servit de base à la constitution actuelle de la monarchie.
Les Serbes de la Batchka et du Banat, de même que les
Roumains de la Transylvanie et les Slovaques furent soumis au despotisme magyar sans aucune garantie pour la
conservation de leur nationalité et de leur langue. Quant
à la Croatie, on lui donna l'apparence d'un « royaume
frère » ou « pays associé » qui a son parlement et qui est
complètement autonome, en ce qui concerne les affaires
intérieures, le culte, l'instruction publique et la justice.
Mais les affaires plus importantes : législation militaire,
affaires financières, commerce, douanes, chemins de fer,
navigation, chemins et fleuves intéressant la Hongrie et
la Croatie, elles sont du ressort du parlement de Budapest
où la minorité des délégués croates se trouve sans défense vis-à-vis des Magyars.

C'est en vain que les Croates luttèrent avec une énergie
désespérée pour empêcher la réalisation de cet attentat à
leurs droits historiques et nationaux. François-Joseph
leur donna le « ban » Lévin Rauch, si tristement célèbre,
et par son rescrit du 20 octobre 1867 leur imposa un nouveau régime électoral qui limita à 66 le nombre des députés élus, et introduisit dans la diète de nouveaux « virilistes » c'est-à-dire de hauts fonctionnaires et dignitaires, créatures de l'empereur, qui [acceptèrent la
honte et la ruine d'un compromis « *nagodba* » avec la
Hongrie.

La guerre franco-prussienne, la création de l'empire
allemand et la fortune des Hohenzollern, sujet d'envie et
de crainte pour François-Joseph ; plus tard, l'opportunité de ne pas provoquer des objections contre l'occupation de la Bosnie-Herzégovine si de trop graves griefs

s'étaient fait entendre de la part de ses sujets slaves —
inspirèrent par moments à l'empereur une politique un
peu plus humaine envers les Croates. Mais sitôt que la
domination austro-magyare s'établit dans les nouvelles
provinces, les Magyars se mirent à provoquer ouvertement les Croates, par l'introduction de la langue magyare
dans l'administration des finances. A la légitime réaction
des Croates, l'empereur répondit d'abord par la suspen-
sion de la constitution et puis, le 1er décembre 1883, par
la nomination du « ban » Khuen-Hédérvary. Pour
rendre impuissante l'opposition, ce triste personnage
créa une réforme du règlement interne de la Diète qui
permit au président d'exclure les députés de l'opposition
de soixante séances consécutives et de prononcer la clô-
ture du débat sur la proposition d'un groupe de députés.
Ce nouveau règlement fut voté sans difficulté par les
mamelucks de la majorité (25 novembre 1884). L'activité
du jury fut suspendue le 2 décembre 1884. Désormais
toutes les causes politiques sont de la compétence des
tribunaux ordinaires, où des juges asservis à la volonté
despotique du ban condamnent sans pitié, aux peines les
plus graves, tous les patriotes qui se permettent de pro-
tester contre la « nagodba ». Un tel acte était qualifié de
crime de haute trahison ou de perturbation de la paix
publique (1) ! Une loi du 29 septembre 1888 restreignit
le nombre des électeurs à 50.000 censitaires et donna le
droit de vote aux plus infimes employés des chemins de
fer et des autres bureaux pour les affaires « communes »
qui sont tous des Magyars ou des Croates asservis aux
Magyars, puisque leur subsistance dépend du caprice de
leurs chefs. *Ce régime de violences et d'illégalités dura
pendant vingt ans.* Enfin la longue durée de l'oppression

---

(1) Les lois croates garantissent aux juges l'inamovibilité. Dans
le fait, le gouvernement du ban les mettait à la retraite et les dé-
plaçait suivant son caprice et sans aucune procédure préalable.
François Joseph, de sa part, sanctionnait toutes ces violations ma-
nifestes de la loi.

la rendit tellement intolérable que la nation toute entière
se mit en fermentation pour se libérer d'une chaîne qui
étouffait la vie civile et économique du pays. De graves
tumultes eurent lieu à Zagreb et des conflits sanglants à
la campagne. Khuen dut s'en aller (27 juin 1903). Vers la
fin de 1905, les pactes de Zadar et de Riéka amenèrent
l'union et la concorde entre Serbes et Croates ; le nouveau
parlement croate était composé d'hommes pleins d'enthousiasme et d'énergie dans la défense des intérêts du
pays. Mais alors intervint directement l'empereur qui
suspend l'activité de la Diète du 14 mars 1908 jusqu'au
commencement de l'année 1910 et puis, la dissout
par trois fois consécutives. Les nouvelles élections
eurent lieu seulement deux ans plus tard (16 décembre
1913).

Nous avons cité ces faits car autrement le lecteur ne
pourrait concevoir que, dans l'Europe civilisée et dans la
seconde moitié du XIXe siècle, les Magyars, avec la complicité de l'empereur qui personnifie la politique des Allemands, aient pu opprimer d'une manière si brutale les
Croates et leur créer une situation économique si désastreuse. La ville de Riéka, qui est le seul grand port croate,
a été, en 1868, arrachée à la Croatie, pour passer aux mains
des Magyars. La Croatie qui sur une étendue de 330 kilomètres, en ligne droite, forme la frontière nord de la
Bosnie et de la Dalmatie, est unie seulement à la
Bosnie par un embranchement de Banialouka à Sissek
et par une ligne de chemin de fer (Sarajevo-Brod)
qui concentrent tout le mouvement commercial pour
le diriger vers la Hongrie. L'administration des chemins de fer, dont les Magyars sont les maîtres des-
potiques, emploie tous les moyens possibles pour ruiner
la Croatie et enrichir les pays magyars. Les tarifs sont
réglés de manière que le transport des marchandises et
les billets des voyageurs de Riéka à Zagreb coûtent le
même prix que jusqu'à Budapest. Les horaires et les itiné-
raires des trains croates sont fixés de façon à rendre im-

possible tout trafic et tout mouvement. Quelques exemples
suffisent pour illustrer cette situation incroyable : si on
veut se rendre de Zagreb à Osiek, l'autre ville principale
du pays, éloignée d'environ 250 kilomètres de la capitale,
il faut faire un vaste détour par la Hongrie, passer par
Petch, traverser deux fois la Drave, et voyager quatorze,
quinze heures, ou même deux journées, si on manque une
des correspondances, ce qui arrive bien souvent. L'ho-
raire, qui comporte de longs arrêts, à des stations insi-
gnifiantes et à des heures gênantes, n'en contient pas
même de courts aux heures des repas. Très souvent, les
marchandises, pour parvenir d'une ville croate à une
autre, doivent transiter par la Hongrie et mettre 15 jours
ou trois semaines pour un voyage qui, normalement,
devrait s'accomplir en 48 heures. Les frais de transport
d'un wagon de farine de Zagreb à Riéka sont plus élevés
que ceux du transport de Budapest au Brésil. La fabrique
d'allumettes d'Osiek, pour adresser ses produits à Mostar,
en Herzégovine, trouve avantage à les envoyer d'abord
à Budapest.

Rien d'extraordinaire si en de pareilles conditions, privée de ressources budgétaires (1), la Croatie voit ses meilleurs enfants se diriger vers la carrière de fonctionnaire
ou choisir entre les professions juridiques, médicales et
littéraires. Le commerce est presque exclusivement aux
mains des Juifs et des Allemands, qui viennent s'établir
en Croatie des régions hongroises et autrichiennes où,
grâce à l'aide et à l'appui du gouvernement, se sont formés des grands centres industriels.

Les Croates ont fait tous les efforts possibles pour améliorer leur condition sociale et économique ; s'ils n'ont

(1) Suivant la *nagodba* la Croatie recevait de la Hongrie quatre
millions et demi de couronnes par an pour la couverture des frais
concernant son administration autonome. En 1873, la Croatie obtint,
au lieu de cette somme fixe, les 45 % de ses revenus, qui devaient
être calculés sur la base de l'état et des prospectus dressés par le
ministre des Finances hongroises.

réussi à atteindre complètement ce dernier but, il faut leur tenir compte de la situation anormale de soldats agriculteurs, dans laquelle ils se sont forcément trouvés pendant des siècles, et des graves obstacles que la rivalité de deux races fatales pour les Slaves, la magyare et l'allemande, leur ont créée.

M. René Gonnard, dans son livre *Entre Save et Drave* (1), décrit l'agréable surprise que lui causa sa première rencontre, sur place, avec les Croates qui auparavant n'éveillaient en lui que le souvenir héroïque ou barbare des pandours et des « Cravates » de jadis. Il y trouva au contraire, dans les campagnes, des paysans aux allures franches, doués d'un naturel sociable, gais et causeurs, qui le frappèrent par la beauté et par la propreté soignée de leur charmant costume national, par la vivacité et la profondeur de leurs sentiments patriotiques et religieux. Ils vivent dans de grands villages, aux rues larges, propres et bien entretenues.

La bourgeoisie, de son côté, a des mœurs simples, sociables et démocratiques ; elle est pleine de tact, de franchise, et possède en même temps une instruction supérieure et accomplie. La base de la richesse nationale de la Croatie, avec l'élevage du bétail, est l'agriculture (2) et ses immenses et magnifiques forêts constituent une de ses principales ressources industrielles et commerciales (3).

(1) Nous empruntons à ce livre les détails statistiques qui vont suivre et qui représentent les conditions économiques de la Croatie en 1907.

(2) Récolte de 1907 Maïs : 4 millions 1/2 de quintaux. — Blé : 2,8. — Avoine 0,6. — Seigle : 0,54. — Orge : 0,45. — Lin : 47.000 q. — Chanvre 103.000 q. — Méteil : 4 millions 1/2 de couronnes. — Millet : 1,7. — Vin : 724.000 hectol. — Bestiaux : 309.000, chevaux. — 908.000 bêtes bovines. — 595.000 moutons. — 882.000 porcs. — 3.400.000 volailles. — 103.000 essaims d'abeilles. La sériculture donne 200.000 kilos de cocons. — Les prunes forment un important article d'exportation et alimentent l'industrie des bouilleurs de crus.

(3) Les forêts de chênes en Slavonie fournissent du travail à plus de 15.000 ouvriers. Il existait, en 1903, 33 grandes scieries à vapeur

Le commerce du bois est aux mains d'environ 139 maisons, dont 40 étrangères ; les bois et les produits xylotechniques exportés représentent une valeur de 16 à 22 millions de couronnes. La production céréale croate est, en partie, l'objet d'une transformation manufacturière dans le pays même. La minoterie industrielle y compte une centaine de moulins ; mais les difficultés qu'offrent les voies ferrées croates et l'absence d'un canal entre la Save et la Drave ne peuvent engager les minotiers à concentrer leur industrie et à la transformer en achetant des machines modernes. Ainsi, quoique le blé et le maïs soient meilleur marché en Croatie qu'en Hongrie, la farine y est plus chère.

En Croatie, la houille manque totalement (1) et la lignite n'est extraite que pour un peu plus de deux millions de couronnes, et, pour ce qui concerne le fer, on n'en extrait que pour une centaine de mille francs. En 1907, on y comptait seulement 223 entreprises industrielles, occupant chacune plus de 20 travailleurs et en rassemblant un total de 19.500. Le total de l'actif des sociétés anonymes industrielles n'était que de 44.600.000 couronnes. (N. B. En 1912, cent dix-huit entreprises industrielles étaient constituées en sociétés anonymes). L'extraction des minerais et combustibles n'occupait qu'un

et 10 autres à moteur électrique ou hydraulique, lesquelles occupaient près de 3.000 ouvriers. D'autres usines, en Slavonie, produisent 15 à 20.000 quintaux de tannin. Un certain nombre de grandes scieries ont été créées pour le travail du bois de hêtre. On produit également dans les forêts 6 à 8 millions de kilos de charbon.

(1) Nous croyons que cette affirmation de M. R. Gonnard n'est pas exacte. La même abondance en minerais qu'on constate dans les montagnes dalmates doit exister en Croatie aussi, dont les massifs sont de la même formation géologique que ceux de la Dalmatie. Seulement le manque de communications, qui empêche d'exploiter les gisements de cette province, s'aggrave en Croatie du fait de l'éloignement de la mer, ce qui enlève aux ingénieurs des mines toute envie de faire des recherches qui ne pourraient aboutir à un résultat pratique.

millier de travailleurs ; la sidérurgie n'en occupait que 700 environ ; il n'y avait qu'un seul établissement métallurgique réellement important avec 4 à 500 ouvriers. Une seule industrie est puissante en Croatie, le travail du bois (outils agricoles, meubles en bois courbé, etc.) qui emploie 10.000 ouvriers ; plusieurs usines ont un personnel considérable : onze occupaient en 1907 plus de 200 travailleurs chacune ; et une près de 600. L'industrie de la pierre réunissait 1.600 travailleurs ; celle des produits alimentaires offrait au travail un débouché encore plus considérable : la sucrerie d'Osiek occupait à elle seule 700 ouvriers et produisait 86.000 quintaux de sucre. Les 27 à 28.000 distilleries d'alcool n'étaient qu'une industrie paysanne de bouilleurs de crû et ne produisaient en moyenne que 84 litres chacune. On recensait en Croatie une quinzaine de brasseries, mais la production atteignait à peine 115.000 hectolitres. L'industrie chimique comptait une dizaine d'établissements occupant plus de 20 travailleurs — un peu plus de 1.300 au total ; celle des cuirs n'était représentée que par une ou deux fabriques de quelque importance et l'industrie textile par une seule grande fabrique, occupant 500 travailleurs. En comprenant les tout petits établissements, occupant moins de 20 ouvriers, il y avait en 1907, en Croatie, 16.000 établissements industriels, dont 2.042 entreprises de transformation des métaux, 1832 établissements xylotechniques et 5.634 traitant les produits alimentaires.

Le crédit était distribué en 1907 par 168 banques et caisses d'épargne et par 674 associations de crédit. Suivant le *Hervatski Kompas* pour l'année 1913-14, en 1913, existaient en Croatie les instituts de crédit suivants :

a) une succursale du *Wiener Bank Verein*, à Zagreb ;

b) trois succursales de la *Banque Austro-Hongroise* (à Zagreb, à Osiek et à Zemoun).

c) la *Première Caisse d'Epargne croate de Zagreb*, au capital actionnaire de 6 millions de couronnes (fondée en 1846).

d) la Ire *Banque d'Escompte de Zagreb* (8 millions) fondée en 1868.

e) la *Banque provinciale hypothécaire croato-slavonne, de Zagreb*, fondée en 1892 : 9 millions ;

f) la *Banque agricole croate de Zagreb* : 1 million 1/2 (fondée en 1901) ;

g) la *Banque Serbe de Zagreb* : **6** millions (fondée en 1895) ;

h) la *Banque provinciale croate d'Osiek* : 5 millions (fondée en 1909 par la *Banque Zivnostenska*), et en outre, **261** autres banques et caisses d'épargne mineures distribuées dans les différentes villes et bourgades de la Croatie.

De ces 261 banques et caisses d'épargne, ont été fondées : 39 de 1867 à 1893, dont 9 en 1872 et 6 en 1873 ; — 45 de 1894 à 1902 ; — 78 de 1903 à 1907 et 65 de 1908 à 1913 (incl.). De 24, nous n'avons pu établir la date de fondation.

Quatre entre elles sont allemandes, 2 magyares, 1 slovaque, et 50 serbes ; les autres sont croates, mais plusieurs avec infiltration de capital juif, allemand et magyar.

Le progrès réalisé par les institutions bancaires de 1908 à 1913 peut nous servir d'indice pour évaluer approximativement le développement ultérieur de l'industrie croate, pendant cette époque.

Le gouvernement croate avait créé des écoles industrielles supérieures qui comptaient plus de 500 élèves des deux sexes, avec majorité féminine, et des écoles inférieures destinées à former des travailleurs manuels, également des deux sexes, et qui réunissaient plus de 1.000 élèves. Il faut ajouter trois écoles commerciales supérieures, avec 350 élèves, et l'école maritime de Bakar qui en possédait 160.

Le commerce extérieur de la Croatie ne se distingue pas de celui de la Hongrie, avec laquelle elle ne fait qu'un seul territoire au point de vue douanier. Il est à peu près impossible de dire pour quelle part exacte elle figure dans les 3.270 millions de couronnes qui représentaient en 1907 le chiffre des échanges opéré entre la Croatie-Hongrie et les autres pays (1.652 millions aux importations, 1.618 millions aux exportations) ; mais il est certain que l'Autriche constitue le grand débouché extérieur (74, 5 %) en même que le principal fournisseur (77 %).

Ce qui frappe l'étranger en Croatie, ce sont les *zadrougas* communautés paysannes qui, jusqu'il y a environ cinquante ans, constituaient la règle dans tous les pays serbo-croates, sauf en Dalmatie où, n'ayant pas été reconnues par les lois autrichiennes, elles ont cessé d'exister bien avant cette époque. Maintenant, les zadrougas subsistent presque partout en Bulgarie et sont encore très nombreuses en Serbie et en Bosnie-Herzégovine, tandis qu'en Croatie elles ont subi davantage l'influence dissolvante d'une civilisation industrialisée. En 1890, il y avait en Croatie 403.518 familles d'agriculteurs, dont 61.581 étaient des zadrougas ; 107.890 étaient aussi apparemment des zadrougas, mais en réalité se composaient de plusieurs familles, dans le fait séparées, qui n'avaient pas encore obtenu l'autorisation pour dissoudre légalement la communauté ; 234.047 familles étaient constituées par des ménages individuels. Dans les zadrougas réelles, 85 % étaient composées de 10 membres au maximum ; 10 % de 11 à 15 ; 3,2 % de 16 à 20, et 1,8 % d'un nombre supérieur de membres. Jadis, au contraire, le zadrougas nombreuses formaient la règle.

La *zadrouga* est une communauté de biens entre plusieurs personnes descendant des mêmes ancêtres et vivant sous l'autorité d'un chef (*staréchina ou gospodar*) librement élu, qui à l'exclusion des autres traite les affaires de l'association, dont les membres ne possèdent aucun patrimoine particulier. Elle a été probablement la forme primordiale par laquelle s'est manifestée la vie civile chez tous

les peuples indo-germaniques et correspondait si bien
au caractère sociable des Yougoslaves, à leur attachement à la famille et à la vie agricole, qu'ils l'ont maintenue même quand ils formèrent des principautés et des
royaumes. L'intime union entre les membres de la zadrouga était en outre le meilleur moyen de défense contre
le seigneur féodal et l'oppression des Turcs. Le système
fiscal des Byzantins, des seigneurs féodaux et des Turcs,
qui percevaient des taxes par feu, peut aussi avoir contribué à maintenir l'institution des *zadrougas*. L'inaliéna-
bilité et l'indivisibilité, sauf l'autorisation de l'autorité
administrative et le consentement, suivant les cas, de la
totalité ou de la majorité des intéressés, sont une des
caractéristiques de la *zadrouga*; en outre, ses biens ne
peuvent, sauf de rares exceptions, être exécutés autrement
que par la voie du séquestre. Le membre de la *zadrouga*,
qui sort ou qui en est exclu par les autres, reçoit en argent
le paiement de sa quote-part du patrimoine commun.

La *zadrouga* présente le grand avantage de la division
du travail et de la réciproque assistance. C'est, peut-être,
la meilleure forme d'association, là où l'agriculture est la
seule ou la principale ressource d'un pays et où elle a de
vastes étendues de terrain à sa disposition. Il faut en outre
que la mentalité de ceux qui en font partie puisse
s'adapter aux mœurs patriarcales qu'elle implique. La
zadrouga, au contraire, comporte mal une agronomie
intensive où l'effort et l'initiative individuelle peuvent
seulement réaliser un succès ; elle s'adapte aussi mal à
un milieu industriel et aux idées modernes d'indépendance individuelle ; la maison commune devient alors
une geôle et les limitations, que le lien social impose, une
chaîne intolérable.

Les Yougoslaves ne doivent pas oublier que la *zadrouga*
leur a rendu de bien précieux services dans leurs luttes
contre les Turcs, les Allemands et les Magyars, en
maintenant la race groupée et la nationalité cohérente
— ils doivent par conséquent la pourvoir de toutes les

institutions de droit qu'elle exige. Mais sitôt que les *zadrougas* ne correspondent plus à l'esprit des temps nouveaux ou à de nouvelles conditions économiques, il faut prendre les dispositions nécessaires pour opérer sagement une transformation devenue inévitable ; c'est-à-dire qu'il ne convient pas de créer d'inutiles obstacles à la dissolution des communautés et, d'autre part, qu'il est nécessaire de garantir le paysan qui vivait jusqu'alors sous la tutelle du « staréchina » ou « gospodar », contre la ruine où le peuvent entraîner sa propre légèreté et les embûches des usuriers, dont les paysans croates ont fait une bien triste expérience.

L'insuffisance des débouchés fournis au travail, par suite de l'infériorité industrielle du pays, explique l'accroissement de l'émigration croate. En 1908, malgré l'effet restrictif produit par la crise américaine, il y avait 5.500 émigrants, dont une moitié se dirigea vers l'Amérique, un peu plus de 500 vers la Hongrie, et 400 environ vers l'Allemagne ; le reste se partagea entre divers autres débouchés européens ou américains (le Canada par exemple). Pour l'année précédente, le chiffre des émigrants croates a été de 21.955. En ce qui concerne le mouvement vers les divers Etats de l'Europe, on parle improprement d'une émigration, puisqu'il s'agit pour la plupart de terrassiers, manœuvres ou travailleurs agricoles, qui après quelques mois retournent chez eux. Mais les émigrants d'outre mer, non plus, ne quittent pas pour toujours leur patrie. L'amour des Yougoslaves pour leur pays est si puissant que, quoiqu'ils parviennent bien souvent à l'aisance et à la richesse, et quoiqu'ils forment en Amérique de nombreuses colonies où ils trouvent tout le réconfort que la société de compatriotes peut donner en terre étrangère, tôt ou tard, la plupart d'entre eux reviennent dans leur pays natal où ils apportent des capitaux et un esprit indépendant et viril, qui contribuent au relèvement économique et politique de leurs concitoyens.

Habitée par 1.638.000 Croates et 645.000 Serbes (1), la Croatie, dont les districts nord-occidentaux se rapprochent au point de vue éthnique des Slovènes, leurs voisins — nous offre un des plus beaux exemples de la solidarité et de la concorde nationale.

Maîtres de leurs destinées et associés aux autres Yougoslaves, les Croates réaliseront les mêmes progrès que les Magyars, nullement mieux doués, on fait depuis 1867, c'est-à-dire dès qu'ils recouvrèrent leur liberté d'action.

Le développement de l'agriculture, qui est l'état pour lequel les Slaves ont le plus vif penchant, sera le principal objectif de leurs efforts. La merveilleuse fertilité des plaines croates et la division de la propriété (2) contribueront aussi beaucoup au nouvel essor du pays qui sera favorisé par une politique bancaire ayant le but de faciliter l'achat et le morcellement des grands domaines. Aux « zadrougas » qui, probablement sont destinées à disparaître, peu à peu se substitueront d'autres formes d'associations, plus modernes, qui, grâce à l'effort spontané des Croates ont déjà atteint un développement remarquable (3).

(1) Il y a, en outre, 134.000 Allemands, 106.000 Magyars, 22.000 Slovaques, 8.000 Ruthènes et 68.000 habitants de différentes nationalités.

(2) En 1900, on comptait en Croatie, pour 2.400.000 habitants et pour 2.600.000 hectares de territoire agricole, 407.000 propriétés agricoles ; de ces domaines, 226.000 avaient l'étendue de 2,5 à 57 hectares ; 180.000 de moins de 2,5 hectares ; 930, de 57 à 570 hectares ; et 209 seulement avaient plus de 570 hectares.

(3) En 1913, il y avait en Croatie :

1º La *Société économique croato-slavonne* de Zagreb institut central de 99 différentes sociétés coopératives, fondé en 1841, réorganisé en 1907.

2º Le *Consortium économique,* union de 98 coopératives.

3º La ligue centrale de 254 coopératives paysannes croates de Zagreb ayant au total 36.000 membres (fondée en 1910).

4º L'Union de 354 coopératives serbes de Zagreb (fondé en 1897).

5º La *Société économique croato-slavonne* de Osiek, union de 76 différentes coopératives (fondé en 1911).

6º 97 différentes associations professionnelles, industrielles, d'é-

Libre de ses entraves, la Croatie pourra enfin bénéficier des avantages commerciaux que sa situation géographique lui réserve. Le mouvement commercial du port de Fiume qui maintenant, grâce à la maîtrise absolue que les Magyars exercent sur les chemins de fer croates, n'apporte des bénéfices qu'à eux exclusivement, servira aussi au profit de la Croatie qui, disposant librement de ses communications, pourra favoriser le développement des industries. Les magnifiques voies fluviales que la Croatie possède : le Danube, la Save, la Drave, pourront être développées en prolongeant la navigation sur ces deux derniers fleuves, de Légrad et de Sisek, à travers les provinces slovènes, jusqu'aux Alpes de la Carnie. Si le

pargne et agricoles aussi, dont plusieurs sociétés d'épargne et de crédit entre employés seulement, 19 en ont été fondées de 1871-1900 ; les autres de 1901 à 1913.

7° La section de Zagreb de l'*Union centrale de crédit pour les pays hongrois, de Budapest*. Cet institut, une création magyare, qui étend son activité sur tout le territoire de la Hongrie et de la Croatie, comprend 2.412 différentes associations, avec 700.000 membres, dont 226 sont industrielles et les autres agricoles. Le patrimoine de ces associations est de 52.791.000 couronnes ; les versements à titre d'épargne faits par leurs membres atteignaient, en 1912, 119.381.000 couronnes. De ces 2.412 associations, 285, avec 60.223 membres se trouvaient en Croatie. Les Magyars et leurs créatures, qui avant la victoire de la coalition se trouvaient au pouvoir en Croatie, ont fait tous les efforts possibles et employé tous les moyens pour faire entrer les paysans croates dans ces associations, à l'aide desquelles ils espéraient pouvoir exercer sur eux une influence dénationalisatrice. Ils ont réussi à attirer beaucoup de paysans, mais, au point de vue de l'influence politique, leur succès a été absolument nul : le résultat des élections pendant ces dernières années le prouve.

Les unions de paysans, qui outre l'amélioration de l'agriculture et des conditions morales, intellectuelles et matérielles de leurs membres — ont pour but de prendre des terres à bail, de fonder des coopératives de consommation, de favoriser l'élevage et l'exportation du bétail, ont obtenu dans toutes ces branches de leur activité les meilleurs résultats. Ainsi, déjà en 1908, l'exportation du bétail de la part des seules unions catholiques représentait une valeur de 64.5000.000 couronnes.

projet que Dandolo — le gouverneur français de la
Dalmatie — avait conçu il y a plus de cent ans, c'est-à-
dire de réunir le cours de l'Unna, affluent de la Save, au
Krka, le fleuve dalmate qui débouche dans l'Adriatique,
près de Chibenik, pourra être réalisé, une nouvelle vie,
active et moderne, vibrera dans les vastes régions des montagnes où à présent aucun mouvement commercial ne
trouble le profond silence des forêts. Tous les fleuves qui
descendent de ces montagnes et du massif des Alpes
vers les plaines croates et bosniaques possèdent d'immenses trésors d'énergie électrique, jusqu'à présent inexploitées. Dans la seule région de Plitvice, on compte une
quinzaine de lacs montagnards et des cascades de 80 mètres
qui ne servent maintenant à autre chose qu'à exciter
l'émerveillement des touristes.

Ces projets d'un meilleur avenir que la Croatie, après
avoir, pendant des siècles, subi les douleurs et les misères que la fatalité historique et la convoitise des Magyars et des Allemands ont accumulées sur elle, a le droit
de réaliser — resteraient à l'état de vaines aspirations
si elle devait être privée de Riéka, du seul port avec
lequel elle peut être reliée par chemin de fer et qui constitue, par conséquent, son unique débouché (1).

(1) La Croatie n'est pratiquement accessible, du côté de la mer,
que par le port de Riéka où s'ouvre le passage entre le massif du
Carso (Snejnik 1.796 m.) et les montagnes de la Kapela (Belolasiça
1.533 m.) et du Velebit (Vaganski 1.758 m.). Les autres ports du
littoral croate sont trop petits, comme Bakar, pour pouvoir devenir
un important débouché maritime et les frais de la construction
d'un chemin de fer qui les raccorderait à la ligne Riéka-Zagreb
sont si énormes, que cette entreprise serait pratiquement irréa-
lisable.

2° RIEKA (FIUME)

Avant l'invention des chemins de fer, Riéka n'avait aucune importance spéciale et occupait un rang inférieur à celui des autres ports du littoral croate. Obscure bourgade ou village maritime, elle traverse presqu'inconnue le Moyen-Age. Il est certain pourtant qu'au X° siècle, elle appartenait au Royaume de Croatie, dont les confins s'étendaient jusqu'au fleuve Rasa (Arsa) en Istrie. Quand la féodalité se développa et donna origine à la formation de petits territoires séparés, Riéka, on ignore par suite de quels événements, se trouva appartenir aux princes allemands de Douino, près de Trieste (1139). De 1337 à 1365, Riéka est détenue, à titre de gage, par les princes croates Frankopani, dont les domaines l'entourent et qui possédaient à quelques minutes de distance leur château de Trsat, dominant la ville. En 1467, le dernier des comtes de Wallsce légua Riéka aux Habsbourgs, qui lui donnent un statut et qui, après avoir saisi en 1670 les immenses propriétés des familles croates, Zrini et Frankopani, réunissent administrativement Gradej (Grado) et Trieste au littoral croate et en font un littoral autrichien. En 1712, Riéka est déclarée port libre. C'est ainsi qu'en 1720, Riéka accepta par un acte spécial la sanction pragmatique, de même que Trieste et les autres provinces héréditaires des Habsbourgs. En 1776, Marie-Thérèse se fit céder des Etats croates certains districts qui formaient la *banska Kraïna* et les incorpora aux Confins militaires ; de son côté, elle rendit à la Croatie Riéka et le littoral croate, sauf Sègne et Bag qui furent assignés aux Confins militaires. On forma ainsi une nouvelle *Joupania Severinska* dont les assemblées se tinrent à Mrkopolié et à Riéka. Sur la proposition de la ville de Riéka et du gouvernement croate, Marie-Thérèse, dans l'intérêt du commerce et ayant égard aux libertés municipales de ce port libre, émit le 23 avril 1779 un diplôme qui en confirmait l'autonomie et le qualifiait de « *Separatum sacræ regni Hungariæ adnexum corpus* ».

En conformité à deux lois séparées, votées à la Diète Hongroise (1807) et à la Diète Croate (1808), et sanctionnées toutes les deux par François II, les députés et le gouverneur de la ville de Riéka avaient voix et siège dans l'une et dans l'autre assemblée.

En 1848, le ban Jélatchich, par sa circulaire du 19 avril, donne à toutes les « joupanias » et communes croates l'instruction de ne respecter d'autre autorité que la sienne et avant de déclarer la guerre à la Hongrie (7 septembre), il occupe militairement Riéka, qui depuis lors, jusqu'en 1867, se trouve sous l'administration croate. Suivant la constitution du 4 mars 1849, « le Royaume de Croatie avec son littoral et la ville de Riéka devaient être tout à fait indépendants de la Hongrie ». En 1860-61, les Magyars s'allient au parti autonomiste de Riéka et provoquent une violente agitation, dans le but de réclamer son incorporation immédiate et directe à la Hongrie, en vue des grands avantages économiques qui en auraient résultés pour la ville. Néanmoins, Riéka envoya plus tard, en 1865, ses quatre députés à la Diète de Zagreb. Les mêmes désordres se renouvelèrent plus tard, en 1867, cette fois aussi sur l'instigation et avec l'appui financier et moral des Magyars. Enfin, faute d'un accord entre les Croates et les Magyars, au mois de mars 1870, Riéka passa « provisoirement » sous l'administration du gouvernement central hongrois.

Ce provisoire dure jusqu'à nos jours (1).

(1) Le ban Lévin Rauch, à l'aide d'un nouveau régime électoral octroyé *ad hoc* le 20 octobre 1867, avait obtenu à la Diète croate une majorité qui stipula avec la Diète magyare les bases du pacte réglant les rapports entre la Croatie et la Hongrie. Mais à l'égard de Riéka, les deux députations n'arrivèrent à aucun accord et se réservèrent de s'adresser à l'empereur pour la solution ce point litigieux.

Ce compromis fut approuvé le 24 septembre 1868 par la Diète

*
* *

Ainsi que nous l'avons remarqué plus haut, avant la construction des chemins de fer, Riéka n'avait pas une importance spéciale pour la Croatie, à laquelle suffisaient ses autres ports, et le commerce croate se dirigeait par les routes Caroline et Joséphine tant vers Sègne et Bakar, que vers Riéka. En 1869, alors qu'elle était déjà depuis une dizaine d'années réunie par un embranchement à la grande ligne de chemin de fer Venise-Trieste-Vienne, Riéka n'avait que 17.884 habitants et son mouvement maritime ne dépassait pas 150.000 tonnes (tonnage brut) tant à l'entrée qu'à la sortie. C'est que, depuis que les Habsbourgs se sont rendus maîtres de Venise, tout leur intérêt tourne du côté de ce port de l'Italie, où ils possèdent d'autres riches et vastes provinces, où ils exercent la suprématie politique, et où les attire le mirage du ré-

croate qui s'adressa le 23 septembre à François-Joseph en le priant d'adjuger Riéka à la Croatie. La Diète hongroise, au contraire, modifia cet article (66) dans le sens que Riéka appartient au royaume de Hongrie et qu'elle doit lui être immédiatement annexée. L'empereur sanctionna le 8 novembre le texte de la loi votée par la Diète croate et proposa aux deux diètes d'arranger le différend de la manière suivante : Riéka formera un corps séparé appartenant à la couronne de Hongrie et les modalités concernant la situation de cette ville envers la Hongrie et le Croatie seront établies par un accord qui interviendra entre ladite ville et les deux Royaumes.

L'original magyar de l'accord fut recopié en modifiant l'article 66 conformément à la proposition de l'empereur-roi et ce nouveau texte reçut sa sanction le 17 novembre. Sur le texte croate, au contraire, qui avait déjà été sanctionné le 8 novembre, on colla une bande de papier contenant la proposition de l'empereur, qui fut approuvée par la Diète croate le 17 novembre 1868.

Les Délégués, nommés au nombre de quatre par chaque partie intéressée, se réunirent aux mois de mai et de décembre 1869 à Bouda-Pesth, mais sans arriver à un accord. Avant de se séparer, ils décidèrent de renvoyer la solution du différend à des temps meilleurs, et cependant de confier l'administration de Riéka au gouvernement central de Buda-Pest.

tablissement de l'empire romain dont ils avaient porté,
jusqu'au 6 août 1806, en qualité d'empereurs d'Allemagne,
le titre et la couronne.

La fortune de Riéka remonte au moment où elle fut
unie par chemin de fer à la Croatie et aux vallées de la
Save, de la Drave et du Danube, dont elle est le débouché
naturel. Seulement, ainsi que nous l'avons déjà constaté,
l'Etat ayant opéré le rachat des chemins de fer et organisé les tarifs à son gré, les Magyars seuls profitent de
cette situation qu'ils exploitent exclusivement, en sacrifiant les intérêts légitimes des Croates.

Avec un progrès vertigineux, Riéka a conquis en 1908
un tonnage de 5 1/2 millions de tonnes en chiffres ronds.
Cet accroissement de tonnage est dû uniquement à l'élément vapeur, car la navigation à voiles n'y figure à peu
près pas. Constatation importante si l'on se rappelle qu'au
point de vue du rendement utile, on estime généralement
qu'une tonne-vapeur équivaut à quatre tonnes-voilier (1).

Dans ce mouvement la **part** du pavillon hongrois est
prépondérante (entrées pour les vapeurs, en 1908, environ 1.000.000 de tonnes dont 349.000 pour le mouvement local et 667.000 pour le mouvement général ou à dis-

	Tonnage des entrées	Tonnage des sorties.
(1) 1871-1875 (moyenne)	164.000	168.000
1908	2.700.000	2.730.000

MOYENNE DES ENTRÉES ET DES SORTIES ADDITIONNÉES.

			Nombre	Tonnage.
1871-1875	Navires à voile.	. . .	4.204	166.332
	» vapeur.	. . .	975	165.700
1908	» voile.	. . .	4.108	172 221
	» vapeur.	. . .	30.008	5.272.597
1912	» voile.	. . .	3 489	161.699
	» vapeur.	. . .	29.544	6.222.096

Dans cette dernière année, la marine croato-hongroise qui concentre son activité dans le port de Riéka possédait :

95 voiliers   ayant   1.279 tonnes de jauge.

133 navires à vapeur ayant 137.416 tonnes de jauge.

tance). Vient ensuite le pavillon autrichien (433.000 tonnes au mouvement général et environ 10.000 tonnes au mouvement local). La part du pavillon italien n'est que de 81.000 tonnes. Pour les voiliers, l'Autriche obtient l'avantage (21.800 tonnes) sur la Hongrie (4.000 tonnes); mais elle laisse le premier rang à l'Italie (39.000 tonnes).

A présent, Riéka compte, outre le port principal où accostent les grands paquebots, le port aux bois, le port au pétrole, le port aux voiliers, munis de toutes les installations nécessaires. Plusieurs compagnies de navigation concurrencent les sociétés autrichiennes (1).

Eveillée à la vie industrielle et aidée par le concours de plusieurs banques, Riéka favorise le mouvement de son port par les importations que ses manufactures, ses

(1) En 1912, y existaient les compagnies suivantes :

	Paquebots	Tonnes de jauge brute	Capitaux en actions	Fonds de réserve
Soc. r. hongr. Adria . .	33	71.746	10.000.000	8 819.000
Atlantica	11	43.784	6.000.000	2.813.000
Levante.	12	42.169	6.000.000	3 272.000
Inderficienter	1	2.333	288.000	180.000
Ungaro-Croate	44	5.000	6.000.000	3.106.696
Navigat. libre ungaro-croate	6	22.666	2.800.800	100.000
Orient	6	26.405	3.500.000	2.712.000

L'Adria perçoit du gouvernement hongrois une subvention de 4,6 millions de couronnes. L'Ungaro-croate de 2.775.000. La Levante de 1.005.138. La première desdites sociétés de navigation entretient les lignes régulières de navigation pour Glasgow, Londres, Amsterdam, Anvers, Bordeaux, Lisbonne ; la Levante pour Galatz, Constantinople et l'Australie ; l'Ungaro-croate le long de la côte albanaise, dalmate, istrienne, croate, et puis pour Trieste, Venise, Ravenne et Ancône.

Il y a en outre à Riéka plusieurs associations d'armateurs copropriétaires par indivis et par quirats, dont la plupart sont propriétaires de voiliers ; entre eux seulement les paquebots « Petchiné » et « Kostrena » (2.600 tonnes de jauge brute chacun) méritent d'être mentionnés.

raffineries, ses tanneries, ses usines et ses chantiers réclament et les exportations qu'ils permettent.

Les entreprises industrielles de Riéka se repartissent, au point de vue de la nationalité, comme suit :

Le chantier naval *Danubius*, la fabrique de torpilles *Whitehead*, au capital de 7.5 millions de couronnes, la *Raffinerie d'huiles minérales* (8,8 M.), la *Fabrique de papier Smith et Menier* (1.2 M.) et l'*Union des industries chimiques* (1.2 M.) sont presqu'exclusivement magyares.

La *Fabrique d'huiles* (2 M.), l'*Epluchage de riz* (2.9 M.) sont mixtes, c'est-à-dire qu'elles appartiennent à des Magyars et à des Italo-autonomistes.

La *Société de pêche Nekton* (840.000 cour.), — la *Société anonyme Kvarner* (2.5 M.) pour l'exploitation d'établissements balnéaires et l'achat et la vente de terrains, la *Fabrique de parquets* (200.000), l'*Etablissement de produits chimiques* (570.000) — et la *Fabrique de cuirs Ruzich* sont presqu'exclusivement croates.

La *Distillerie à vapeur* (200.000), la *Fabrique d'huiles végétales Hungaria* (1 M.), l'*Entreprise de constructions* (1 M.) sont mixtes en tant qu'elles appartiennent à des Croates, à des Italo-autonomistes et à des Magyars.

Pour ce qui concerne les entreprises suivantes : l'*Agricole* fabrique d'engrais et de produits chimiques (700.000), la *Fabrique de briques et de cérames* (84.000), — l'*Adriatique-électricité*, pour l'exploitation des forces hydrauliques du Gatcha (4 M.), — la *Société des produits azotés*, — la *Société italo-hongroise pour l'exploitation des bois* (1 M.), — la *Société de travaux en bois Louis Ossoïnak* (300.000) et les autres, moindres, fabriques et ateliers, nous ne possédons aucune indication précise, mais en thèse générale, suivant plusieurs indices, nous croyons pouvoir affirmer qu'elles appartiennent pour 1/3 à des Magyars, pour 1/3 à des Croates et pour 1/3 à des Italo-autonomistes de différentes nuances.

Cette induction nous est confirmée par l'aperçu suivant des banques de Riéka :

Les succursales de la première *Caisse d'Epargne croate*
(6 M.) et de la *Banque agricole de Zagreb* (1,5 M.), — la
Banque et Caisse d'épargne du littoral de Soussak (4 M.)
sont purement croates.

La *Banque coopérative de Fiume* (290.000) est exclusivement italo-autonomiste, tandis que la *Caisse municipale d'Epargne* et *Mont-de-Piété* (en 1912 : bilan de
29.485.000 cour., dont 11.329.000 en hypothèques et
11.219.600 en effets publics) appartient en grande partie
aux Italo-autonomistes, mais avec de larges infiltrations
de Croates.

La *Banque Mobilière* (2 M.) est exclusivement magyare ;

La *Banque Commerciale* (2 M.) est formée de Magyars et
d'Italo-autonomistes.

Dans la *Banque Populaire de Riéka* (1,2 M.), *Banque
de Riéka* (400.000), *Coopérative pour prêts et avances* (2 M.)
il entre en proportion presque égale des Italo-autonomistes
et des Croates.

Riéka est le marché de tous les produits agricoles et autres
(pêche, etc..) de l'Istrie orientale et des îles du Quarnero,
qui se trouvent dans sa proximité et auxquelles elles est
reliée par de fréquentes et commodes lignes de navigation.

Riéka est la *city*, le centre de la vie maritime croate.
Elle est pour le littoral croate, pour une partie du littoral
de l'Istrie et pour les îles du Quarnero (sauf Lochigne,
qui gravite vers Trieste) ce que Gênes représente pour la
« Riviera » italienne. La marine croate, bien qu'elle ne
soit jamais arrivée au même degré de prospérité que la
marine dalmate, et bien qu'elle ait préféré la navigation
de l'Adriatique et de la Méditerranée à celle des Océans,
a pourtant de très belles et très anciennes traditions.
Probablement, il a manqué à ses armateurs un esprit
d'association plus développé puisque, du reste, les qualités marines de ses capitaines et de ses équipages ont
toujours été excellentes au même degré que celles des
Dalmates. De nos jours, l'école de navigation de Bakar,

la seule qui ait pour langue d'enseignement la serbo-croate, est la meilleure de l'Autriche-Hongrie.

Jusqu'il y a une vingtaine d'années, la marine marchande de Riéka était presque exclusivement croate, avec une légère infiltration d'autonomistes, alors Slaves sympathisant pour l'italianisme. Elle l'est actuellement encore dans sa majorité : les principaux armateurs (de Kozulich, Gorup, Bacich, Polich, Kopaïtich, Svrliouga) sont tous des Croates ; Croates sont sans exception tous les marins. Les capitaines et les officiers, originaires pour la plupart de Bakar, Kostrena, Ika, Kraliéviça (1) sont presque tous des Croates. Dernièrement seulement, en créant les deux sociétés de navigation « Atlantica » et « Levante » les Magyars, pour avoir l'air de nation marine, placèrent sur les navires des dites sociétés de jeunes capitaines magyars, élèves de l'Académie nautique de Riéka. En suivant la même tendance, ils dirigent leur jeunesse vers la marine de guerre ; ils ne font du reste qu'imiter l'exemple des Allemands de l'Autriche qui y ont occupé presque toutes les places d'officiers et de sous-officiers. Les Magyars ont réussi, en outre, à s'emparer de toutes les actions de l'Adria et d'une moitié des actions de l'Ungaro-Croate. Malgré les ouvertures les plus tentantes qu'ils ont faites auprès des actionnaires croates, deux ou trois ans avant la guerre, pour en acheter le reste, ils n'ont pu atteindre ce but. L'Ungaro-Croate appartient donc toujours pour une moitié à des armateurs slaves et cette copropriété se manifeste par les noms des paquebots, qui reçoivent alternativement des noms croates et magyars. Dans la Compagnie *Oriente* une moitié est croate et l'autre italo-autonomiste et magyare ; dans l'*Indeficienter*, il n'y a que des Croates et des Italo-autonomistes. La navigation libre *Ungaro-croate* est au contraire exclusivement croate. L'invasion magyare a apporté un

(1) Sègne formait un petit centre de navigation à part, qui avait pour objet principal l'exportation des bois.

nouvel élément dans la marine marchande de Riéka : des Israélites allemands magyarisés : les Seidlitz, les Frankfurter et les Kuranda dans l'*Adria*, les Pollatschek dans l'*Atlantica*, les Hoffmann dans la *Levante*.

En 1910, Riéka comptait presque 50.000 habitants, dont 24.212 parlent la langue italienne, 6.493 Magyars, 2.315 Allemands, et 15.687 Yougoslaves. Aux Slaves de Riéka il faut ajouter les 13.000 Croates de Soussak, faubourg ou quartier de Riéka, qui administrativement est séparé de la ville et appartient à la Croatie, mais réellement en forme une partie intégrante, si bien que les étrangers qui visitent Riéka, ainsi M. Gonnard, ignorant ce détail, ne s'imaginent pas même que entre Riéka et Soussak il puisse y avoir une barrière ou une séparation quelconque. Les Magyars, les Autonomistes et les Irrédentistes se refusent à admettre ce fait, pourtant bien évident, et se retranchent derrière de limites tracées sur le papier, qui leur permettent de dominer au Conseil Municipal. Cela n'empêche pas les habitants de Soussak de constituer un élément essentiel de la vie économique de Riéka et de lui donner une empreinte slave.

Les Italianisants de Riéka ne sont pas d'ailleurs si intransigeants que ceux de Trieste. La majorité reste fidèle à son ancien programme de 1869, c'est-à-dire au programme de l'autonomie de leur ville. Mais ces autonomistes ne se proclament nullement Italiens. Ils affirment seulement leur amour et leur attachement à la langue et à la culture italienne. Ils n'affichent pas, comme les Italiens de Trieste du dédain et de l'aversion pour la langue slave ; bien au contraire, ils la parlent couramment à l'occasion. Ils entretiennent en outre les meilleures relations d'affaires avec les Croates, avec lesquels ils participent à de très importantes entreprises industrielles et bancaires. Du reste, ni les uns ni les autres ne dédaignent de faire des affaires avec les Magyars.

La langue italienne est parlée depuis plusieurs siècles

à Riéka comme dans presque toutes les villes maritimes de l'Adriatique et de la Méditerranée orientale, où elle avait été adoptée comme langue internationale pour traiter les affaires. Etant donné le voisinage de l'Italie et l'expansion de son commerce, plusieurs Italiens vinrent s'y établir. Mais Riéka est toujours restée une ville essentiellement slave. Si une partie de sa bourgeoisie, tout en se sentant slave, s'est déclarée pourtant contraire à l'union avec la Croatie et peu à peu a évolué vers l'italianisme, cela dépend de plusieurs causes :

1° La présence à Riéka d'un petit noyau d'Italiens et la connaissance générale de leur langue ;

2° La situation de ville autonome que les Habsbourgs lui ont faite et les sentiments particularistes que cette situation inspirait à ses citoyens, qui se trouvaient, par ce motif, en conflit avec les aspirations unionistes de la Croatie ;

3° La politique des empereurs d'Autriche qui, maîtres de la Lombardie (depuis 1713), de Modène (1815), de la Toscane (1737) et de Venise (1797), montraient une vive sympathie pour la langue et les beaux-arts italiens, tandis qu'ils n'avaient que de l'aversion pour les Slaves ;

4° La prospérité et l'éclat des villes italiennes qui se trouvaient sous la domination des Habsbourgs et la splendeur des beaux-arts et de la littérature italienne, comparée à la pauvreté de la Croatie et de sa littérature nationale ;

5° Les sympathies que tous les libéraux avaient pour les héros de l'indépendance italienne et pour les Magyars, leurs alliés. On considérait au contraire les Croates, qui avaient combattu les Magyars, comme des suppôts de la tyrannie, en oubliant ou en ignorant que les Croates s'étaient à plusieurs reprises loyalement approchés des Magyars pour lutter contre l'ennemi commun, mais que chaque fois ils avaient été rebutés par la prétention des Magyars d'imposer aux Croates leur langue et leur souveraineté ;

6º Les intrigues des Magyars qui, à l'aide d'une campagne soutenue par leur presse et par leur or, organisèrent à Riéka le parti qui, par de violentes agitations, s'efforça depuis 1860 de détacher la ville de la Croatie.

Mais, si le gouvernement autrichien se distingue par son habileté à se rendre partout extrêmement odieux, même aux peuples dont il veut captiver la bienveillance, le gouvernement magyar le surpasse encore par la brutalité de ses procédés. Son effort constant et ses tentatives maladroites de donner à Riéka une empreinte magyare lui attirent l'antipathie des Italianisants. La chose la plus naturelle aurait été une alliance entre eux et les Croates... Mais, pour arriver à un accord, ils auraient dû reconnaître la vraie situation que Fiume occupe dans le territoire national croate — reconnaissance qui était incompatible avec le programme de l'autonomie.

Une petite fraction des Italianisants de Riéka, de même que la majorité de ceux de Trieste, s'est lancée dans l'aventure de l'Irrédentisme, ce qui n'a pas empêché le parti officiel de rester fidèle à sa traditionnelle alliance avec les Allemands et les Magyars chaque fois qu'il s'agit de combattre les Slaves. Les Magyars et les Allemands de leur côté, sauf le cas où il s'agissait de manifestations qui les blessaient directement — ayant égard à la faiblesse numérique et à la dispersion des Italiens de l'Autriche-Hongrie, — n'ont jamais donné aucune importance à l'Irrédentisme. Ils assistaient en spectateurs aux luttes entre Italianisants et Slaves, luttes qui absorbaient une partie des énergies de ces derniers, leurs seuls adversaires redoutables.

Depuis 1867, un nouveau facteur important s'est introduit dans la vie économique et nationale magyare et, par contrecoup, à Fiume: les Israélites. Cette race, doué d'une intelligence et d'une énergie extraordinaires et d'une rare faculté d'adaptation, se mit à la tête du mouvement commercial et industriel en Hongrie, pays jusqu'alors agricole qui se réveillait à peine à la vie économique. En même temps, devenus d'ardents patriotes magyars, ces Israélites allemands ont acquis une influence décisive dans la vie politique du pays. À Riéka, de même qu'à Budapest, à Vienne et à Trieste, ils jouent le premier rôle dans la vie économique de la ville. Quand on parle de banque, de commerce, d'industrie ou de navigation magyare, il faut entendre par là qu'il s'agit d'entreprises israélites.

3° LA DALMATIE

Déjà pendant la première occupation de la Dalmatie (1797-1805) l'Autriche s'était appliquée à introduire dans la province une administration bureaucratique et centralisatrice, sur laquelle se base son système de gouvernement. Tandis que Venise n'avait eu d'autre but que de laisser subsister dans cette province les autonomies locales, les privilèges et le séparatisme qui empêchaient aux Dalmates de se relever nationalement et économiquement, l'Autriche s'efforçait d'englober la Dalmatie dans le bloc des pays soumis à l'autorité immédiate de l'empereur. Dès son début, la politique autrichienne s'inspire des principes suivants :

1° Combattre les sentiments nationaux des Dalmates. En effet, ainsi que nous l'avons déjà constaté, non seulement les promesses et les serments du général Rukavina sont oubliés, mais les partisans de la réunion de la Dalmatie à la Croatie sont directement persécutés.

2° Germaniser la Dalmatie. Déjà en 1800, l'archiduc Charles forma le projet d'envoyer en Dalmatie le trop plein de la population des provinces autrichiennes. « Ces « colons, par leur civilisation, leur ardeur au travail, leur « attachement à la maison des Habsbourgs, devaient don-

« ner aux Dalmates des exemples précieux et les amener
« bientôt à se fondre dans la masse des sujets fidèles de
« l'Empereur ». Ce projet ne put être mis à exécution par
le motif que les régions plus fertiles et plus étendues
étaient marécageuses et malsaines et que les Dalmates
n'auraient pas toléré l'intrusion de nouveaux venus.

3° Détacher la Dalmatie des pays slaves contigus, vers
lesquels elle était attirée par l'identité de la race, par les
souvenirs d'un commun passé, par l'espoir d'un commun
avenir et par ses intérêts économiques — et la rapprocher des provinces italiennes. La Dalmatie, avec l'Istrie
et Trieste, est unie administrativement aux provinces italiennes et dépend de la Chancellerie aulique de l'Italie. Les
jugements des Tribunaux dalmates sont appelés en dernière instance devant le Tribunal suprême de Venise.

Pour ce qui est du bien-être et du progrès intellectuel
et économique et des conditions sanitaires de la population, l'Autriche continua de s'inspirer du système que
Venise avait adopté, c'est-à-dire de l'abandon le plus
absolu.

Bien entendu, l'Autriche ne changea pas de système
quand elle reprit possession de la Dalmatie. Cette fois
encore, des troupes et des généraux croates (Tomasich
et Milutinovich) furent chargés des opérations militaires, dans le but de faire sur les Dalmates la même
impression favorable et de réveiller en eux les mêmes
espoirs qu'en 1797. Mais, après que l'occupation fut accomplie (automne 1813) et la domination autrichienne
tout à fait établie, l'Autriche lança le 7 juillet 1814 une
proclamation déclarant avoir pris possession de ce territoire « en vertu d'un accord entre les puissances alliées. »

La maison d'Habsbourg resta fidèle à ces principes
même après avoir perdu, en 1866, ses dernières possessions italiennes et avoir été, en même temps, exclue de
la Confédération germanique. Etant données les influences
ataviques, le caractère opiniâtre de François-Joseph et
son attachement aux traditions familiales, probablement,

il a toujours conservé le vague espoir de rétablir sa suprématie en Allemagne et sa domination en Italie, où il avait laissé parmi la population rurale, le clergé et l'aristocratie, de nombreux partisans. En tous cas, il avait toujours intérêt à affaiblir les Slaves en favorisant la suprématie artificielle des minorités italiennes.

Jusqu'en 1822, les nobles continuent à jouir de la situation privilégiée qui leur était faite par les anciens statuts municipaux. L'ordonnance impériale du 4 mars 1821 publiée en Dalmatie par une notification du 17 décembre 1822, abolissait ces statuts et réglait d'une manière uniforme l'organisation et l'administration des communes, dont les pouvoirs étaient en grande partie transférés aux autorités de l'Etat. Les conseillers de la commune et les conseillers délégués, qui composaient la « *congrégation municipale* », étaient, au choix du préfet, nommés par lui-même ou désignés par une classe très restreinte d'électeurs ; la nomination du maire *(podestà)* était réservée au Ministre de l'Intérieur ou, pour quelques villes plus importantes, à l'Empereur.

De cette manière, le gouvernement était l'arbitre de la vie publique en Dalmatie. Du reste, il n'avait pas besoin de faire aucune pression sur la noblesse et sur la haute-bourgeoisie dalmate pour l'attirer vers lui : l'Autriche était trop cléricale et antidémocratique pour ne pas gagner les sympathies des classes qui exploitaient et opprimaient le paysan et qui ne demandaient au gouvernement autre chose que d'être maintenues dans leur situation privilégiée. En effet, jusque vers la fin du siècle passé, l'usure sévit effroyablement en Dalmatie et remplaça toutes les autres industries absentes, sans que le gouvernement songea à intervenir. La population rurale est laissée dans l'ignorance la plus absolue : en 1862, il n'y avait en Dalmatie que 157 écoles primaires, dont 23 seulement avaient pour langue d'instruction la langue « illyrique » (serbo-croate); 9 l'italienne, et 125 étaient « mixtes », c'est-à-dire qu'on y enseignait toutes les con-

naissances ordinaires en italien et la religion seulement
en serbo-croate. Et il n'en pouvait être autrement puisque,
jusqu'en 1864, l'école normale des instituteurs était exclusivement en langue italienne et les études n'y duraient
guère plus de trois à six mois, un an au maximum.

Le même abandon pour ce qui concerne les conditions
sanitaires du pays : dans les plus riches régions sévissent
les fièvres paludéennes ou typhoïdes à cause des marécages et du manque d'eau potable. La population y disparaît rapidement pour y être remplacée par des émigrés
qui y sont attirés des contrées plus pauvres, par la richesse du sol, et qui, fatalement, disparaissent à leur
tour...

L'Autriche infligea aux Slaves dalmates et de l'Istrie
l'humiliation de ne pas leur permettre l'usage de leur
langue nationale, ni devant les Tribunaux, ni devant
les autorités administratives, ni pour la correspondance
entre les autorités de l'Etat et les communes slaves.
Toutes ces affaires devaient être traitées exclusivement
en italien, c'est-à-dire dans la langue d'une minorité qui
représentait, en Dalmatie, les 2.5 pour cent de la population totale ! Ce ne fut qu'en 1866 que le Ministère de
l'Intérieur et le Ministère de la Justice prirent la décision
d'exiger des nouveaux fonctionnaires dalmates, qui en-
traient en service, une vague connaissance de la langue
« illyrique ». Ce ne fut qu'en 1869 que les susdits Minis-
tères permirent aux communes dalmates de correspondre
en langue slave avec les Tribunaux et les autorités administratives et aux parties de se servir de la dite langue
pour les affaires administratives et en matière pénale. En
1883, ces dispositions furent adoptées pour les affaires
civiles aussi. En 1887 les Tribunaux et les autorités administratives reçurent l'ordre de correspondre en serbo-
croate avec les autorités autonomes qui se servaient de
cette langue. Enfin, ce ne fut qu'en 1909, que le gouvernement autrichien exauça les vœux réitérés que la Diète
dalmate lui avait exprimés depuis 1870, c'est-à-dire d'éga_

liser complètement la langue serbo-croate et l'italienne, en ordonnant que les affaires fussent délibérées dans la dite langue, lorsque la partie demanderesse s'en était servi pour l'acte introductif d'instance.

Les origines du parti autonomiste dalmate, d'où dérive l'actuel parti des Italianisants, remontent à l'année 1797, quand la bureaucratie autrichienne organisa la répression du mouvement pour la réunion de la Dalmatie à la Croatie. Ses inspirateurs et ses chefs en 1861, année de sa constitution officielle, furent : le gouverneur militaire baron de Mamula, un Croate des confins militaires ; le conseiller aulique de Rosner, un Allemand ; le Président du Tribunal de première instance de Zadar, Lapenna. Tous les fonctionnaires dalmates, en obéissant aux ordres qui leur parvenaient de Zadar, y coopéraient ; les nobles, la bourgeoisie, les administrateurs des communes, créatures du gouvernement, y adhéraient de bon gré et dans leur propre intérêt. Du reste, qui aurait osé contrecarrer ces influences, irrésistibles dans un État absolutiste ?

A l'époque des élections, ces fonctionnaires, juges et préfets à la fois, étaient au premier rang parmi les agitateurs ; ils commettaient et permettaient des violences et des illégalités incroyables. Au surplus, aidés par tous leurs suppôts et par un clergé ignorant et asservi, ils s'appliquaient systématiquement à déformer et corrompre, à l'aide de suggestions quotidiennes, l'esprit et le caractère national. Ce sont la bureaucratie autrichienne et sa clique qui ont inventé la nationalité dalmate. Ce sont eux qui prêchaient aux gens du peuple que les Croates sont d'une race inférieure et sauvage, ennemis de l'Empereur et révolutionnaires (*puntari*) ; qu'ils veulent vendre les Dalmates aux Magyars et les convertir à l'orthodoxie ; qu'ils sont soldats pendant toute leur vie et que les Dalmates, en s'unissant à eux, le seraient de même, etc., etc...

Le sentiment national des Dalmates a dû être bien fort pour résister à de telles influences et pour donner au peuple la force de lutter contre de si formidables adver-

saires et de supporter les persécutions et les violences
malgré lesquelles, après dix ans de durs combats (1860-
1870), il sut conquérir la majorité dans sa Diète.

Quoique ce livre ait pour objet principal les conditions
sociales et les problèmes économiques des Yougoslaves, il
y a pourtant des événements historiques qu'il faut soumettre à la considération du lecteur, car autrement, les
conclusions que nous présenterons plus tard pourraient
facilement avoir l'apparence de vaines affirmations,
risquées à la légère de la part d'un auteur trop
passionné.

En *1848-1849*, la Hongrie, la Lombardie, Vienne même
et Venise sont en pleine révolte ; Charles-Albert se prépare à la rescousse ; le seul salut de l'Empereur sont les
troupes croates. Le jour même de son avènement (2 décembre 1848) François-Joseph, nomme Jélatchich gouverneur de la Dalmatie, ce qui signifie la réunion de cette
province à la Croatie, dont il était le « ban » où vice-roi.
Jélatchich parcourt la Dalmatie, accueilli avec le plus vif
enthousiasme par la population. Seulement la bureaucratie, évidemment suivant des ordres venus de Vienne,
lui crée des difficultés. C'est le pendant des événements
qui se déroulèrent en Dalmatie, au mois de juillet 1797.
François-Joseph croit passé le moment du danger et déjà,
le 4 mars 1849, il octroie une nouvelle constitution, suivant laquelle la Croatie est ravalée au rang d'une province,
et sa réunion à la Dalmatie ajournée jusqu'à ce qu'il in-
tervienne un accord entre les deux royaumes.

1859 : Magenta et Solférino ! De nouveau, l'Empereur a
besoin des Slaves ou les craint ; Bach est congédié ; Go-
luchovski élabore la constitution fédéraliste du 20 octobre 1860. Par sa lettre autographe du 5 décembre
1860, François-Joseph invite la Dalmatie et la Croatie à
envoyer leurs délégués à une conférence, où on traitera
de la réunion des deux pays... Mais les Allemands de
l'Autriche font entendre bruyamment leurs protestations... L'Empereur s'en émeut ; le centraliste Schmer-

ling est appelé au pouvoir ; une nouvelle patente du 26 février 1861 renforce les attributions du parlement central au détriment des diètes provinciales et organise ces dernières sur la base d'un régime électoral qui admettait quatre curies d'électeurs, de telle sorte que les masses slaves ne disposaient que d'un tiers à peu près des mandats. Le gouverneur Mamula reçoit l'ordre de créer en Dalmatie une majorité contraire au but de la lettre impériale du 5 décembre 1860 ; cet ordre est exécuté par les conseillers auliques, préfets et sous-préfets. La Diète dalmate se refuse d'envoyer ses députés à Zagreb.

1865-1867 : En 1865, le conflit avec la Prusse se prépare déjà. François-Joseph s'approche des Magyars mais crée aux Croates aussi une situation plus supportable. En Dalmatie, Filipovich est substitué à Mamula et inaugure un gouvernement plus humain ; les persécutions cessent ; les détenus politiques sont relâchés. Mais après Sadova et Königgratz (3 juillet 1866) François-Joseph s'arrange avec les Magyars en leur sacrifiant les Croates et les persécutions des nationalistes recommencent de plus belle.

1870-1871 : L'issue de la guerre franco-prussienne fait craindre à François-Joseph l'hégémonie des Hohenzollern. Cette crainte le rapproche des Slaves. Le comte Hohenwart prépare le fédéralisme. La Diète dalmate, où les nationalistes, malgré les affreuses violences des autonomistes et des fonctionnaires autrichiens, leurs complices, ont obtenu la majorité des mandats, peut enfin envoyer à l'Empereur une adresse et, lui rappelant ses promesses et celles de ses ancêtres, demander la réunion à la Croatie. En décembre 1870, on tient un grand congrès des Yougoslaves à Lioubiana. Mais les Allemands de l'Autriche ne ménagent pas leurs menaces à l'Empereur. Pendant l'été 1871, ont lieu à Ischl, Salzbourg et Gastein les entrevues historiques de François-Joseph avec Guillaume et de Bismark avec Andrassy. C'est alors qu'on cimente l'alliance austro-magyare et prussienne. Le 25 novembre 1871, toutes les Diètes sont dissoutes. La majorité nationaliste de la Diète dalmate, sous la menace de nouvelles persécutions et de l'appel au pouvoir des autonomistes, qui sont toujours en faveur, doit subir les volontés du gouvernement.

1875 : Au mois d'avril, François-Joseph, après vingt-sept ans de règne, visite pour la première fois la Dalmatie. C'est que de graves événements se préparent aux Balkans. On fait accroire aux Slaves de l'Autriche que la Bosnie sera réunie à la Croatie et à la Dalmatie. L'opposition des Serbes est combattue par le droit historique croate. La lutte s'envenime. Les Serbes, qui jusqu'alors avaient formé un seul parti avec les Croates, s'en séparent et fondent un club serbe qui, en Dalmatie, s'approche des autonomistes-italianisants, et se ligue en Croatie au parti magyarophile. L'occupation de la Bosnie, en 1878, est effectuée par des troupes croato-dalmates et des généraux croates... et en 1882, le nouveau gouverneur Iovanovich commence en Dalmatie, sur une très vaste échelle, des essais de germanisation, qui se continuent jusqu'en 1905.

1905 : La rébellion des Croates (1903) contre les infamies perpétrées par le régime de Khuen-Hédervary pendant vingt ans de tyrannie — la cessation de toute discorde entre les Serbes et les Croates et les pactes de Riéka et de Zadar — le vent de Fronde qui agite les Yougoslaves, inspirent des craintes au gouvernement. Un Dalmate, Nardelli, est pour la première fois nommé gouverneur de la province à laquelle on promet des réformes et des avantages économiques, en la qualifiant dans les journaux officiels de *terre abandonnée depuis des siècles!*

Tous ces faits confirment l'axiome suivant : « La situation économique de la Dalmatie et des autres pays yougoslaves ne peut être expliquée que par l'aversion que les Habsbourgs, princes allemands, avaient pour leurs sujets slaves, qu'ils considéraient et traitaient, comme une race ennemie et inférieure, bonne à être exploitée militairement et économiquement et destinée

« à être tôt ou tard absorbée par les Allemands de
« l'empire » (1).

Les empereurs d'Autriche ont réservé tout leur « amour
paternel » pour les provinces allemandes et italiennes
de leur empire. Dans la Toscane, en Lombardie, à Venise, ils ont fait réellement beaucoup pour le relèvement économique, social et intellectuel de la population et y ont laissé des souvenirs qui ne sont pas encore
effacés. Une simple comparaison entre ce système de
gouvernement et celui par eux établi en Istrie, en Croatie et en Dalmatie, nous démontre quelles étaient leurs
intentions à l'égard des provinces slaves. Si les Tchèques
et les Slovènes ont eu une destinée plus heureuse, cela
dépend uniquement de ce qu'ils se trouvaient en contact
immédiat avec les territoires allemands et que les Habsbourgs ne pouvaient, par ce motif, employer contre
eux la politique d'abandon et d'isolement adoptée envers
les autres Slaves.

Autrement, on ne pourrait pas expliquer le délaisse-
ment de la Dalmatie où des contrées entières, sont ravagées par les fièvres, et où, de 1893 à 1907, malgré les
protestations désespérées des viticulteurs dalmates menacés dans leur existence, le gouvernement austro-hongrois permit la concurrence des vins italiens, qu'on débi-
tait à des prix inférieurs au coût de la production des vins
du pays.

Et que dire de la politique des chemins de fer dalmates ?
Depuis les temps les plus reculés, la Bosnie-Herzégovine
a gravité vers le littoral dalmate et, même pendant la domination turque, des caravanes venaient régulièrement
aux « bazars » hebdomadaires de Makarska, Split Chibenik.
et Doubrovnik. Au lieu d'augmenter, ces échanges cessèrent
tout à fait avec l'occupation de la Bosnie-Herzégovine et

____

(1) Joseph II avait fait alliance avec Catherine II d'Anhalt-Zerbst,
czarine de la Russie, pour conquérir et partager les Balkans, qu'il
se proposait de germaniser.

avec la construction des chemins de fer bosno-herzégoviens, qui avaient uniquement le but de favoriser la pénétration économique des Austro-Magyars. Ce sont les chemins de fer de Banialuka à Sissek et de Saraïevo à Brod, auquel se raccordent des lignes latérales vers Vardichte, Cevlianovich, Varech, Dolnia Touzla et Travnik qui y font affluer tous les produits de la Bosnie. On laissa passer plusieurs années, c'est-à-dire juste autant qu'il en fallait pour que cet état de choses, favorable aux intérêts austro-magyars, prît consistance, avant de construire, vers 1892, le chemin de fer qui va de Saraïevo à Metkovich. Mais cette ligne est à écartement réduit, et elle traverse la Ivan planina (entre Sarajevo et Kogniça) sur des rails à crémaillère qui réduisent à bien peu de chose la puissance de traction de la locomotive. En outre, à Metcovitch, la profondeur de la Narenta n'est que de 4 mètres au maximum et seulement les navires ayant une portée inférieure à 1.000 tonnes peuvent entrer dans le port. Si on ajoute à ces circonstances contraires au développement du trafic vers les ports dalmates, des tarifs favorables au port de Riéka, on pourra aisément se faire une idée des avantages que la Dalmatie a eu de cette conjonction avec la Bosnie et l'Herzégovine !

Depuis l'occupation de la Bosnie, la Dalmatie réclame sans cesse son union à la Bosnie par un chemin de fer qui aboutirait à Split, c'est-à-dire à l'endroit où, depuis le commencement des temps historiques, était le débouché principal des produits de la Bosnie. Il faudrait des volumes pour contenir les interpellations et les adresses que les Députés et les Chambres de commerce dalmates ont présentées dans ce but. Celles de Baïamonti, le « leader » du parti autonomiste, pourraient fournir des arguments bien intéressants pour combattre la thèse des Irrédentistes et Impérialistes italiens qui affirment que la Dalmatie appartient géographiquement et économiquement à l'Italie ! Pourtant, après de vaines et mensongères promesses, la Dalmatie attend encore cette ligne... Mais cela ne suffisait pas encore aux Austro-Magyars : pour parer à toute éventualité future et pour rendre impossible aux Dalmates l'exploitation d'un chemin de fer de Split à Saraïevo, on a eu recours à l'expédient de construire à crémaillère la partie du tronçon de Travnik qui traverse la montagne de Komar, et d'empêcher ainsi préalablement tout développement possible de trafic vers Split.

De la ligne Metcovich-Saraïevo, une branche latérale s'étend vers Trebinié, Grouj, et les Bouches de Kotor, parallèlement à la mer, traversant des régions pauvres qui peuvent offrir très peu de ressources au trafic. Un autre chemin de fer qui réunit Split à Chibenik et ces deux villes maritimes à Knin et à Signe, ne peut être considéré que comme une ébauche de voie ferrée qui attend depuis une trentaine d'années d'être raccordée à la Bosnie et à la Croatie, d'où seulement elle peut alimenter son trafic. En effet, le mouvement sur cette ligne, réduit à ce que lui peuvent fournir ces quatre villes dalmates, est presque nul. Seule la mine de charbon de Siverich, près de Dernis, peut livrer des charges convenables. Depuis une quinzaine d'années, un autre chemin de fer est en activité, entre Chibenik et Knin et, de là, vers l'intérieur de la Bosnie. Mais il s'agit d'une entreprise privée allemande, limitée à l'exportation du bois des forêts de la Bosnie nord-occidentale dont l'exploitation a été accaparée par le trust austro-magyar Steinbeis. La ligne de Metkovich-Trebinié-Grouj-Zelenika (Bouches de Kotor) ci-dessus mentionnée, elle aussi n'a d'autre but que de servir à l'exportation du matériel que l'entreprise Eisler et Ortlieb tire des bois de la Bosnie et qui ne pouvait pas être chargé à Metkovich à cause du peu de profondeur de ce port.

Ces deux lignes prouvent la nécessité de débouchés directs vers la mer Adriatique et sur les côtes de la Dalmatie pour l'exportation de tous les produits de la Bosnie-Herzégovine et de la Croatie sud-occidentale qui, par rapport à leur volume, sont de moindre valeur (bois, bestiaux, minerais, etc..) et ne peuvent supporter les frais d'un long voyage par des routes détournées et par chemin de fer.

La communication plus facile et plus naturelle d'une grande partie de la Croatie et de la Bosnie vers la mer et la route de Knin-Chibenik. Ce n'est pas par hasard ou par caprice que les rois croates avaient fait de Knin un de leurs centres les plus importants et avaient fondé la ville de Chibenik. La même considération vaut pour la fonction économique de Split vers la Bosnie. Metkovich, Grouj et les Bouches de Kotor, reliées par des chemins de fer avec l'intérieur du pays joueront le rôle économique que la nature leur a assigné et qu'ils avaient rempli dans le passé, avant l'invasion turque. Bien entendu, non seulement la direction, mais la construction des chemins de fer de la Bosnie-Herzégovine devra être modifiée, pour les rendre plus aptes au trafic et le port de Metkovich devra être aménagé de manière à être accessible aux navires ayant un plus fort tirant (1).

Les très importantes richesses minérales de la Dalmatie, qui maintenant gisent inexploitées, seront utilisées sitôt qu'il y aura des lignes principales auxquelles aboutiront de brèves lignes latérales, la seule construction de chemin de fer qu'une mine peut prendre à sa charge. Il y a plusieurs dizaines d'années que les spéculateurs ont tourné leur attention vers les mines dalmates, dans l'espoir que le gouvernement exécutera une bonne fois ses promesses réitérées ; dans cette attente, ils paient régulièrement aux caisses de l'Etat les droits pour la conserva-

____

(1) Jamais Metkovich ni Grouj non plus ne pourront atteindre l'importance du magnifique port naturel des Bouches de Kotor, mais le chemin de fer, avant d'atteindre Zélénika, déposera sur leurs quais des marchandises qui peuvent être chargées sur des navires ayant un moindre tonnage.

tion de leurs privilèges (1). Malheureusement, les engagements solennels du gouvernement autrichien n'ont pas encore été remplis et, en Dalmatie, on n'a pu exploiter fructueusement que les mines de charbon de Siverich et les carrières de marbres coloriés de la Zivnostenska Banka, qui se trouvent aussi dans le district de Dernis et dans le voisinage de la ligne de Knin-Chibenik.

La même importance et la même fonction économique, que la Dalmatie possède à l'égard de la Bosnie-Herzégovine, lui doivent être reconnues relativement à la Serbie, dont elle constitue aussi le débouché naturel vers la mer. Les ports du Monténégro et ceux de l'Albanie septentrionale, bourbeux et ouverts aux vagues et aux vents du large, ne peuvent en effet être comparés, pas même de loin, à ceux de la Dalmatie. Valona, qui peut communiquer avec Salonique et avec Monastir par les vallées de la Viosa et de la Vistriça, est aux mains de l'Italie, qui se servira de cette route pour son propre compte. Même la possession de Salonique, qui est évidemment le port destiné à l'irradiation des exportations industrielles de l'Europe, vers le Levant et aux importations des produits agricoles du Levant, ne pourrait suppléer aux ports dalmates, qui sont la voie la plus économique et la plus brève, pour le commerce de la Serbie avec l'occident et surtout avec l'Italie et la France.

En outre, c'est à travers les ports de la Dalmatie, mais d'une Dalmatie libre et unie à la Serbie, et non pas érigée en barrière entre la Serbie et l'Occident, que les idées, les principes, les mœurs et la civilisation occidentale, qui ont trouvé leur expression et leur forme la plus

(1) A la fin de 1909, on avait concédé en Dalmatie : 4.857 permis de recherche et 2.231 permis pour l'extraction des minerais (dont 709 pour le fer et 1.522 pour d'autres minerais). Il y avait 20 mines, dont 10 d'asphalte, produisant 50.000 quintaux, 8 de charbon, et 1 de fer. A l'exception du « Monte Promina » (Siverich) qui produisit, en 1912, 1.248.785 quintaux, l'activité des autres mines, par les motifs déjà mentionnés, est presque nulle (Alberti : « Trieste »).

complète et la plus parfaite en France, pénétreront dans les Balkans.

Malgré les difficultés et les obstacles que les Austro-Magyars ont créé à la Dalmatie, pour l'empêcher d'exercer la fonction économique à laquelle elle est destinée par sa situation géographique, la puissance élémentaire de la nature a pourtant eu le dessus et cette malheureuse province, par la force des choses et par la vaillance de ses enfants, a conquis elle aussi sa place au soleil.

Le mouvement de la navigation se chiffre dans les principaux ports de la côte adriatique nord-orientale comme suit :

	entrées en tonnes
Pour Trieste (en 1913).	5.480.074
» Riéka (en 1912)	2.564.665
» les ports dalmates : Split, Zadar, Grouj, Chibenik, Ercegnovi, Kortchoula, Kotor (en 1910)	6.195.810 (1)
Pour les ports de l'Istrie, Pola, Opatia, Lochigne et Rovigne (en 1910) . . .	3.126.546

Sur les 5.480.074 tonnes de jauge qui arrivèrent en 1913 au port de Trieste, 2.014.445 provenaient des ports dalmates (1); de l'Istrie et de Riéka; et sur 5.475.445 tonnes qui sortirent dans la même année de Trieste, 2.015.200 (1) se dirigèrent vers lesdits ports.

---

(1) Ces chiffres pourraient donner lieu à des erreurs ; en effet, on pourrait croire que des navires, ayant au total plusieurs millions de tonnes de jauge, qui sont entrés en 1913, dans les différents ports dalmates, y ont déchargé un équivalent de marchandises... Il s'agit au contraire, dans la plupart des cas, de paquebots qui desservent régulièrement les ports dalmates. A chaque entrée dans les dits ports, on additionne leur tonnage et on forme ainsi les chiffres ci-dessus, sans prendre en considération qu'ils ne débarquent que quelques passagers ou quelques colis.

Le mouvement commercial maritime était réparti, en
1912, entre les ports plus haut cités, comme suit :

	Marchandises déchargées	Marchandises chargées	Total en quintaux
à Trieste. . .	20.243.197	9.816 532	30.239.729
Ports dalmates .	2.765.974	9.801.512	12.567.486
à Riéka . . .	8.783 610	10.971.180	19.754.790 (1)
Ports de l'Istrie.	3.687 330	4.011.475	7.698 805
dᵒ du Frioul .	523.742	1 709 335	2.233.077

Comment se fait-il que la Dalmatie, cette terre abandonnée, et ruinée sans pitié par les gouvernements

(1) Une partie seulement des marchandises exportées des ports
dalmates et de l'Istrie se dirigent vers Trieste ; ainsi les importations de Trieste, venant des dits ports, se chiffrent à seulement
2.259.000 quintaux, ayant la valeur de 59.599.000 couronnes.

En effet les ports dalmates importent principalement des matériaux de construction, du charbon, pour les fabriques de Split et
pour la marine de guerre à Chibenik et aux Bouches de Kotor, des
moindres cargaisons de bois, de produits industriels, du sucre, de
la bière, des pommes de terre et des tonneaux vides pour les besoins du pays, et, en partie seulement, à destination de l'Herzégovine « via » Metkovich.

Les exportations dalmates, au contraire : carbure de calcium,
c yanamide, ciment, vont en grande partie vers les ports étrangers ;
(121.297 quintaux de carbure de calcium seulement furent impor-
tés en 1913 à Trieste) ; le bois, la cellulose et la pâte à papier de la
Bosnie, les terres marneuses de Split, sont aussi presque exclusivement destinés à l'étranger, le bois surtout à l'Italie; les pierres de
taille de Kortchoula et Bratch sont la plupart destinées à d'autres villes
dalmates. Seulement les huiles et les vins dalmates préfèrent la
r oute de Trieste. Ces derniers pourtant se dirigent aussi vers Riéka.

De 424.912 quintaux de vins qu'on importa en 1913 à Trieste,
3 5 8.319, provenaient de l'Istrie et de la Dalmatie et, nous croyons,
tout au moins pour 3/5, de ce dernier pays. La même remarque
vaut pour les 48.700 quintaux d'huile d'olives et pour les 663.373
quintaux de charbon qu'on importe à Trieste de ces deux provinces.

Le bois, les ciments et les terres marneuses, qui forment de
complètes cargaisons, ont une très grande importance pour la navigation puisqu'ils fournissent un fret de retour aux navires qui
viennent dans l'Adriatique.

étrangers qu'elle subit depuis presque cinq siècles, a pu se relever, bien qu'incomplètement, de la profonde misère où elle était plongée ?

C'est que, malgré la répugnance des Austro-Magyars de se servir des ports dalmates, ils durent pourtant emprunter les quais de Chibenik et de Grouj pour l'exportation du bois des forêts bosniaques car, autrement, le coût du transport leur aurait enlevé une partie de leurs bénéfices.

Les forces hydrauliques de la Dalmatie (1) ont été utilisées par des étrangers, de même que les mines de Promina pour le motif qu'un pays, qui dispose de capitaux très limités, ne pouvait se lancer en des entreprises qui lui étaient tout à fait inconnues (2). Pourtant, sitôt que les premières expériences qu'on fit à Split démontrèrent le parti que l'on pouvait tirer pour la fabrication du ciment des terres marneuses, dont la région abonde, les capitalistes et l'épargne dalmate participèrent avec entrain à cette nouvelle entreprise, qui peut produire plus de cent wagons de ciment par jour.

Mais c'est dans la navigation et depuis la moitié du XIXe siècle, comme émigrants, que les Dalmates donnèrent leur mesure : ils quittent le sol natal pour chercher au-delà des mers, dans la lointaine Amérique et en Océanie, un milieu plus apte pour faire valoir leurs capacités. Sans capitaux, mais actifs, intelligents, économes et jouissant d'une renommée de probité bien méritée,

(1) La *Sufid* (société pour l'utilisation des forces hydrauliques de la Dalmatie) a été fondée par des capitalistes étrangers, en partie italiens, mais elle appartient à présent à la Krédit-Anstalt, banque austro-allemande de Vienne. Son capital actionnaire est de 14 millions de couronnes. Elle exploite les chutes d'eau du Krka (20.000 chevaux-vapeur) pour produire, dans sa fabrique de Cerniça 200.000 quintaux de carbure de calcium. Elle exploite aussi les chutes de la Cetina (25.000 chevaux) pour fabriquer le calcium-cyanamide.

(2) La fabrique de ciment *Split* (4 M.) appartient en grande partie aux Serbo-Croates de la Dalmatie.

inspirant la confiance par leur maintien digne et sérieux, les Dalmates réussissent très souvent à se former une situation. Presque toujours, ils reviennent dans leur patrie où ils apportent des capitaux qu'ils employent au développement des institutions d'épargne et de crédit (1), dans l'industrie, et surtout, dans la navigation, pour laquelle les Dalmates, peuple marin par excellence, ont un pen-

(1) Vers la fin du XIXe siècle, en partant presque simultanément des provinces slovènes, de la Croatie et de la Serbie, se développa un vaste mouvement patriotique qui avait pour but d'éduquer les paysans à l'épargne, de leur fournir les moyens d'améliorer l'agriculture et de les initier à l'achat collectif des objets nécessaires et à la vente en commun des produits agricoles.

En Dalmatie, les Italo-autonomistes, bien qu'il y ait parmi eux beaucoup de grandes propriétaires et de capitalistes, n'ont absolument rien fait pour venir en aide aux paysans ni montré, non plus, aucune aptitude ni aucune activité dans les affaires de banque ; car, dans toute la Dalmatie, ils n'ont institué que la Banque populaire et la Coopérative d'épargne et d'avances de Zadar, la Caisse mutuelle de Trogir et trois coopératives agricoles dont le capital, au total, n'arrive pas même au million, tandis que les Serbes et les Croates possèdent :

6 Succursales de la *Banque Adriatique de Trieste* (jusqu'en 1912 elles appartenaient à la *Banque de Crédit croate de Droubrovnik* qui, dans ladite année s'est fusionnée avec l'*Adriatique*). — La *Banque Commerciale de Doubrovnik* (400.000 cour.), fondée en 1902. — La *Banque populaire de Split* (480.000 cour.), fondée en 1870. — La *succursale de Split de la Banque de Lioubiana. — La Caisse d'Epargne serbe de Kotor* (200.000 cour.), fondée en 1902. — Le *Crédit Foncier du Royaume de Dalmatie*, fondé en 1899, qui, jusqu'en 1913, a concédé 3.574 prêts hypothécaires pour 17.867.000 couronnes.

En Dalmatie, sans compter une ligue de 22 coopératives de pêcheurs et une autre de 18 coopératives de producteurs d'huile, il y a : l'Union fondée à Split, en 1908, de 280 coopératives de crédit agricole, de consommation et de vente en commun des produits agricoles et industriels des associés, etc..., etc... — l'Union de Doubrovnik de 48 associations serbes pour le crédit agricole — le Conseil économique provincial, ligue de 50 autres associations agricoles — une Société commerciale des vins dalmates, au capital de 100.000 cour. — plusieurs Caisses d'épargne (une douzaine) fondées toutes après l'année 1900.

chant instinctif. La navigation, du reste, jointe aux spéculations commerciales des armateurs, qui cumulaient
jadis les fonctions de capitaine, et au commerce de paco-
tille — a été la seule ressource de la province et le seul
moyen d'éviter sa ruine totale. La marine marchande dalmate qui, pendant l'administration française, par suite
du bloc maritime des Anglais, avait presque disparu, se
réorganise rapidement et acquiert de nouveau, sinon la
même importance, du moins une situation considérable.
Lochigne et Doubrovnik sont les pionniers de ces nouvelles entreprises. L'île de Bratch, où l'on pratique de
préférence le cabotage entre la côte dalmate et Venise et
les autres ports de l'Italie orientale, suit cette initiative.
Les Bouches de Kotor reprennent elles aussi leurs glorieuses traditions. Malheureusement l'amour du faste,
dont témoignent les magnifiques églises de Pérast, Dobrota
et Pertchagne, et les palais que leurs habitants possédaient dans lesdites villes et à Venise, avaient absorbé les
économies accumulées pendant les siècles de prospérité.
Après la dernière crise (1885), tout en continuant à fournir d'excellents capitaines et marins, les Bouches de
Kotor auront un rôle secondaire dans l'armement des navires.

Vers 1875, la marine marchande dalmate se trouvait
de nouveau au comble de sa prospérité, pour tomber bientôt, une dizaine d'années plus tard, dans la ruine la plus
complète et disparaître ensuite presque totalement. La
transformation de la navigation, qui substitue aux voiles
la force motrice de la vapeur et les constructions en fer à
celles en bois ; la crise générale des transports ; les assurances mutuelles pratiquées par de trop faibles associations d'armateurs, furent les causes de cette catastrophe.
Néanmoins, elle n'abattit pas l'énergie des armateurs ragusains et de ceux de Lochigne ; en 1890 déjà, on y achète
et équipe les premiers bateaux à vapeur ; à partir de 1900,
grâce à des conjonctures favorables, dont on sut profiter,
et grâce à la politique des subventions inaugurées par

l'Autriche-Hongrie, à l'exemple de l'Allemagne, la marine marchande dalmate prend le développement magnifique que nous avons indiqué en traitant de Trieste.

Elle est redevable de sa prospérité exclusivement à l'activité, et au mérite des couches populaires et démocratiques. La noblesse et la riche bourgeoisie de Raguse et des Bouches de Kotor qui, jusqu'à la Révolution Française jouaient le rôle principal dans ces deux régions, où était concentrée la vie économique de la province entière — disparaissent de la scène. Ce sont maintenant des hommes issus de modestes familles de marins ou de paysans qui, dans la plupart des cas, occupent les premiers rangs.

Pour qui connaît les qualités dont les Dalmates sont douées, ce phénomène n'a rien d'extraordinaire : dans l'intérieur du pays, où se trouvent pourtant les terres plus fertiles, les paysans, soit par suite des fièvres paludéennes qui en affaiblissent la trempe, soit à cause de l'état d'isolement où ils vivent, étant séparés du monde extérieur par plusieurs chaînes de montagnes, ne peuvent être cités comme un modèle de prévoyance ou d'ardeur au travail, ce qui s'explique d'ailleurs par les conditions anormales de combats et de luttes perpétuelles dans lesquels ils se sont trouvés pendant plusieurs siècles et par l'abandon total dans lequel ils ont été laissés par leurs gouvernants jusqu'à nos jours (1).

Mais au littoral et dans les îles, le paysan défriche le

(1) Pourtant dans ces contrées aussi, quels admirables efforts pour lutter contre la sécheresse du climat, le manque d'eau et la nudité du terrain !

Pour abreuver le bétail pendant l'été, il faut creuser partout des puits et, dans les montagnes, de grands trous où on accumule de la neige. On exécute de pénibles travaux pour découvrir de petits cours d'eau et des lacs souterrains. Les familles se fractionnent pour émigrer avec leurs troupeaux, pendant la bonne saison, sur les montagnes et même en Bosnie. (Dr Jefto Dedijer: Dalmacija).

sol rocheux à l'aide de la pioche, travail comparable à celui qu'on pratique dans les mines ; les pierres qu'il en
extrait de cette manière sont séparées de la terre et employées à construire de grands murs d'enceinte ou bien,
là où le terrain est en pente, des murs de soutènement
qui serviront à la formation de terrasses ; les monceaux,
qu'on forme avec les restes, attestent à travers les âges
les durs labeurs de plusieurs générations d'agriculteurs.

Les paysans dalmates doivent non seulement subir la
violence de la *borra* (vent du nord-est) et les longues
sécheresses, effet de la destruction des forêts dalmates
par les Vénitiens. Ils ont dû subir aussi des crises bien
graves et difficiles : celle causée par les ravages du phyl-
loxera, contre laquelle l'aide du gouvernement fut tout à
fait inefficace, et celle, plus grave encore, de la désastreuse concurrence des vins italiens de 1893 à 1907 à la
suite du traité de commerce entre l'Autriche-Hongrie et
l'Italie. (Voir page 28).

Les Dalmates montrent de très bonnes dispositions pour
la pêche, qui est pour eux une profession accessoire, qu'ils
cumulent avec l'agriculture. Sur le littoral de l'Istrie et
de la Dalmatie, il y a plus de cinq mille petits bateaux
de pêche et jusqu'à 19.000 pêcheurs, dont un millier
seulement sont des citoyens du royaume d'Italie. Dans
la saison 1911-1912, le produit de la pêche a été de 10 millions de couronnes. Nous croyons pouvoir affirmer que
la quote-part des Dalmates dut être au moins des trois
quarts.

Réunie aux autres pays yougoslaves, la Dalmatie, avec
ses traits et avec ses aptitudes caractéristiques, complé-
tera la physionomie et l'organisme économique et ethnographique de la race. De même que, les Yougoslaves
s'assimileront les bonnes qualités d'ordre, de discipline,
de constance dans l'effort, d'application au travail et
d'économie que les Slovènes ont appris des Allemands —
les Dalmates, de leur côté, apporteront à la nouvelle communauté l'influence vivificatrice des idées plus larges et

plus modernes que leurs intellectuels ont absorbé au
contact direct avec la civilisation occidentale et l'élan et
l'esprit d'initiative que leurs émigrants et leurs marins
ont acquis au cours de leurs pérégrinations à travers
le monde. Ces qualités, greffées sur le tronc plein de
sève nationale que les autres Yougoslaves ont conservé
dans sa robuste intégrité, ne pourront que porter les
meilleurs fruits et exercer la plus favorable influence sur
le développement futur de la nation et sur sa participation
à la grande œuvre de paix et de civilisation qui nous attend au lendemain de la guerre.

4° LES SERBES DE LA HONGRIE (1)

Des différentes races qui peuplent le territoire de la
Hongrie, la slave est sans doute la plus ancienne ; car
les populations qui se trouvaient dans ces pays à l'époque
de l'empire romain, furent emportées par le flot destruc-
teur des invasions barbares, sans laisser aucune trace. Les
anciens Daces romanisés, refoulés sur l'autre bord du
Danube, perdirent toute conscience nationale ; ce sont
les Slaves qui se fondront avec eux et constitueront une
nouvelle nationalité. Ces Roumains ne prendront conscience de leur ancienne origine sinon au cours du

(1) Outre les Serbes de la *Voïevodine* (Banat, Datschka et deux
districts du Sryème) organisés en nation — de nombreux groupes
yougoslaves sont dispersés dans le territoire de l'ancienne Pan-
nonie ; ils arrivent jusqu'à Pressbourg (Pojoun), à Boudapest, à
Vienne. Suivant le dénombrement officiel qui les supprime autant
que possible et les démembre en Serbes, Croates, Vendes (Slovènes), Bosniaques, Illyres, Bounïevci et Sokci (immigrés de la
Bosnie) — ils sont au nombre de 253.000. En outre, dans la Batchka
et le Banat, il y aurait 445.000 Serbes (en 1857, ils étaient 450.000 !),
10.000 Croates et, dans la seule ville de Szabadka (Soubotiça),
30.000 Bounïevci et Sokci. En réalité ils, sont, au moins, 600.000

XVIIIe siècle, par suite de l'union d'une partie de leur peuple avec l'Eglise catholique et de l'éducation que plusieurs intellectuels reçurent à Rome.

Suivant le mouvement commencé par les Tchèques et par les Moraves vers la moitié du Ve siècle, d'autres Slaves débordèrent de tous côtés par-dessus les Carpathes et envahirent peu à peu la partie de la Hongrie abandonnée par les Hérules (494), puis les contrées de la Transylvanie, de la Valachie et de la Moldavie.

Ces Slaves se maintinrent au Nord du Danube, quoique soumis pendant quelque temps par les Avares, car ils n'en conservent pas moins leur individualité, puisqu'ils payent un tribut aux vainqueurs et leur fournissent des contingents de soldats.

Donc, quand l'Empereur Héraclius se résolut à repeupler les régions des Balkans ravagées par des continuelles incursions de barbares en y appelant les Serbes et les Croates, ceux-ci, en descendant des Carpathes (635-638), rencontrèrent dans les plaines hongroises des tribus de leur race. Cette nouvelle migration ne pouvait que renforcer les Slaves de la Hongrie. Ainsi s'explique le fait qu'ils se maintinrent malgré l'invasion magyare. Il est bien vrai, du reste, que les Magyars, lorsqu'en 894, sous le commandement d'Arpad, ils se dirigèrent des bords de la Mer Noire, à travers les Carpathes, vers l'Europe occidentale, n'étaient au nombre que de 216.000 hommes en âge de porter les armes. Une bonne partie de ces guerriers doit être tombée sur les différents champs de bataille, à l'occasion de leurs incursions en Italie, en Allemagne, en Lorraine, en Provence même et en Champagne. Leurs hordes en outre doivent avoir bien souffert des épidémies qui faisaient des ravages, surtout parmi les enfants, à cause du brusque changement de climat et d'habitudes — ce qui a été une des causes principales de la disparition presque complète de plusieurs peuplades de conquérants. Par conséquent, lorsque les Magyars se replièrent sur eux-mêmes dans les domaines qu'ils s'étaient assurés dès

le début dans la vallée du Danube — leurs effectifs étant
sensiblement réduits — ils durent se mêler aux Slaves,
qui modifient leur type mongol et leur langue, par l'introduction de nombreux mots nouveaux. Ce n'est qu'au
XIᵉ siècle que les Magyars s'emparèrent de la Transylvanie et du Banat où les Slaves vivaient sous la domination de chefs bulgares. Mais bientôt l'influence de l'État
serbe devait se faire sentir dans les régions slaves au-delà
du Danube, sur lesquelles l'État croate, qui gravitait
vers l'Occident et la Mer Adriatique, n'exerçait aucun
ascendant.

Des nobles serbes (Radivoï et Ouroch) sont palatins de
Hongrie aux XIᵉ et XIIᵉ siècles. En 1260, les Serbes de
Hongrie se distinguent dans la guerre entre la Hongrie
et Ottokar II, roi de Bohême.

Les Turcs, en refoulant les Serbes du Balkan, déterminent un mouvement migrateur vers la Hongrie méridionale. Dmitar, fils du roi Voukachine et frère de
Kralïevich Marko, gouverne de sa résidence de Villagos
le comitat d'Arad ; Stéphane Lazarevich et Georges
Brankovich y possèdent plusieurs villes et des régions
entières, sur lesquelles ils exercent un pouvoir presque
souverain. Le roi Mathias donne aux Yakchitch le grand
domaine de Nagylak. Sous son règne, au cours de quatre
années seulement (1479-1483) *deux cent mille* Serbes s'établissent dans ces régions. Ils y forment une nation séparée, car le roi Mathias leur accorda l'affranchissement
de la dîme et l'organisation de leur hiérarchie orthodoxe
et leur donna en outre pour chef, avec le titre de despote, Vouk le Dragon, petit-fils de Georges Brankovich.

Après le désastre de Mohacs (1526) un Serbe de la Hongrie, le czar Yovan, organise une armée et se prépare à
fonder un duché indépendant ; mais sa mort prématurée
— il fut assassiné à Széghédin — arrête tous ces projets.

En 1552 les Serbes du Banat tombent sous la domination turque, dont ils essaient en vain de se libérer par
un soulèvement en 1594. Pour attirer de leur côté le

prince de Transylvanie Sigismond Bathory, ils lui offrirent
la couronne de roi de Serbie ; mais abandonnés par leur
candidat, ils durent succomber.

Pendant la domination turque la vie nationale des
Serbes continua malgré la situation horrible dans laquelle
ils se trouvaient. Sava Brankovich, un descendant des
despotes du Banat, élevé en 1656 à la dignité d'évêque
des Roumains de Transylvanie, se rend en 1668 à Moscou
pour proposer au tsar Alexeï Mihaïlovitch le plan d'une
insurrection générale des chrétiens dans les Balkans. Son
frère, Georges Brankovich obtint de l'empereur Léopold Ier
le diplôme du 20 septembre 1688 qui l'élevait au rang de
comte et lui garantissait, avec le titre de *despote* et de *grand
duc* (*magnus dux*), le gouvernement du futur royaume
d' « Illyrie » et la faculté d'y avoir une armée « auxiliaire ».
C'est qu'après avoir chassé les Turcs de la Hongrie et
de la Slavonie (1686-1687), l'empereur voulait se servir
de Brankovich pour soulever les Serbes du Banat et
des Balkans... ce que ce dernier fit en effet. Mais alors,
attiré perfidement près d'Orsova dans le camp de Louis
de Bade, généralissime de l'armée autrichienne, Georges
Brankovitch fut emprisonné (octobre 1689) et déporté à
Vienne et puis à Heb, où il mourut en prison, en 1711.
Dans cette guerre la fortune tourna bientôt contre l'Autriche et l'empereur dut encore une fois recourir aux
Serbes. A la date du 6 avril 1690, il adressa un manifeste au Patriarche de Petch, Arsène Cernoïevitch,
comme au chef suprême des Serbes en Turquie, l'invitant à se soulever contre les Turcs et promettant à
sa nation la libre élection d'un chef politique (*voïvode*)
et l'exemption de tous les impôts. Pourtant cette nouvelle
insurrection ne put procurer la victoire aux armées impériales et Arsène Cernoïevitch dut les suivre dans leur
retraite vers le Danube, avec 2 — 300.000 de ses fidèles.
Avant de franchir le fleuve, le patriarche et les chefs nationaux se firent donner par l'empereur le « privilège »
du 21 août 1690 qui reconnaissait tous les Serbes de la

Hongrie, de Srième et de la Slavonie comme une nation jouissant d'une pleine autonomie politique et religieuse. Objet d'hostilités de toute sorte de la part des Magyars et du clergé catholique — mal soutenus par les Habsbourgs qui s'en servent comme d'un instrument contre les Magyars et, du reste, s'efforcent à leur tour de les asservir — les Serbes de la Hongrie auront bien à faire pour défendre leurs droits. Leur situation est si difficile que déjà en 1698 le patriarche Arsène, qui avait établi son siège à Krouchedol et puis à Karlovci, s'adressera à Pierre Le Grand pour qu'il lui obtienne le pardon du Sultan et lui rende possible son retour à Petch !

Comme leurs évêques et le clergé ne montrent pas assez d'énergie envers les empereurs d'Autriche et les Magyars, la population serbe, vers la moitié du XVIIIe siècle, s'organise en parti national et revendique le droit de coopérer avec les prêtres, à la défense de ses droits.

Entre 1751-1753 beaucoup de Serbes, mécontents à cause de la restriction de leurs privilèges de la part de l'impératrice Marie-Thérèse émigrent dans la Russie méridionale.

En 1790, profitant du conflit existant entre Léopold II et les Magyars, les Serbes demandèrent à l'empereur que le Banat fût organisé en un duché Serbe, dont le *despote* serait l'archiduc Alexandre d'Habsbourg. La Cour de Vienne promit aux Serbes tout ce qu'ils voulaient, pour s'assurer leur concours. Mais sitôt que les Magyars intimidés se plièrent aux exigences de Vienne, le duché serbe resta lettre morte.

L'effort continuel des Serbes pour conserver leur individualité développait leur énergie et leur activité ainsi que le sentiment de solidarité religieuse et nationale, et, contribuait à la prospérité des entreprises commerciales vers lesquelles les portaient leurs aptitudes naturelles. Ce sont eux qui ont eu en leurs mains presque toutes les relations commerciales entre les pays hongrois et la Turquie et ce jusqu'à la moitié du XIXe siècle. Pest était leur centre d'affaires (1). Une bourgeoisie riche et influente contribua à développer et à intensifier la vie nationale. Par d'abondantes fondations et legs pieux, les églises, les monastères, et les menses orthodoxes acquièrent des patrimoines princiers et entretiennent des nombreuses écoles confessionelles ; Novi Sad devient un centre de la vie intellectuelle et littéraire serbe qui rayonne au-delà du Danube jusque vers la moitié du XIXe siècle, c'est-à-dire jusqu'au moment où Belgrade prit part à la direction du mouvement national. Le malheureux comte Georges Brankovitch s'était déjà vers la fin du XVIIe siècle manifesté comme un historien yougoslave de grande envergure et, après, lui jusqu'à Dosithée Obradovich, à Branko Raditchevich, à Zmaï Jovan Jovanovich, à Danitchich, quelle longue série de littérateurs, d'artistes et de savants serbes !

Les Serbes de la Hongrie contribuèrent puissamment, par leur appui moral et financier et par de nombreux volontaires, à la libération de la Serbie. Ils fournirent au nouvel État tous les éléments intellectuels, dont il avait besoin pour son organisation.

De même les événements de 1848 trouvèrent les Serbes de la Hongrie prêts à l'action. Ils avaient fondé en 1825, à Novi Sad leur *Srpska Matiça*, une société littéraire dont le but était la propagande nationale par la publication et la diffusion d'œuvres littéraires. D'autre part, un Croate, Ludovic Gaï, sous l'influence de Vouk Karadjich, de Yan Kolar, le poète du Slavisme, et des grands slavistes Safarik, Kopitar et Stur, fait adopter en Croatie, à la place du dialecte « kaïkavski », employé seulement dans les trois districts (*joupanias*) de Varajdine Karlovaç et Zagreb, la langue parlée de tous les autres Serbo-Croates, qu'il appelle « illyrique », nom dont la Cour de Vienne se servait déjà à la fin du XVIIe siècle pour désigner les Yougoslaves.

---

(1) Les commis-voyageurs magyaro-allemands les ont à présent remplacés.

Quand le conflit avec les Magyars devint inévitable, l''assemblée nationale de Karlovci, aux premier et troisième jours de mai 1848, conféra à l'archevêque de cette ville, Raïatchitch, le titre de patriarche et élit le colonel Stephan Chouplikaç à la dignité de chef (*voïevode*) de la Voïevodina serbe qui devait comprendre la Syrmie, la Barania, la Batchka et une partie du Banat. La Voïevodina devait être unie au royaume de Croatie, Slavonie et Dalmatie sur la base du principe d'une pleine et complète égalité. Le programme du congrès national serbe fut adopté intégralement par la Diète de Zagreb et les Serbes et les Croates réunis attaquèrent les Magyars.

François Joseph, par sa patente du 3 décembre 1848, conféra à Raïatchitch et à Chouplikaç les dignités auxquelles l'assemblée nationale de Karlovci les avait élus ; il institua aussi la Voïevodine serbe ; mais, au lieu du territoire que les Serbes avaient réclamé, on leur donna des confins beaucoup *plus étendus*, qui comprenaient d'autres nationalités, si bien que les Serbes s'y trouvèrent en grande minorité (1). L'empereur n'exauça pas non plus le vœu des Serbes et des Croates concernant leur union politique et soumit la Voïevodina à une administration purement allemande.

Malgré l'existence difficile que la Voïevodine mena pendant onze ans, ce fut un grave coup pour les Serbes quand François Joseph, pour se réconcilier avec les Magyars et chercher chez eux l'appui dont il sentait le besoin après les défaites de 1859, supprima ce duché et rattacha son territoire à la Hongrie (27 décembre 1860) sans consulter même l'assemblée nationale. Mais tout ce que le patriarche Raiatchitch put obtenir, ce fut la convocation d'un congrès serbe à Karlovci (avril 1861) et la promesse impériale (rescrit du 24 juillet 1861 adressé à la Diète hongroise) que les désirs et les résolutions du

____

(1) Suivant le recensement de 1857, il y avait : Serbes 452.500, Roumains 414.900, Allemands 394.100, Magyars 256.100, Juifs 12.500, Tziganes 600.

congrès seraient portés à l'ordre du jour du parlement hongrois — promesse que l'empereur se garda bien de tenir. — Au contraire, par le pacte stipulé en 1867, il sacrifia aux Magyars les autres nationalités de la Hongrie et, parmi elles, les Serbes. De cette manière, malgré les lois de 1868 qui leur garantissait l'indépendance ecclésiastique et scolaire, après une longue série de persécutions de toute espèce, les Serbes de la Hongrie, par la loi du 12 juillet 1912, furent privés même de l'autonomie de leur église. Pour ce qui concerne les écoles, la fameuse *loi Appony*, de 1913, imposa aux maîtres serbes l'obligation de faire apprendre aux élèves la langue magyare au bout de quatre ans d'études ; *autrement leur école pouvait être fermée !*

Svétozar Milétitch est une des personnalités les plus marquantes et sympathiques parmi les patriotes serbes. C'est lui qui en 1861 se met à la tête d'un parti auquel appartenait la grande majorité des intellectuels et qui cherchait chez les libéraux hongrois un appui contre la politique réactionnaire et les essais de germanisation de Vienne. Il s'agissait d'un mouvement analogue à celui qui s'était manifesté à la même époque en Croatie. Abandonné des Magyars sitôt qu'ils eurent l'occasion de s'entendre, en 1867, avec l'empereur, Svétozar Milétitch, avec Yovan Soubotitch, organise le parti national serbe et fait approuver à l'assemblés de Becskérek, en 1869 un programme qui aujourd'hui encore est resté la base d'action de tous les partis serbes en Hongrie.

Ce programme se résume :

1° en l'autonomie nationale des Serbes ;

2° leur liberté politique ;

3° l'union de la nation serbe entière ;

4° sa réunion aux Croates.

Coupable d'avoir pendant la guerre russo-turque souhaité la victoire de ses compatriotes et négocié un emprunt pour leur cause, Svétozar Milétitch fut condamné par les tribunaux magyars à 5 ans de travaux forcés et on le traita en prison avec une telle inhumanité, qu'il devint fou et mourut aussitôt après avoir été relâché.

Les Serbes de la Hongrie n'ont pas faibli, malgré la politique d'oppression et d'étouffement que les chauvinistes magyars ont adoptée envers les autres nationalités. Les horribles persécutions qu'ils ont souffertes pendant cette guerre et qui hélas ! durent encore, et les nombreux soldats qui, désertant les drapeaux autrichiens, combattirent dans les rangs des Serbes et des Russes, en Dobrougia — attestent suffisamment leur patriotisme.

En Transylvanie, les Serbes ont presque complètement disparu. Les noms slaves, répandus dans toute la province, sont la dernière trace du passage de cette race autrefois maîtresse du pays. En 1437, les Magyars, les Széklers, une tribu magyare qui avait occupé la région orientale, et les immigrés saxons avaient formé à Kapolna la *fraterna unio trium nationum* et s'étaient emparés de la souveraineté. Les Roumains qui, venant de la Valachie, s'infiltraient lentement en Transylvanie et dans la partie orientale et montagneuse du Banat (comité du Brasso), peu à peu y constituent la majorité de la population — mais, pâtres ou agriculteurs, ils ne s'élèvent au-dessus du rang de serfs de la glèbe (*iobbagiones*). Doué d'un tempérament combattif et guerrier par excellence, les Serbes veulent garder à tout prix leur indépendance et leurs privilèges nationaux. Ils sont au premier rang dans les guerres contre les Turcs et se mêlent à toutes les querelles intestines qui désolent la Hongrie. Seulement les combats qu'ils livrèrent au parti de François II Rakoczy (1703-1711) leur coûtèrent 100.000 hommes tombés sur les champs de bataille. Les Roumains, au contraire foncièrement pacifiques, ne descendent dans les plaines du Banat qu'au XVIIIe siècle, au moment où les Turcs reculaient vers le sud et où les guerres, qui pendant des siècles avaient désolé le Banat, cessaient enfin. Ils s'emparaient ainsi facilement des places vides qu'avaient auparavant occupées des guerriers tombés en des glorieux combats. Des nouvelles immigrations roumaines auront

lieu lors de la conquête de la petite Valachie par les Turcs,
en 1739, et à l'époque des guerres russo-turques de la fin
du XVIIIe et du commencement du XIXe siècle. Les Serbes
de la Hongrie durent aussi souffrir beaucoup de la colonisation allemande favorisée par les rois hongrois et dans l'espèce par les Habsbourg, et surtout du régime d'oppression
et de dénationalisation adopté par les Magyars depuis 1868.

Le gouvernement magyar a fait tous les efforts possibles pour diminuer l'importance des groupes serbes de
la Batchka et du Banat en favorisant l'immigration des
Allemands et en important directement des colons magyars. Tous les moyens possibles : concessions presque
gratuites de domaines de l'Etat aux nouveaux venus, —
constitution de banques qui attiraient les serbes pour procéder ensuite à des saisies immobilières en masse et les
déposséder etc., etc. — tout à été essayé dans ce but.
Heureusement les Serbes se sont vite ressaisis et opposent
maintenant à toutes ces manœuvres leur solide organisation financière et économique.

Le futur Congrès, qui devra fixer les confins de l'Etat
Yougoslave au-delà du Danube et de la Drava, aura une
rude besogne car il n'y existe pas de confins naturels et les
races s'y trouvent entremêlées de manière qu'il est absolument impossible d'assigner à chacune un territoire
séparé. Dans ce cas, pour créer un nouvel Etat homogène
et pour ne pas exposer la ville capitale de Belgrade aux
éventualités d'une attaque imprévue, on devra nécessairement sacrifier — quoique dans la moindre mesure possible — le principe des nationalités. Ceux qui auront à
remplir cette lourde tâche ne limiteront pas leur mission à la constatation de la situation actuelle — ce qui
serait un principe bien simpliste — mais ils s'efforce-
ront aussi de réparer des injustices séculaires et de ré-
compenser l'héroïsme d'un peuple qui a lutté et souffert
pour sa cause nationale, en défendant dans le même temps
l'Europe menacée de l'invasion et de la barbarie ottomane.

XI

LA BOSNIE-HERZEGOVINE

1° AVANT LA CONQUÊTE TURQUE

La Bosnie-Herzégovine complète géographiquement et ethnographiquement la Dalmatie et la Croatie qui, séparées d'elle, ne forment au nord et à l'ouest que deux longues et étroites bandes de territoire figurant un pouce et un index écartés. Réciproquement, la Croatie et la Dalmatie sont les seuls pays yougoslaves à travers lesquels la Bosnie-Herzégovine peut communiquer avec la mer et avec les contrées occidentales de l'Europe. Réunie à une seule de ces deux provinces, la Bosnie-Herzégovine subirait l'amputation douloureuse d'une partie intégrante de sa race, se trouverait privée de ses débouchés naturels vers la mer ou de toute communication libre par chemin de fer avec l'Europe occidentale.

Avant l'invasion et la conquête turque, les énergies nationales des Serbes et des Croates pouvaient se manifester et agir librement. Bien que d'une manière chaotique, les luttes et les compétitions entre les principautés féodales n'en exerçaient pas moins leur fonction de préparer l'unification de la race. Pendant cette assez longue période de l'histoire des Yougoslaves, la Bosnie et l'Herzégovine se sont trouvées en des relations constantes et intimes en premier lieu avec le littoral dalmate, où s'opéraient leurs échanges avec l'occident ; ensuite avec l'Etat croate et avec l'Etat serbe. Ces rapports ont alternativement un caractère agressif ou défensif, sui-

vant que la puissance des rois croates ou serbes obligeait
la Bosnie-Herzégovine à en repousser les attaques ou que
leur faiblesse lui permettait d'étendre à son tour sa propre
puissance à leurs dépens.

Les traces de ce double contact sont empreintes dans
l'architecture des monuments de la Bosnie, qui, dans sa
partie sud-orientale, sont tous de style byzantin, tandis
que ceux des régions au nord-ouest sont des produits de
l'art occidental. Quand la puissance de l'Etat serbe arriva
à son apogée sous la dynastie des Némanïa, on aurait
dû s'attendre à ce qu'ils portassent leur effort principal
vers l'unification de la race et, par conséquent, vers la
Bosnie-Herzégovine. Vraiment l'empereur Douchan tenta
la conquête de la Bosnie, et il aurait complètement
réussi dans son entreprise si la nécessité de faire face à
Byzance ne l'eut obligé de renoncer à la poursuivre jusqu'au bout (1350); mais il s'agissait d'une entreprise accessoire — toute la politique de ce grand souverain et de
ses prédécesseurs ayant eu pour but principal d'asseoir
leur puissance sur la réunion des Grecs et des Serbes (1)
sous un seul sceptre.

Pendant les derniers siècles qui précédèrent l'invasion
turque, les Serbo-Croates se trouvaient dans une situation
analogue à celle qui existait en France pendant la guerre
de Cent Ans (1337-1453), avec la circonstance aggravante
que la royauté, institution nationale des Francs et des
autres barbares, créée par la nécessité d'organiser l'in-

____

(1) Auparavant, le prince ou joupan serbe Tchaslav Klonimirovich,
après avoir libéré son pays de la domination bulgare, avec l'assistance de Byzance, dont il se reconnaissait vassal, avait attiré vers
soi la Bosnie, qui se trouvait jusqu'alors sous la suzeraineté des
rois croates. Mais, plus que d'une véritable formation nouvelle,
il s'agissait d'un groupement passager de forces instables, groupement dû à des événements tels que la défaite infligée à l'empereur
bulgare Siméon par le roi croate Tomislav (926) — la mort de Siméon (927) — la faiblesse de son successeur Pierre — les guerres
intestines croates après la mort de Kréchimir Ier (930-945) fils de
Tomislav.

vasion et la conquête de l'empire romain, n'avait été que
copiée par les Yougoslaves sur les modèles qui existaient
chez leurs voisins. Ce qu'il y avait de spontané et de réellement viable chez eux, c'étaient les petites principautés,
en lesquelles s'étaient groupées et transformées leurs
tribus et qui, sous l'influence des Byzantins, des Francs,
des Allemands et des Hongrois, avaient adopté les institutions et les mœurs féodales. Les Etats yougoslaves
changent par conséquent bien souvent d'étendue et de
puissance suivant la vaillance et la fortune des princes
qui réussissaient à imposer aux autres leur autorité et à
les réunir sous leur sceptre. L'écroulement rapide du
puissant empire de Douchan, c'est-à-dire l'affaiblissement
du pouvoir central et le rétablissement de la puissance
individuelle des princes qui lui étaient soumis, constitue
la meilleure démonstration de l'instabilité de la royauté
qui, quoique généralement reconnue comme indispensable, n'avait pourtant pas encore pris chez les Slaves des
Balkans de profondes racines, ni ne leur avait inspiré ces
sentiments de soumission et de profond respect, dont
elle était entourée chez les autres peuples. Néanmoins,
après plusieurs essais incomplètement réussis, les luttes
entre les différents Etats yougoslaves auraient fini tôt ou
tard par la prééminence stable d'un d'entre eux sur les
autres, — sans l'invasion turque, qui détruisit tous les
organismes politiques des Yougoslaves, en réduisant
ceux-ci à la résistance individuelle et à la lutte pour la
simple conservation de leur foi et de leur conscience
nationales.

Parmi les Etats qui ont été en compétition pour établir
leur domination sur les autres, la Bosnie-Herzégovine se
présente comme un digne rival des royaumes croate,
serbe et bulgare.

Vassale en droit des rois de Croatie qui, dès 1135, s'in-
titulent rois du pays de Rama, la Bosnie se sert surtout
de cette vague suzeraineté pour s'affranchir de l'autorité
de Byzance et, plus tard, de celle de la Serbie ; en réalité,

elle continue à exister comme principauté indépendante.
A l'époque de son glorieux ban Kouline (1168-1204) les
confins de la Bosnie s'étendaient à l'est, jusqu'à la Drina,
au Sud jusqu'à la Narenta et à l'ouest jusqu'à la plaine
de Livno. Les successeurs de Kouline, moins bien doués,
ne sont pas capables d'empêcher le fractionnement de
leur Etat, dont la partie septentrionale passe sous l'autorité directe des rois de Croatie. Un des princes de la
Bosnie, Etienne Kotrmanovich (1314-1354) avec l'appui
du roi hungaro-croate, Ludovic d'Anjou, rentra entièrement en possession de la Bosnie, à laquelle il joignit le
pays de Hum (Herzégovine) à cause duquel il dut soutenir contre l'empereur serbe Douchan (1350) une guerre
difficile. Son neveu et successeur Tvrdko (1354-1391) se
trouva par la mort de Douchan (20 décembre 1355) délivré du danger que le voisinage de ce grand souverain
constituait pour la Bosnie. La dislocation de l'Empire
Serbe et les rapports de parenté de Tvrdko avec la famille des Némania (son grand-père Stéphane Kortmano-
vich l'aîné, mort en 1313, avait eu pour femme Elisa-
beth, fille du roi serbe Stéphane Dragoutine) inspirèrent
à Tvrdko le projet de reconstituer sur d'autres bases un
grand Etat yougoslave. Il abandonna la politique de ses
prédécesseurs et s'approcha des Serbes. Avec l'assistance
du prince Lazar Hrébélianovich, il accomplit la conquête
du Hum (1374) et du Podrinié (territoire de la Drina
supérieure). Exclusivement par ses propres moyens, il
soumit en 1376 le Travougne (principauté de Trébinié)
en étendant ainsi son autorité jusqu'à Kotor et à Ono-
gost (Niksich). Vers l'orient, Tvrdko s'était emparé d'une
portion de la Rachka jusqu'à Siéniça, région dans laquelle se trouve l'abbaye de Milochevo, où plusieurs rois
serbes s'étaient fait couronner et où se trouvait la tombe
de saint Savas. C'est là que dans l'été de 1377, il ceignit
le double diadème de roi de la Serbie et de la Bosnie,
du Primorié et de Hum. En 1389, Tvrdko combattit avec
les princes serbes à la bataille de Kosovo. Néanmoins,

cette défaite qui n'avait pas eu pour conséquence la conquête des principautés serbes, mais simplement leur soumission, en qualité de vassales, à l'autorité du sultan, n'inspira pas au début de grands soucis à Tvrdko, dont les vues ambitieuses étaient, à cette époque-là, dirigées vers la Croatie. Profitant des troubles qui s'y étaient manifestés par suite de la mort de Ludovic d'Anjou (1382) et aidé par son conseiller et ami Ivan de Palijna, originaire du district de Krijevci et prieur de Vrana, Tvrdko réussit peu à peu à obtenir la soumission de toutes les contrées croates au sud du Vélébit, des forteresses de Knin, Ostroviça et Klis et des villes dalmates de Split, Trogir et Chibenik — si bien qu'en 1390 il put se proclamer roi de Croatie et de Dalmatie. Malheureusement, ce grand et vaillant souverain slave mourut au commencement de l'année suivante, sans avoir pu consolider son œuvre et, peu après, son fidèle ami Ivan de Palijna le suivait dans la tombe. Sous les faibles et ineptes successeurs de Tvrdko, les luttes religieuses et les querelles intestines reprennent de plus belle.

Le voïevode Hervoïé de la famille des Horvatinich (1386-1416), qu'on appelle « le petit roi de la Bosnie », domine la partie nord-occidentale du pays. Il se mêle aux luttes des Croates et des Hongrois. Vicaire pour le roi Ladislas en Dalmatie et en Croatie, il renverse en 1404 le roi de Bosnie Ostoïa et gouverne son successeur, le faible Tvrdko II, puis il rétablit Ostoïa en 1409. En 1415, il appelle les Turcs à son secours contre le roi Sigismond et bat près de Doboï l'armée croato-hongroise. Après cette victoire, les troupes de Hervoïa et les Turcs firent irruption en Croatie et poussèrent leurs incursions jusqu'à Celïé, en Styrie.

A côté de Hervoïa, son rival Sandal Hranich dominait le sud de la Bosnie, l'Herzégovine et les Bouches de Kotor, tandis que le roi légitime ne possédait que la vallée supérieure de la Bosna.

Bogomile, de même que Hervoïa et son allié d'abord,

Sandal Hranich devient son implacable adversaire. Prodigieusement riche, comme l'atteste la liste des trésors qu'ils avait déposés à Doubrovnik, il est en négociations continuelles avec les villes dalmates, avec Venise, avec le Pape même. Soutenant ou combattant les rois éphémères qui passaient sur le trône, il se soucie avant tout de constituer dans le sud du pays une vaste principauté indépendante. Son neveu et son successeur, Stéphane Voukchich (1435-1466) détacha de la Bosnie cette région du Hum que l'empereur d'Allemagne constitua en sa faveur en duché indépendant de Saint-Sabas, d'ou le nom : de Herzégovine (*herzeg*-duc). Malgré ses luttes avec ses grands vassaux, le premier et dernier duc d'Herzégovine sut protéger contre les persécutions du roi Thomas les bogomiles de la Bosnie et faire reculer les Turcs pour un instant. Mais, depuis 1463, les Turcs s'étaient emparés de la Bosnie et malgré l'héroïsme de ses habitants et du roi croate-hongrois Matias Korvin, quelques années après la mort de Stéphane Voukchich, l'Herzégovine devenait aussi leur proie (1482).

Lorsque, en 1415, les Turcs appelés par le ban Hervoié contre Sigismond, entrèrent en Bosnie, ils en occupèrent la partie sud-est et le roi Tvrdko II dut prêter au sultan le serment de fidélité. Déchirés par leurs rivalités, les grands feudataires de la Bosnie et de la Croatie sont incapables de former une barrière stable contre l'invasion turque. Les rois croato-hongrois, distraits par les affaires de Hongrie, d'Allemagne et de Bohême, ne comprennent pas la gravité du danger. Leur intervention, du reste, ne peut inspirer que des craintes justifiées à la noblesse bosniaque, car personne n'ignore leurs projets de conquête. Les Papes, seuls, auraient pu modérer les injustes ambitions, apaiser les défiances, réunir toutes les énergies dans un seul faisceau, et inspirer à tous le souci du péril commun et l'idéal de défendre la civilisation chrétienne contre la barbarie ottomane. Mais ils prêchent, au contraire, la croisade contre les Hussites et profitent de la menace turque pour combattre le schisme orthodoxe et l'hérésie bogomile. Les Bogomiles, qui sont les meilleurs défenseurs de la Bosnie, sont en effet menacés, persécutés et contraints à émigrer en masse, justement quand leur coopération eut été plus nécessaire que jamais.

Constantinople tombe en 1453 ; la Serbie est assujettie en 1459. En 1463, Mahomet II s'empare de Iaïcé, la capitale de la Bosnie. Dans l'église des Franciscains de cetté ville, on conserve encore le squelette de l'infortuné Etienne Tomachévich, le dernier roi de Bosnie, fait prisonnier dans la forteresse de Kliouch et décapité dans le camp turc de Iaïce. Maintenant, la politique turque est bien différente de celle adoptée après les batailles de Tchernomiéna et Kosovo. Sûrs de leur puissance, ils ne ménagent plus les Slaves : de nombreux nobles bosniaques subirent le même sort que leur roi. Trente mille jeunes gens furent enrôlés de force parmi les Janissaires ; deux cent mille personnes furent réduites en esclavage.

*
* *

La diffusion de la doctrine bogomile en Bosnie donne une empreinte particulière à l'histoire de ce pays. Importées par les soldats byzantins de la Perse en Europe, le gnosticisme et le manichéisme (1) se répandent vite parmi les Bulgares ; c'est là que le prêtre Jérémie, qui prit le nom de Bogomil (cher à Dieu), donna à ces doctrines un vernis slave, en leur adaptant les livres lithurgiques des SS. Cyrille et Méthode (930). Les Bogomiles

(1) Le gnosticisme est un système de philosophie religieuse, dont les partisans prétendent avoir une connaissance complète et transcendante de la nature et des attributs de Dieu ; ils se rapprochent à la fois du platonisme et du manichéisme.

Le fondateur de cette dernière doctrine a été le persan Manès (m. vers 274) qui, pour expliquer le mélange du bien et du mal, attribuait, comme Zoroastre, la création à deux principes, l'un essentiellement bon qui est Dieu, l'esprit et la lumière, l'autre essentiellement mauvais qui est le Diable, la matière ou les ténèbres.

n'admettaient pas les livres de l'Ancien Testament, ni les sacrements ; des prières, ils conservèrent seulement le *Pater ;* la hiérarchie ecclésiastique était très peu développée chez eux ; ils n'avaient pas d'églises ; les fonctions religieuses, très simples, consistaient en une espèce de communion avec du pain et en des hymnes qu'on chantait dans les bois, ou éventuellement dans une chambre quelconque. La perfection humaine consistait, suivant les Bogomiles, en la renonciation complète à toutes les joies mondaines ; le moyen de s'y préparer était le jeûne, la solitude, la prière. Cette doctrine qui, par sa simplicité, par son austérité et par son esprit démocratique, s'adaptait au caractère national des Slaves (1), gagnant de proche en proche, envahit la Serbie, la Dioclée, le pays de Hum et de la Bosnie. La noblesse bosniaque, qui dans une église nationale trouvait la meilleure défense contre l'influence de Rome et contre l'ambition des rois croato-hongrois et serbes et des empereurs de Byzance, adopte, elle aussi, la nouvelle religion. Le

(1) Encore de nos jours, là où les Yougoslaves n'ont pas subi l'influence d'un clergé étranger ou des ordres religieux, dans l'espèce des Jésuites (pays slovènes, quelques régions de la Croatie, villes dalmates), on remarque la même aversion pour le faste du culte, pour les formes extérieures de la dévotion et pour la vénération des saints qui, au contraire, constituent les principales manifestations religieuses chez les peuples latins. Profondément pieux, le paysan serbo-croate n'est pas dévot ; il fréquente peu l'église et les sacrements ; mais il prie avec ferveur, il aime les cantiques religieux en langue nationale, il jeûne très rigoureusement, les pensées morales de l'amour de Dieu et du prochain, des actions méritoires, de la vie d'outre-tombe, remplissent son esprit et règlent sa conduite. Les rites qu'il célèbre à sa maison, à l'occasion des fêtes de Noël ou de Pâques, de la Slava et des funérailles et où on retrouve de nombreux vestiges du culte païen, sont les cérémonies auxquelles il est le plus attaché. Parmi les plus belles manifestations de l'âme slave, on doit mentionner les guerres des Hussites et la secte des frères Moraves, qui s'inspirait des nobles et purs idéals de la religion chrétienne. Des nombreuses sectes russes poursuivent de nos jours le même but.

ban Kouline s'y convertit ; Hervoïa, Sandal Hranich, Stéphane Kotrmanovich, Tvrdko I, en furent les champions. Néanmoins, ils savaient aussi adapter leur foi aux nécessités politiques : le ban Stéphane Kotrmanovich, qui obtint de Rome la tolérance de la secte bogomile en faisant craindre au Pape que ses adeptes, si on les persécutait, passeraient à l'orthodoxie, se fit catholique quand il fallut lutter contre l'empereur serbe Douchan ; Tvrdko I, jusqu'à ce qu'il eut besoin des rois croato-hongrois, pour leur complaire, persécuta les Bogomiles, mais bientôt il chercha auprès d'eux son meilleur appui ; Dans le but de se concilier l'aide de l'Europe catholique contre les Turcs, l'avant-dernier roi, Stéphane Thomas Ostoich, déchaîna en 1446 à la diète de Kogniça la persécution contre les Bogomiles, dont 40.000 furent obligés d'émigrer en Herzégovine. De même, les rois croates-hongrois s'étaient maintes fois servis du prétexte d'une croisade contre les Bogomiles pour tenter la conquête de la Bosnie.

Toutes ces persécutions ne pouvaient que favoriser les progrès des Turcs, qui s'offraient aux Bogomiles comme alliés contre leurs propres persécuteurs. En outre, le monothéïsme rigoureux et la simplicité de l'Islam étaient plus conformes aux principes religieux des Bogomiles. Dans le fait, la grande majorité de la noblesse et une partie de la population bosniaque se convertit sans difficulté à l'Islamisme et, tout en conservant la langue, le sentiment et les mœurs nationaux, ils devinrent les plus fiers ennemis du Christianisme.

Pour combattre les Bogomiles d'importantes missions de l'ordre des Franciscains s'établirent en Bosnie au XIIIe siècle. Elles s'y sont maintenues jusqu'à nos jours malgré la situation difficile que leur faisaient les Turcs, surtout pendant les innombrables guerres qui eurent pour théâtre les Balkans et quand une victoire des chrétiens exaspérait leur fanatisme religieux. Malgré la souplesse, dont les Franciscains firent preuve envers les

maîtres du pays, on ne peut pas méconnaître les grands
mérites qu'ils acquirent envers les catholiques de la Bosnie
pour s'être efforcés de rendre moins dure leur condition,
d'en relever le moral et de maintenir en éveil la conscience nationale et l'espoir en un meilleur avenir.

*
* *

Les richesses naturelles de la Bosnie-Herzégovine et
ses relations commerciales avec la côte orientale de l'A-
driatique lui apportèrent bientôt une remarquable prospérité. Déjà au temps du ban Kouline, des mineurs ragusains et saxons exploitent le sous-sol. Au XIVe siècle, les
Ragusains monopolisent le commerce de la Bosnie ; ce
sont eux qui emploient maintenant les mineurs saxons
pour l'extraction du plomb, de l'argent et du fer des
mines de Srébréniça, Olovo et Foïniça. Ils fournissent
les étoffes et les articles de luxe, les fourrures et les orfè-
vreries, dont la noblesse a besoin pour déployer une opulence et un faste si remarquables, qu'en 1463 le doge de
Venise écrivait « que la Bosnie est le plus riche royaume
de la terre ». Auparavant déjà, le ban Hervoïé s'était fait
bâtir à Jaïcé un riche palais en style vénitien et ériger
un somptueux tombeau de famille dans les catacombes de
cette ville. A l'occasion de ses fréquentes visites à Bouda,
il éblouissait par son luxe les magnates hongrois.

De nombreux monuments qui datent du XIIe siècle
jusqu'à la fin du XVe, et hélas ! des ruines plus nombreuses encore attestent même de nos jours la puissance
et la prospérité économique de la Bosnie-Herzégovine
avant l'invasion turque :

Les couvents des Franciscains de Soutchechka, Foïniça
et Kreschevo, les abbayes orthodoxes d'Ozren, Bania et
Milochevo, — les églises de Zéniça, Dobravina et Dobrun,
— les ruines de châteaux-forts de Vranduk, Maglaï,
Doboï, Vichégrad, Samobor, Klotiévac, Zvornik, Viénaç,
Iaïcé, Botchaç, Kroupa, Sokol, Srébrnik, Sokolaç, Os-

trotchaç, Buzim, Vranograd, Isatchichgrad — les châ-
teaux-royaux de Bobovaç, Soutchechka, Stoudénac, Stié-
pangrad, Stolaç, Klioutch, — les nécropoles dont les
gigantesques monolites décorés de sculptures et parfois
de curieuses épitaphes, marquent l'endroit où les princes,
des voïvodes ou des joupans ont été ensevelis... Quels
souvenirs et quels regrets éveillent ces témoins muets
d'une grandeur passée ! Et combien graves sont les con-
sidérations qu'ils suggèrent et les avertissements qu'ils
nous donnent !

Nous avons déjà remarqué que la partie orientale de
la Bosnie s'est trouvée sous l'influence byzantine, qui se
manifeste non seulement dans l'architecture, mais aussi
dans l'habillement de la noblesse. Ainsi dans le monastère
de Dobrun, près de Novi-Pozar, le joupan Pierre est représenté avec un costume de la cour byzantine de la fin du
XIVe siècle. Dans la Bosnie occidentale, au contraire, à
la même époque, la noblesse avait adopté la mode italienne. L'église de Bihatch, transformée en mosquée par
les Turcs et où se trouvent encore les pierres tombales des
nobles croates « morts en combattant pour la foi catholique », a été édifiée en style gothique. A Iaïcé, le cam-
panile de l'église ruinée de Saint-Luc est une construction romane et les fragments des sculptures, jadis encas-
trées dans les murailles de la citadelle, sont du plus pur
gothique vénitien. Les fragments des sculptures de Zéniça
et Dobravina sont presque pareilles à celles des monuments anciens de la côte dalmate.

Les influences occidentales continuèrent à se manifester pendant la domination turque : le pont de Mostar (1566) et celui de Vichégrad (1571) sont l'œuvre d'ar-
chitectes ragusains.

Le musée du gouvernement à Saraïevo, avec les céra-
miques, les parures, les armes damasquinées, les ornements, les instruments de travail, les ustensiles, les
meubles sculptés en bois, les tapis, les broderies, les
ouvrages en cuivre ciselé, les plateaux de bronze re-

poussé, etc., etc.. de même que les écoles et les ateliers-
modèles d'incrustation, de ciselure, de gravure, de tissage
de tapis, de broderie, etc.., attestent non seulement le
développement actuel de l'industrie nationale, mais la
persistance et la continuité de l'art slave. En effet, la
noblesse et la bourgeoisie musulmane qui constituaient
principalement la clientèle des artisans bosniaques et
dont les commandes devaient nécessairement déterminer
la façon des produits de leurs industries, si elles ont partiellement adopté le costume et les modes turques et
accepté des produits de l'art arabe et persan, n'en sont
pas moins restés foncièrement slaves au point de vue du
goût et des penchants artistiques.

2° LA DOMINATION TURQUE

Dans les premiers temps, la Bosnie-Herzégovine a
été soumise au même régime administratif des autres
provinces de l'empire ottoman ; elle faisait partie du
grand « beglerbégat » (pachalik ou vilaïet) de Bosnie,
qui se composait de huit « sandjaks », comprenant, outre la Bosnie-Herzégovine, une grande partie de
la Croatie-Slavonie et de la Dalmatie. En vertu des traités de Karlovci (26 janvier 1699) et de Pojarevaç (21 juillet 1718) les régions de la Croatie et de la Slavonie occupées par les Turcs retournèrent au royaume de Croatie ;
respectivement, la Dalmatie fut cédée à Venise. A la
suite d'une nouvelle guerre contre les Turcs, l'Autriche,
perdit par le traité de Belgrade (18 décembre 1739) les
acquisitions qu'elle avait faites en Serbie et en Bosnie
par le traité de Pojarevaç et la Bosnie-Herzégovine se
trouve, depuis cette date, réduite à la superficie qu'elle
a actuellement.

La noblesse de la Bosnie-Herzégovine, qui grâce à son
passage à l'islamisme avait conservé sa situation privilégiée, profita du graduel affaiblissement de l'empire turc

et du relâchement de l'autorité du sultan pour s'emparer de l'administration du pays ; elle se partage les districts (Kadilouk ou Nahia) et avec les titres de « Kadi », de « capitaine » ou de « mouselime », concentre en ses mains, bien souvent à titre héréditaire, tous les pouvoirs.

Les pachas, chefs des sandjaks, n'existent plus maintenant ; le beglerbeg a été remplacé par un vézir qui réside à Travnik ; il n'est que pour la forme le représentant du sultan et n'a presque aucune ingérence dans l'administration de la province. Il y a en outre les Yanitchaires, dispersés dans le pays, dont les chefs sont pourvus de fiefs militaires ; ils se trouvent parfaitement d'accord avec les seigneurs bosniaques (begs ou agas) pour empêcher au sultan de rétablir son autorité et pour entretenir un état d'anarchie, qui leur est profitable.

Le fait est que, sitôt que Mahmoud II (1808-1839) eut essayé de mettre un peu d'ordre dans l'administration, des troubles sanglants éclatèrent ; l'abolition des Yanitchaires (loi du 29 mai 1826) et la formation d'une armée régulière provoquèrent en Bosnie une insurrection générale, qui ne put être domptée qu'après six ans d'âpres luttes.

Malgré cette victoire du pouvoir central, le hatti-chérif du 3 novembre 1839, par lequel le grand vésir Réchid pacha, le Richelieu du sultan Abdoul Medchid (1839-1861), abolit le système féodal sur lequel se basait l'administration civile et militaire de l'empire et introduisit le service militaire obligatoire et le paiement général des impôts, ne put être être appliqué en Bosnie à cause de l'opposition de la noblesse du pays et faute d'un corps de fonctionnaires capables de mettre la réforme à exécution.

Suivant cette loi, tous les paysans qui cultivaient les terres des feudataires civils ou militaires (spahis, timarlis ou zaïms) devaient devenir de libres propriétaires de ces terres et payer désormais au sultan la dîme que, jusqu'alors, les seigneurs avaient perçue à titre de récompense pour les services militaires ou les fonctions civiles auxquelles ils étaient tenus, mais que depuis longtemps ils avaient cessé de remplir. L'Etat s'engageait à indemniser les begs et les agas du préjudice qu'ils subissaient de ce chef et à la suite de la cessation des corvées. Mais il advint que l'administration turque, tout en exigeant le payement de la dîme, ne se soucia point de régler la situation de la noblesse bosniaque, et elle dut, par ce motif et à cause de sa faiblesse et de sa désorganisation, tolérer et permettre les violentes exactions, par lesquelles les seigneurs prenaient leur revanche aux dépens des paysans. Ceux-ci, obligés à payer la dîme au sultan, furent contraints par les begs et les agas à leur donner une quote-part : un tiers et quelquefois la moitié des récoltes, et à leur faire toutes les corvées imaginables. Car la haine religieuse se mêlait à la rancune éveillée par les questions d'intérêts — la proclamation d'indépendance de la Serbie en 1829, celle de la Grèce et des Principautés danubiennes, et les guerres sanglantes soutenues contre les Serbes et contre le sultan, ayant exaspéré le fanatisme des nobles bosniaques.

Pour apaiser leurs rébellions et donner satisfaction aux plaintes des paysans, la Porte envoya en Bosnie, en 1850, Omer Pacha Latas (un renégat croate) qui, à la tête d'une forte armée, réprima avec la dernière rigueur l'opposition des begs, divisa la Bosnie en cercles et en districts, installa partout des fonctionnaires de l'État, régla le tribut (1) mais ne sut pourtant pas empêcher les seigneurs de s'approprier par la force les récoltes des paysans. La Bosnie-Herzégovine se trouvait depuis plusieurs années dans un tel état d'anarchie que de nombreux paysans musulmans, jusqu'alors libres propriétaires de leurs terres, furent obligés de devenir les colons d'un fonction-

---

(1) Le *danak*, tribut dû à l'Etat, comprenait : la dîme ; la *Soulous verghia* (60 groches de chaque maison, dont le *aga* devait payer 20) ; l'*askéria*, impôt dû en remplacement du service militaire, auquel les *raïas* n'étaient pas admis ; la *travarina* : 2 groches pour chaque chèvre ; 1 groche pour chaque oque de tabac ; l'impôt sur les pruneaux, dont on fabrique l'alcool en Bosnie.

naire ottoman ou d'un seigneur bosniaque, pour avoir
un protecteur contre la violence brutale des tyrans qui
dominaient le pays.

Ces conditions intolérables provoquèrent l'intervention
de l'Autriche-Hongrie qui, depuis 1850, avait institué à
Saraïevo, la nouvelle résidence du pacha, son consulat
général. Avec la coopération des autres grandes Puissances, elle obligea la Porte à tenir en 1859, à Constantinople, une conférence entre les délégués des begs et des
paysans. Mais le résultat de cette action diplomatique
fut la loi du 12 septembre 1859, qui sanctionnait tous
les abus pratiqués jusqu'alors par les grands propriétaires musulmans et les empêchait seulement d'en commettre de nouveaux, en leur interdisant d'augmenter
les redevances (*hak*) outre la mesure que la dite loi fixait
pour chaque sandjak d'une manière différente, c'est-à-
dire suivant la situation qui y existait dans le fait. Ainsi
là où les chrétiens, en opposant la force à la force, avaient
réussi à se soustraire aux violentes impositions des seigneurs, leur condition se trouvait être bien meilleure que
celle de leurs coreligionnaires moins bien doués d'é-
nergie ou vivant en des régions où la lutte était plus difficile.

Donc les insurrections des paysans, soutenues par la
Cernagora et par la Serbie, continuèrent. Après vingt-
sept ans de règne, aux mois d'avril 1875, François-Joseph
visitait la Dalmatie et recevait, près du confin, une députation de « kmètes » bosno-herzégovins. Trois mois
après, une nouvelle insurrection éclatait et, cette fois,
les catholiques y participaient aussi, sous la conduite du
prêtre Ivan Musich. Au mois d'août, les paysans des
districts avoisinant la Croatie s'insurgèrent également,
et plusieurs milliers de réfugiés passèrent le confin de
l'Autriche-Hongrie.

La Serbie et la Cernagora entrèrent en lice (1875-1876)
pour libérer leurs frères de race du joug turc ; l'intervention de la Russie (1877-1878) n'aboutit qu'au traité de

Berlin et à l'occupation de la Bosnie-Herzégovine de la part de l'Autriche-Hongrie. C'était la récompense que l'Europe réservait aux Slaves pour tout le sang versé dans ces guerres !

3° LA DOMINATION AUTRICHIENNE

Au Congrès de Berlin, les diplomates se trouvèrent en présence d'un memorandum des Franciscains de la Bosnie qui, quoique les catholiques, n'y constituent qu'un cinquième de la population totale, réclamaient « au nom du peuple » l'occupation autrichienne. Il y avait en outre une déclaration des chefs de l'insurrection qui, de leur côté, demandaient pour leur patrie une complète autonomie...

Mais les personnages qui composaient la haute assemblée, sans se préoccuper de la volonté et des intérêts nationaux, avaient déjà, par des accords secrets, décidé de la destinée future de ce pays et les phrases sonores de M. Andrassy, qui essayait de justifier les prétentions de l'Autriche-Hongrie, n'avaient d'autre but que celui de leurrer l'opinion publique et de donner une apparence de légitimité à ce qui n'était autre chose qu'un acte de violence.

Or, la Monarchie danubienne réclamait de l'Europe un mandat d'occupation, en faisant valoir les arguments suivants :

1° La nécessité, pour la Dalmatie, de pouvoir entretenir librement des relations commerciales avec son hinterland naturel ;

2° L'impossibilité de résoudre autrement la question agraire, cause de tant de troubles dans ces malheureuses contrées, et

3° d'y faire régner la paix entre mulsulmans et chrétiens. Puis enfin :

4° d'y remplir une mission civilisatrice.

Mais à la séance du 28 juin 1878, M. Andrassy toucha d'autres cordes sensibles et produisit de nouveaux arguments, appartenant à une catégorie tout à fait différente, c'est-à-dire que :

1° L'Autriche-Hongrie veut assurer à tout prix le maintien de la paix aux Balkans ;

2° Par ce motif, elle doit s'opposer autant à la formation d'un nouveau petit Etat au sud du Danube, qu'à l'agrandissement de la Serbie ou du Monténégro en Bosnie-Herzégovine.

3° Cette province est nécessaire à l'Autriche-Hongrie pour sa pénétration commerciale dans les Balkans et pour développer ses communications vers la mer Egée.

C'est en cette dernière occasion que M. Andrassy, par exception, fut vraiment sincère. En effet la politique que l'Autriche-Hongrie a inaugurée aux Balkans, a été celle du maintien de la paix par l'asservissement économique et politique de la Serbie et du Monténégro, — de l'exploitation la plus éhontée de la malheureuse province que l'Europe lui confiait, et de la préparation de la route triomphale, par laquelle le Pangermanisme devait atteindre Salonique et Constantinople.

Nous avons déjà eu l'occasion de constater que l'Autriche-Hongrie a fait tout son possible pour isoler la Dalmatie de la Bosnie-Herzégovine.

En ce qui concerne la question agraire, elle n'a fait qu'empirer pendant la domination austro-hongroise.

La paix et la concorde ne règnent pas encore entre les Musulmans et les Chrétiens, et l'Autriche a eu en outre l'habilité de semer la discorde entre les Catholiques et les Orthodoxes.

Nous verrons ensuite en quoi consiste « la mission civilisatrice » de l'Autriche-Hongrie — car, avant de procéder à un examen plus détaillé de son œuvre, il convient d'établir par des chiffres officiels les éléments qui serviront de base à notre critique.

Suivant la relation publiée par le gouvernement, en 1908, les dépenses inscrites au budget de la Bosnie-Herzégovine atteignirent, en 1906, 63.5 millions et les revenus de 64.880.000 couronnes.

En 1907, les revenus consistaient en :

1° La dîme.	8 769.000
2° L'impôt sur les chèvres et les moutons	827.000
3° — sur les porcs	84.000
4° — sur la valeur des terrains	782.000
5° — sur les loyers	236 000
6° — sur la valeur des édifices	685.000
7° — sur le revenu	976.000
8° — sur la vente des boissons	815.000
9° Le produit net du monopole du tabac	5.694.000
10° — — du sel.	2.915.000
11° L'impôt sur l'alcool	1.206 000
12° — sur la bière.	479.000
13° — sur le sucre.	3.000.000
14° — sur le pétrole	617.000
15° Timbres, droits et taxes.	2.860.000
16° Revenu net des mines de l'État	13.500.000

Parmi les dépenses, la relation du gouvernement mentionne les suivantes :

1° Pour le culte orthodoxe	517.562
2° Pour le culte musulman (revenus des vakoufs).	927.000
3° Subvention pour le culte (catholique ?)	300.000
4° Écoles primaires.	1 923 000
5° Pour les troupes bosno-herzégoviniennes	5.340 000
6° Pour la Gendarmerie	3.912 000

On le voit bien, ces chiffres sont incomplets : c'est que la dite relation, quoique très volumineuse et comprenant de très menus détails statistiques, ne contient nulle part le budget complet de la province et garde un silence prudent sur de nombreux articles des recettes et des dépenses que, par ce motif, nous n'avons pas mentionnés.

C'est donc par voie d'induction et approximativement qu'on peut ajouter aux revenus :

17° L'impôt additionnel que les paysans orthodoxes paient pour l'entretien de leur
culte 500.000
18° Les revenus des vakoufs (fondations pieuses
musulmanes) 900.000
19° Les revenus des forêts qui occupent la moitié de la superficie de la province et
dont 76 °/° appartiennent à l'Etat ; donc,
comme on en a exporté, en 1907, 5.61 millions de quintaux (dont 40 °/₀ dans l'I-
talie méridionale) ayant la valeur de
28.11 millions de couronnes, l'Etat de-
vrait en avoir un profit d'environ. . .   21.000.000

De cette manière, en ajoutant les profits des nombreuses entreprises industrielles que l'État exploite directement, on arrive à se former une idée des revenus du pays. Mais, pour ce qui concerne les dépenses, la relation gouverne- mentale, sauf les données que nous avons ci-dessus men- tionnées, nous laisse dans l'obscurité la plus absolue (1). Néanmoins, de ces indications, quoique si incomplètes, on peut tirer les conclusions suivantes :

Le poids des contributions grève principalement les paysans, qui paient la dime et la presque totalité des con- tributions indirectes ;

Ils doivent en outre subvenir en partie aux frais des communes et, dans l'espèce les orthodoxes, à ceux de leur culte. (Le budget pour l'année 1908 allouait 1.678.000 cou- ronnes à la commune de Saraïévo et 3 M. de couronnes

_____

(1) La dette publique de la Bosnie, qui a dû prendre à sa charge les frais de la campagne d'occupation, est de 460 millions de couronnes.

aux 76 autres communes de la Bosnie-Herzégovine). Ils doivent aussi faire les corvées nécessaires pour la construction et l'entretien des routes, ce qui ne constitue pas une charge indifférente. En 1907, il y avait 436.000 paysans corvéables, dont 279.000 se sont libérés de la dite protestation en payant 837.000 couronnes ; les autres ont fait 153.000 journées de travail personnel et 5.000 autres avec leurs bêtes de trait. Ces journées ont été en 1905 au nombre de 240.500, respectivement de 18.600, pour les bêtes de trait.

Il faut prendre enfin en considération les frais des innombrables exécutions administratives qui frappent impitoyablement les paysans et qu'on pratique couramment, pour encaisser non seulement les impôts, mais mêmes les créances des banques privilégiées magyaro-allemandes. En 1906, il y a eu 742.389 saisies, 129.488 séquestrations mobilières, et 2.493 ventes aux enchères qui doivent avoir coûté aux contribuables un minimum de 2-3 millions de couronnes !

D'autre part les grands propriétaires fonciers, les propriétaires d'immeubles dans les villes, et toute cette nuée de spéculateurs magyaro-allemands qui, avec la complicité du gouvernement, ont monopolisé le commerce, l'industrie et la haute-banque, ne payent que les impôts que nous avons ci-dessus mentionnés aux numéros 4 à 8 inclus et qui, dans leur total, n'arrivent pas à 2 millions 1/2 de couronnes.

De quelle manière le gouvernement austro-hongrois emploie-t-il les revenus qui lui fournissent les richesses naturelles de la province, et les lourds impôts que les paysans bosniaques lui paient ? Comment exécute-t-il les promesses qu'il a faites à l'Europe et aux Slaves, d'accomplir en Bosnie et Herzégovine une mission civilatrice ?

En 1906 la Bosnie, avec environ 1.800.000 habitants, avait 253 ecoles primaires de l'Etat et 101 écoles confessionnelles, dont 70 orthodoxes et 31 catholiques, 3 gynases et 2 écoles réales, tandis que la Serbie, avec

2.912.000 habitants, entretenait dans le Sandjak et dans
la vieille Serbie 240 écoles confessionnelles, et avait, dans
le royaume, 1.172 écoles primaires, 20 gymnases et
écoles réales, et une université avec 80 professeurs et
maîtres, et 1.000 étudiants.

Il est vrai que l'Autriche-Hongrie supplée au nombre
des écoles par des études plus intensives : en effet, dans
toutes les écoles supérieures, l'étude des langues allemande et magyare est obligatoire...

Le gouvernement austro-hongrois a-t-il d'autre part
montré plus d'intérêt pour le relèvement des conditions
matérielles de la population ?

Cette demande nous amène à traiter de

LA QUESTION AGRAIRE

La population totale de la Bosnie-Herzégovine était en
1910 de 1.898.000 habitants, dont 87,91 % étaient des
agriculteurs.

Ceux-ci étaient répartis comme suit :

Grands propriétaires.	en 1895	27.642	en 1910	56.642 (1)
Paysans propriétaires.	—	437.663	—	634.791 (1)
Paysans colons. . .	—	510.883	—	444.894
Paysans propriétaires et colons	—	153.854	—	205.745
Autres personnes s'oc- cupant de l'agricul- ture.	—	33.663	—	43.352

Pour ce qui concerne le culte, il y avait :

	Musulmans	Orthodoxes	Catholiques
Grands propriétaires . .	81 °/₀	12 °/₀	6,62 °/₀
Paysans propriétaires .	56,64 °/₀	25,88 °/₀	16,75 °/₀
Paysans colons. . . .	4,58 °/₀	73,94 °/₀	21,47 °/₀
Paysans propr. et colons.	8,63 °/₀	53,29 °/₀	38,06 °/₀

(1) L'augmentation du nombre des grands propriétaires et des
paysans propriétaires ne peut être expliqué que par le fractionnement des grandes familles qui existaient encore en 1895.

Avant la conquête turque, en Bosnie-Herzégovine, de même que dans les autres Etats serbo-croates, les princes étaient les propriétaires de la plus grande étendue des terres, que, sauf les domaines de la couronne, ils donnaient aux nobles, comme fiefs (*pronia*). Les autres terres appartenaient aux nobles ou même à des paysans en libre propriété (*bachtina*) ou constituaient les biens mainmortables des églises et des couvents.

Les couvents et les églises étaient exempts de toute imposition. Les paysans libres (*méropsi*) et les nobles payaient au contraire aux princes un tribut de leurs « bachtinas » et les nobles de leurs « pronias » aussi ; mais les nobles percevaient pour leur propre compte tout le revenu des « pronias » en récompense des services civils et militaires qu'ils devaient prêter à l'Etat. Il y avait en outre des paysans serfs de la glèbe (*otroci*) qui labouraient les terres des nobles et des églises ; quoique sujets à la juridiction de leurs seigneurs en toutes les affaires qui concernaient leurs redevances, ils dépendaient au surplus des tribunaux ordinaires. La famille du colon ou du serf (*inokochtina*) ou la communauté de plusieurs familles (*zadrouga*) avait un droit perpétuel à la possession des terres seigneuriales, sans égard aux changements qui s'opéraient dans leur composition par suite de décès, d'exclusion, de mariage, etc... de leurs membres. Ce concept, juridique, particulier aux Yougoslaves, s'est conservé, encore de nos jours, en pleine vigueur en Bosnie.

Au cours des XIIIe et XIVe siècles, une nouvelle institution se forme, la *Kmechtina* : un grand nombre de paysans libres, ainsi que des nobles, se placent sous la protection d'un grand seigneur, se « recommandent » à lui et deviennent ses vassaux.

La conquête turque apporte un radical changement à cet état de choses. Désormais, le Calife est le maître absolu du sol dans toute l'étendue de l'Etat ; mais il permet aux musulmans de l'occuper et le cultiver à l'exclusion des autres ; il donne en outre des terres, à titre de fief civil ou militaire. C'est ainsi que les paysans de la Bosnie-Herzégovine, qui passèrent à l'Islamisme, devinrent ou restèrent de libres propriétaires et que les nobles conservèrent leurs batchinas et obtinrent, en qualité de spahis, d'autres terres, qu'ils faisaient cultiver par des raïas, devenus tous des serfs.

L'Autriche-Hongrie, qui avait reçu de l'Europe le mandat d'occuper la Bosnie-Herzégovine principalement dans le but de régler la question agraire, pouvait la résoudre bien facilement en mettant à exécution le principe qu'elle avait adopté dans ses propres provinces, en 1848, et qui était le même que celui proclamé par le hatti-chérif du 3 novembre 1839. Elle n'avait donc qu'à libérer les paysans de toute redevance, et indemniser les seigneurs bosniaques du préjudice qu'ils auraient subi de ce chef.

Nulle part peut-être comme en Bosnie, l'Etat ne dispose de moyens aussi puissants : sans compter les autres domaines du fisc, seulement sur la surface boisée de 2.572.664 hectares, qui constitue à peu près la moitié de la superficie totale du pays, plus de trois quarts lui appartiennent (1.918.900 hectares) et en outre 600.000 hectares de pâturages.

Qu'est-il arrivé au contraire ?

Le gouvernement austro-hongrois s'est empressé de sanctionner l'état de choses créé par les violences et les illégalités commises par les begs et les agas pendant un demi-siècle, et de cette manière il a donné une apparence de légalité au despotisme et à l'arbitraire.

Le gouvernement austro-hongrois ne craignait pas, bien sûr, le mécontentement des begs et des agas qui se seraient soumis sans broncher à une solution depuis longtemps considérée par eux comme inévitable. Mais, même si une telle crainte avait retenu le gouvernement dans l'accomplissement de sa tâche, il aurait pu, en plusieurs autres manières, manifester son intérêt pour la classe la plus déshéritée de la population ;

ainsi par exemple, en donnant aux paysans, à des
conditions très avantageuses, une partie des terres de
l'Etat et en créant de cette manière un précédent que
les begs et les agas auraient dû imiter par la force
de l'exemple et pour ne pas être quittés par leurs
colons.

Mais M. Kallay, le ministre des finances communes de
l'Autriche-Hongrie, qui présida pendant de longues années aux destinées de la Bosnie, préféra distribuer les
terres de l'Etat sises entre la Drina, la Save et l'Una, à
vingt-deux colonies allemandes, que, probablement, on
voulait ériger en barrière entre la Bosnie-Herzégovine et
la Croatie. Ces colons, « qui devaient défendre la Monar-
« chie contre les ennemis intérieurs et extérieurs et initier
« (eux, qui en ignoraient absolument la langue!) les
« paysans bosniaques aux progrès de l'agronomie » reçurent
gratuitement tout le bois nécessaire pour la construction
de leurs maisons et, après avoir cultivé pendant dix ans
leur ferme et payé pendant sept ans le loyer d'*une couronne par hectare*, devinrent les propriétaires des terres
qu'on leur avait assignées.

A ces Allemands, sans doute pour les mieux assimiler
à la population indigène, M. Kallay donnait aux frais du
gouvernement des écoles allemandes, dans lesquelles la
langue serbo-croate était tout à fait exclue !

Le gouvernement austro-hongrois ne fit donc absolument rien pour améliorer la situation des paysans
bosniaques ; bien au contraire, il fit tout son possible
pour l'empirer, la question agraire étant le meilleur
moyen d'entretenir la discorde et la haine entre chrétiens et musulmans et de leur rendre impossible
toute coalition contre la domination étrangère. Deux
faits irréfutables confirment la vérité de ce que nous
venons d'affirmer : vers la fin du siècle passé, les
Musulmans et les Serbes s'étaient rapprochés pour obtenir l'autonomie de leurs cultes, mais le gouvernement,
pour empêcher tout accord entre eux, prétendit joindre

la solution de la question agraire aux débats sur l'autonomie religieuse. Une seconde fois, en 1910, quand les
Musulmans formèrent avec les Serbes un groupe d'opposition à la Diète, l'empereur François-Joseph, par sa
lettre autographe au Ministre des Finances, M. Burian,
annonça la prochaine solution de la question agraire, ce
qui provoqua immédiatement des contrastes d'opinion,
des luttes, et la dissolution de la ligue.

Dans les pays qui ont un gouvernement national, on
ne peut concevoir que l'administration de l'Etat s'efforce
d'appauvrir la population... Une affirmation pareille aurait toute l'apparence de la calomnie. Mais là où des
étrangers ont imposé leur domination, ils considèrent la
race indigène comme un obstacle à la réalisation de leur
but de conquête, et il ne faut pas s'étonner si, ne pouvant
l'arracher du sol où elle est née, ils font tous les efforts
possibles pour la ruiner économiquement et en affaiblir
ainsi la résistance. En Bosnie-Herzégovine, il s'est produit une longue série de faits qui ne laissent aucun doute
à cet égard. Auparavant, sous la domination turque, le
paiement de la dîme avait lieu en nature, sur la base d'une
estimation de la récolte, qu'on pratiquait avec le laisser-
aller propre à toutes les institutions musulmanes. Or,
l'administration austro-hongroise a changé radicalement
cet état de chose, favorable au paysan : pour l'évaluation
des récoltes, on créa des commissions dont faisait partie
en premier lieu d'un expert nommé par l'administration
de l'État, qui percevait à titre de rétribution le 5 % du
montant de la dîme. Il y avait en outre un délégué du
préfet, auquel le gouvernement par de nombreuses et
énergiques circulaires, inculquait de sauvegarder avant
tout l'intérêt de l'État et la stabilité du budget. A cette
opération, coopérait aussi un homme de confiance du
beg ou de l'aga, devenus les alliés du gouvernement
depuis qu'on leur avait octroyé le droit de prétendre leur
quote-part de la récolte sur la base de l'évaluation de
la dîme.

Depuis l'occupation, le paiement de la dîme devait être fait en argent, suivant les prix du marché que le gouvernement fixait sur la base des bulletins des mois qui précèdent la récolte, c'est-à-dire quand tous les produits agricoles sont plus chers. Tous les cas de force majeure qui, après l'estimation, détérioraient ou diminuaient la récolte, étaient à la charge du paysan. Celui-ci n'avait plus le droit, avant de payer ses redevances, de déduire de la récolte les semences. Les autorités administratives étaient exclusivement compétentes pour décider tous les recours contre l'estimation de la récolte ; si la nouvelle expertise confirmait la première, — ce qui arrivait régulièrement — le paysan devait en supporter les frais non indifférents.

Depuis 1908, on ne pratique plus l'estimation des récoltes — mais le paysan doit payer la moyenne des précédentes évaluations de 1898 à 1908, c'est-à-dire qu'on a de cette manière rendu définitifs les abus croissants commis pendant la dite époque.

Enfin, les autorités administratives sont exclusivement compétentes pour toutes les controverses entre paysans et propriétaires, qu'elles décident sans procédure et suivant leur arbitraire.

La condition des paysans n'a donc fait qu'empirer depuis l'occupation austro-hongroise, au point qu'ils regrettent le temps où ils subissaient les avanies de leurs seigneurs, mais où ils avaient au moins la possibilité de réagir par la violence contre une trop criante injustice et l'espoir d'une libération, qu'ils croyaient toujours prochaine. Actuellement, ils se trouvent réduits à employer presque tout le produit de leur récolte pour payer la dîme, les autres impôts et les redevances seigneuriales, et il ne leur reste, pour leur propre subsistance, que le produit du bétail (1).

____

(1) En 1907, on a exporté de la Bosnie-Herzégovine : 6.874 chevaux, — 77.171 bœufs et vaches, — 142.171 chèvres, — 26.451 porcs,

Cette condition intolérable les a faits s'insurger déjà en 1882 contre les « desetaris » (dîmeurs). Malgré la violente répression qu'ils ont subie, et malgré les persécutions dont ils ont été l'objet chaque fois qu'ils ont hasardé une protestation, les paysans de la Bosnie-Herzégovine ont adressé en 1896 et en 1897 de longs mémoires à l'empereur, en invoquant son aide et sa protection ; mais chaque fois on refusa à leurs députations de les admettre auprès du souverain. De nombreuses interpellations des députés yougoslaves aux diètes provinciales, au parlement de Vienne, et aux délégations, n'ont également eu aucun succès. La seule chose qu'on put obtenir, ce fut qu'à partir de l'an 1905 on revint à l'état des choses qui existait avant l'occupation pour ce qui concerne le mode de paiement des redevances : le propriétaire désormais ne peut plus les prétendre sur la base de l'évaluation de la dime ; il doit au contraire, prendre livraison sur place de sa quote-part de la récolte qui, dès ce moment, est à ses risques et périls.

Le point de vue, adopté par les administrateurs de la Bosnie, était que la question agraire concernait exclusivement les grands propriétaires et les paysans, et que les deux parties en cause devaient s'arranger à l'amiable entre elles, sans que le gouvernement y prît aucune ingérence ; par conséquent, l'activité du gouvernement se limita à favoriser la fondation de banques où le paysan put trouver l'argent nécessaire et, bien entendu, cette institution fut également confiée aux soins des cliques qui jouissaient de la protection et des faveurs des hommes tout-puissants en Bosnie et ailleurs.

On commença par l'institution d'une Banque hypothécaire, à laquelle participait la Wiener Unionbank et le

—au total, y compris le bétail de moindre importance, 253.163 bêtes En 1906, ce nombre fut de 325.556. — Dans les années précédentes, avant les ravages de la peste, on exportait en moyenne par an 350.000 porcs.

fond des pensions des fonctionnaires bosniaques. A partir de l'année 1895, on lui substitue une « Banque du pays » et, enfin, en 1908, le gouvernement stipula avec la Banque commerciale de Budapest un accord suivant lequel cette banque devait obtenir les plus vastes privilèges, parmi lesquels la garantie, de la part du gouvernement, que, pendant les premiers dix ans, elle ne subirait aucune perte par suite des prêts qu'elle ferait aux paysans. Grâce à la jalousie et à l'opposition de la haute finance autrichienne, cet accord si avantageux pour la banque magyare, fut annulé.

L'activité de ces banques n'apporta aucun bénéfice au *raïa* de la Bosnie. Le gouvernement leur permettait de percevoir 8 % sur leurs prêts, et, sur simple requête, procédait avec une extrême rigueur à l'exécution pour recouvrer leurs créances. En outre, elles ne donnaient aux paysans que la moitié des sommes nécessaires pour l'achat des terres, de telle sorte qu'ils devaient se procurer le reste en vendant leur bétail et en contractant chez des usuriers des prêts encore plus onéreux.

Une banque hypothécaire, instituée le 5 avril 1911 par la Diète de la Bosnie-Herzégovine, ne rendit pas la situation meilleure, bien que cette banque prêtât l'argent à un taux très modéré et jusqu'à concurrence du prix de vente des terrains. Mais les begs et les agas qui, profitant de l'amour que les paysans portent à la terre et de l'exaspération de ce sentiment par suite de leur situation intolérable, avaient toujours poussé au maximum les prix — les firent monter au double, maintenant que les acheteurs pouvaient avoir à bon marché tout l'argent nécessaire.

Bref, de 24.281 familles d'agriculteurs qui ont racheté leurs terres de 1879 à 1910 (1) pour 20 millions de cou-

____

(1) Un très grand nombre de ces rachats date de l'année 1905, c'est-à-dire depuis que les propriétaires n'ont plus le droit de réclamer leur quote-part de la récolte sur la base de l'évaluation de la dîme.

ronnes et de 10.947 qui se sont rédimées de l'année 1911
jusqu'à la fin de 1913 pour 25 M. — 12.000 familles, réduites à la mendicité complète implorent maintenant de
la Diète la concession gratuite de terres du fisc et 30 % de
ceux qui ont racheté des terres en 1912, sont déjà en retard
avec le paiement de deux échéances de leur dette, et 7 %
avec le paiement de plus de quatre échéances.

La question agraire ne peut être résolue autrement
qu'en fixant obligatoirement le prix auquel les propriétaires seront tenus de vendre aux colons les terres que
ceux-ci détiennent. Au début de l'occupation, ce prix
aurait été de beaucoup inférieur aux actuels ; car les prix
des produits agricoles et, conséquemment, la valeur des
terres, ont beaucoup augmenté. En outre, les grands
propriétaires, après avoir été pendant près de quarante
ans maintenus et protégés par l'Autriche-Hongrie dans
la paisible jouissance de la situation abusive qu'ils
avaient imposée de vive force à leurs colons, considére-
raient toute réduction de la valeur patrimoniale de leurs
droits comme un acte de persécution, qu'ils attribueraient à la haine religieuse. Ce sentiment pourrait entraîner dans une opposition violente tous les Musulmans
de la Bosnie, c'est-à-dire les 35 % de la population totale.
Seulement une fraction des paysans musulmans, qui représente 13 % des colons, probablement, ne se joindrait
pas à ce mouvement.

Mais personne n'aurait le droit de se plaindre si le gouvernement déterminait le prix de rachat sur la base de la
moyenne des revenus perçus par les propriétaires pendant
les dernières dix à quinze années, capitalisée au 6 %,
le moindre taux d'intérêt qu'on pratique en Bosnie dans
les transactions privées. Alors les paysans, recevant
d'une banque de l'Etat, à bon marché, l'argent nécessaire, pourraient effectivement devenir de libres propriétaires et coopérer au relèvement économique de leur
pays ; autrement, en payant les prix actuels, les 111.000 familles de « kmètes » qui détiennent 566.100 hectares

de terres seigneuriales, devraient débourser encore
250.000.000 de francs.

Mais le gouvernement n'a jamais voulu prendre une
décision juste et radicale pour résoudre cet angoissant
problème. Il craignait que les begs et les agas ne dissi-
passent pas l'argent, ou qu'ils ne puissent pas vivre avec
les revenus, ou qu'ils ne quittassent pas la Bosnie pour
émigrer en Asie Mineure !... Ce soin exagéré des intérêts de
ses administrés était au moins déplacé de la part d'un gouvernement qui, du reste, se souciait fort peu de leur liberté
religieuse et de leur progrès économique et intellectuel.
Dans la question agraire en Bosnie-Herzégovine, le seul
fait digne de considération est qu'il y a des propriétaires
musulmans qui, vivant à la campagne dans leur petit domaine allodial, qu'ils exploitent directement, ne peuvent
subsister qu'en ajoutant à ces revenus les redevances de
leurs colons, auxquelles le prix de rachat pourrait diffici-
lement suppléer. Mais dans ces cas-là, l'Etat qui dispose
de 1.918.900 hectares de forêts et de 600.000 hectares de
pâturages, pourrait en destiner une partie afin de rendre
possible à ces propriétaires une existence économique
indépendante.

Ce sont donc de vains pretextes dont le gouvernement
austro-hongrois se servait pour masquer son but réel,
d'entretenir les divisions et les luttes intestines et de
ruiner les paysans. Car de la question agraire dépend
aussi le progrès économique et la richesse nationale de
la Bosnie. La quote-part que le propriétaire perçoit doit
être proportionnée à la mesure dans laquelle le facteur
« terre » a coopéré avec le facteur « travail » à produire
la récolte. Or, cette quote-part a été fixée à une époque
où la culture était extensive, dans le sens le plus large
du mot, et serait trop lourde pour le paysan s'il voulait
augmenter le produit de ses terres par un travail plus
intensif et par l'emploi de moyens plus modernes mais
plus coûteux (engrais chimiques, ustensiles perfectionnés,
semences choisies, etc...)

De 1889 à 1903, la Bosnie-Herzégovine a produit, en moyenne, par tête, 245 kilogrammes de blé. Cette moyenne a été en Serbie de 378, en Croatie de 414, en Bulgarie de 596, en Roumanie de 741 kilogrammes. Tout en tenant compte de la différente bonté des terres, il n'en reste pas moins acquis le fait que la Bosnie, renommée jadis pour sa fertilité, ne se trouve pas à présent en condition de nourrir sa population, qui vit à la campagne exclusivement de pain et de farine de maïs. Depuis l'occupation, la récolte du blé diminue constamment : la dîme a donné en 1880 aux Caisses de l'État 5, 6 millions de couronnes, et trente ans après, en 1910, 8, 7 millions, ce qui signifie, les prix du blé ayant presque doublé pendant cette période, que la quantité en a sensiblement diminué.

*
* *

Il ne suffisait pas au gouvernement austro-hongrois de ruiner économiquement la population rurale de la Bosnie-Herzégovine ; fidèle à la maxime « *divide et impera* », il se mit à l'œuvre dès le début pour susciter la haine entre les catholiques et les orthodoxes qui, jusqu'alors, avaient entretenu les meilleures relations (1). A

(1) Là, où il n'y avait pas d'écoles confessionnelles serbes, les orthodoxes fréquentaient les écoles des Franciscains ; de leur côté les catholiques profitaient des écoles orthodoxes, qui étaient plus répandues, car de nombreux Serbes s'adonnaient au commerce et par conséquent étaient obligés de s'instruire. La lutte en commun contre l'Islam, ayant assoupi toute querelle religieuse les uns et les autres s'inspiraient de l'idée fondamentale que leurs églises ne se différencient que par le rite et qu'elles étaient l'expression de la même foi. Ils avaient leurs cimetières en commun : Ils participaient réciproquement aux fêtes des deux cultes. A défaut de leur propre curé, ils s'adressaient au ministre de l'autre religion, pour en recevoir le baptême ou les derniers sacrements. On rencontrait la même situation dans les villes. Ainsi à Saraïévo

la fin de l'année 1910, il y avait en Bosnie-Herzégovine :
824.000 orthodoxes, 611.800 musulmans, 433.400 catholiques, 11.800 israélites, 6.200 protestants ; ainsi, les catholiques constituent plus de 23 % de la population totale.

Or, auparavant, la population de la Bosnie se répartissait comme suit entre :

	Musulmans	Orthodoxes	Catholiques
En 1879 . . .	38,73 %	42,88 %	18,08 %
En 1885 . . .	36,88 %	42,76 %	19,89 %
En 1895 . . .	34,99 %	42,94 %	21,21 %

Ce progrès des catholiques est remarquable, surtout dans les villes :

Il y avait de catholiques :

à Saraïévo . . .	en 1879 : 698	en 1898 :	10 672
à Dognia-Touzla .	— 237	—	2.358
à Bïélina . . .	— 000	—	1.077

Personne n'aurait à se plaindre de ces faits s'ils avaient été produits par le libre jeu des forces et des courants ethniques. Mais en Bosnie, l'infiltration d'éléments étrangers catholiques a été directement favorisée de la part du gouvernement, et accompagnée par l'étalage officiel de la haute protection qu'on accordait à ce culte et, en même temps, par une affectation outrageante de dédain envers les musulmans et les orthodoxes, surtout envers ces derniers, et par l'imposition de toutes sortes d'entraves à leur autonomie religieuse. Ainsi l'empereur nomme les évêques orthodoxes en choisissant ceux qui lui donnent les meilleures garanties de soumission et d'obéissance. Le gouvernement apprécie lui-même les titres de can-

les catholiques et les orthodoxes avaient un seul cimetière. L'influence néfaste du gouvernement austro-hongrois et de Mgr Stadler devaient les amener à se disputer à cause de la propriété exclusive de ce dernier asile.

didats aux cures. Les musulmans et les orthodoxes doivent subir la continuelle ingérence du gouvernement dans les affaires de leur culte, un contrôle soupçonneux, toutes sortes de tracasseries et de restrictions, contre lesquelles ils ont vainement essayé plusieurs fois de se plaindre directement à l'empereur. D'autre part, ils voient le gouvernement traiter avec une préférence marquée les catholiques et les considérer comme le seul élément de la population digne de confiance et sur lequel on puisse compter. Aux catholiques, on ne marchande pas les faveurs de toute espèce, les encouragements et les subventions auxquelles, bien entendu, participent forcément dans une large mesure, avec leurs deniers, les contribuables musulmans et orthodoxes.

Au moment de l'occupation, il n'y avait que trente-cinq églises catholiques ; aujourd'hui, il y en a plus de deux cents, et en outre douze couvents d'hommes et onze de femmes, avec huit cents entre religieuses et moines (jésuites, franciscains, trappistes) qui entretiennent sept établissements divers et onze écoles supérieures. Naturellement, toutes ces faveurs et ces préférences devaient, chez les orthodoxes et chez les musulmans, blesser profondément le sentiment de justice inné à la nature de l'homme et surtout sensible en des questions qui, pour des croyants, sont si délicates et essentielles. Elles devaient inévitablement éveiller l'envie et la haine religieuse, et c'est sans doute le but que le gouvernement austro-hongrois s'est proposé d'atteindre, tout en suivant son penchant naturel de chercher dans l'Eglise catholique un appui à son despotisme et à sa politique obscurantiste et antinationale.

Le clergé catholique, qui chez les Yougoslaves, se recrute presque exclusivement parmi les gens du peuple, quand il sera enfin délivré de l'influence corruptrice que le gouvernement actuel exerce sur lui, en recouvrant sa liberté, reprendra sans doute la noble mission du relèvement moral et intellectuel de ses compatriotes et l'œuvre de concorde et de paix religieuse et nationale, envers laquelle il est porté par tradition et par instinct et qu'il aurait déjà accomplie sans les perfides intrigues de l'Autriche-Hongrie.

*
* *

Les étrangers de marque qui visitent la Bosnie-Herzégovine, accueillis avec empressement par des fonctionnaires *ad hoc* et constamment entourés de ces aimables cicérones, qui s'évertuent à leur faire admirer le progrès réalisé dans ces contrées, en revenant chez eux, rapportent à côté de l'impression féerique des beautés naturelles du pays, le souvenir agréable des charmantes visions orientales entrevues dans les quartiers musulmans, des somptueuses constructions nouvelles, des rues modernes de Saraïévo, du confort qui régne dans les hôtels, voire même du luxe des bains d'Ilidje, où les courses et le tir aux pigeons attirent le monde élégant de Vienne et de Budapest.

Il est bien vrai aussi que la Bosnie-Herzégovine, qui avant l'occupation n'avait que 900 kilomètres de routes carrossables, en possédait déjà en 1909 cinq fois autant et que les chemins de fer, qui alors n'existaient pas, ont maintenant un réseau de 1.629 kilomètres...

Mais la population de la Bosnie-Herzégovine n'a ressenti aucun avantage de « l'œuvre civilisatrice » du gouvernement.

Des étrangers, les Allemands et les Magyars, ont profité des chemins de fer et des routes, qui servent avant tout à l'importation des produits de leurs industries et aux grandes entreprises commerciales et industrielles, dont ils ont le monopole. Car le gouvernement dictatorial de la Bosnie-Herzégovine, avec un sans-gêne admirable, a concédé des privilèges et des faveurs bien extraordinaires aux groupes d'hommes d'affaires de Vienne et de Budapest, qui jouissaient de l'amitié et de la bienveillance de S. E. de Kallay. Ils obtenaient, à l'exclusion de tout autre concurrent, la concession d'immenses coupes dans les bois érariaux, à des prix dérisoires, ou, sans publicité et concurrence, on leur adjugeait les plus importantes fournitures et travaux publics. L'Etat garantissait à leurs entreprises industrielles un profit déterminé, quelquefois atteignant jusqu'à 10 °/₀ du capital investi ; leurs banques étaient le dépositaire légal des fonds des Vakoufs, dont elles profitaient en payant des intérêts minimes, tandis qu'on leur permettait de gagner 8 °/₀ sur leurs prêts hypothécaires. Pour le recouvrement de leurs créances, les bureaux de l'administration procédaient à l'exécution comme pour les impôts, c'est-à-dire sur simple requête et sans jugement préalable.

Tout cet argent, dont les étrangers profitaient, sortait forcément des poches des contribuables indigènes, qui devaient suppléer aux moindres entrées du budget et aux dépenses exagérées. Ce sont eux qui paient les prix des courses et du tir aux pigeons, que les sportsmen magyars et allemands se partagent. C'est avec l'argent des paysans qu'on entretenait les ateliers de l'État, les fermes-modèles, les stations agraires et celles de monte qui coûtaient effroyablement cher, et ne rapportaient rien, ne servant à autre chose qu'à faire de la réclame et laissant tout à fait indifférents les gens du pays, puisqu'elles n'étaient pas appropriées aux conditions de l'agriculture et aux races indigènes.

Au contraire, là où le gouvernement austro-hongrois pouvait faire revivre les énergies latentes qui auraient donné une vie nouvelle à la Bosnie-Herzégovine, il n'a rien fait. Les forces hydrauliques qui, avec celles de la Dalmatie et de la Cernagora, en utilisant seulement la différence de niveau des rivières, pouvaient donner 300.000 H. P. par jour et apporter au pays les mêmes bienfaits que cette industrie a produits en Norwège, n'ont été mises en œuvre qu'à Iaïcé seulement. Les richesses minières du pays sont réservées à l'État qui s'est attribué le privilège de leur exploitation, mais les fait valoir d'une

manière si incomplète et insuffisante et avec des frais
de régie si énormes, que leur rendement est infiniment
inférieur à celui qu'on pourrait obtenir par le libre jeu
de la concurrence. La navigabilité du Vrbas et de la
Drina n'a pas même été prise en considération, car le
gouvernement ne voudrait jamais permettre que les courants économiques de la Bosnie-Herzégovine, contraints
par la politique des chemins de fer à affluer vers la Hongrie et les provinces allemandes de l'Autriche, puissent
se diriger librement vers les pays slaves limitrophes.

Pour les mêmes motifs, on ne veut rien savoir d'une
conjonction par chemin de fer entre la Bosnie et la Serbie.
Pourtant, de Radouïévaç (sur le Danube, près de Négo-
tine) à Vardichte, il n'y a que 378 kilomètres, dont 182
déjà construits, et de Vardichte, par Vichegrad, Saraïévo
et Rama, à Split, 254 seulement. Cette ligne aurait non
seulement permis l'exploitation des forces hydrauliques
de Rama, des richesses minières et forestières de Prozor,
des charbonnages de Rakitno, Joupanjaç, et Stoudenci,
des bauxites de Joupanjaç, des mines et des forêts du
Vrbas, du Vakouf supérieur et de Bougoïno — mais cette
ligne-là, constituant le débouché naturel de la Serbie
et de la Bosnie vers la mer Adriatique, aurait apporté
à ces deux pays et à la Dalmatie les avantages d'un
intense mouvement commercial.

*
*

L'influence morale que l'administration austro-hongroise a exercée sur les Bosniaques et les Herzégovins,
nous l'avons déjà vu, a été absolument détestable, ayant
suscité entre eux l'antagonisme religieux.

Mais plus encore elle a blessé au vif le sentiment de
leur dignité nationale.

Habitués à la violence des musulmans, les chrétiens
l'attribuaient à la haine religieuse qu'ils leur rendaient
avec usure ; mais subir la même violence et les mêmes

outrages de la part de chrétiens, qui sont entrés dans leur pays en qualité de libérateurs et de mandataires de l'Europe civilisée, oh! cela devait nécessairement éveiller dans l'esprit de la population de bien amères réflexions et un sentiment violent de rébellion contre les nouvelles injustices dont ils étaient l'objet.

Suivant la relation du gouvernement, on pourrait croire qu'on fît parmi les fonctionnaires et les employés de l'Etat, une place assez large aux Serbes et aux Croates de la Bosnie-Herzégovine et des autres pays yougoslaves (1). En réalité, la pluralité des Yougoslaves est reléguée aux postes inférieurs, où accède plus souvent le public et où la connaissance de la langue du pays est indispensable. Les fonctions les plus importantes et celles qui sont le mieux rétribuées sont réservées aux Allemands et aux Magyars. Il faut considérer en outre que ceux qui se décident à faire leur carrière en Bosnie-Herzégovine ne représentent pas, à coup sûr, l'élite des fonctionnaires de la monarchie. Ils savent bien quelle triste besogne les attend, et si, chez les Slaves, la carrière administrative est décriée comme impliquant une œuvre dénationalisatrice, en Bosnie, elle comporte une soumission si aveugle aux ordres des chefs, le respect d'abus criminels et l'exécution d'injustices si cruelles au préjudice des pauvres paysans, que ceux qui acceptent de telles places doivent nécessairement faire le sacrifice de leur indépendance et de leur dignité.

Le paysan bosniaque doit non seulement subir les

___

(1) En 1907, il y avait en Bosnie-Herzégovine 9.533 fonctionnaires et employés, les hommes et les officiers de la gendarmerie y compris. Parmi eux, il y avait 12,2 % d'Allemands, 3,3 % de Magyars, 5 % de Polonais, 11,2 % de Tchèques, 32 % de Bosniaques et Herzégovins, 3,6 % de Serbes, 25 % de Croates, 4 % de Slovènes.

Les employés de chemins de fer sont au total 1.682, dont 799 de l'Autriche, 519 de la Hongrie et de la Croatie, 364 seulement de la Bosnie-Herzégovine.

injustices de ses administrateurs, mais aussi leurs avanies. Il est traité avec mépris et brutalité ; il doit endurer des outrages et même des condamnations à des peines pécuniaires et à des emprisonnements, qu'on lui inflige arbitrairement et sans recours possible, sous les prétextes les plus divers. Très souvent, le fonctionnaire parle un jargon inintelligible et s'irrite contre les paysans en attribuant à leur manque de compréhension les méprises et les gâchis qui en résultent.

Cette administration a établi un ordre policier rigoureux, où les autorités ont tout réglé, où elles ont le droit de se mêler de tout, en étouffant toute initiative personnelle. On se défie de la population, à laquelle il est interdit de se déplacer sans une autorisation spéciale. Les plaintes des administrés sont considérées comme des manifestations d'un esprit de rébellion ; par conséquent, on a organisé l'espionnage comme une institution de laquelle dépend le salut public, et la gendarmerie, qui s'immisce même dans la vie privée des citoyens, est toute-puissante. Les tribunaux, qui dépendent de l'autorité administrative, doivent en exécuter les ordres et suivre la ligne de conduite qu'on leur impose. Les avocats eux-mêmes, dont le nombre est limité à une vingtaine, pour presque deux millions d'habitants ! sont soumis au pouvoir administratif, qui leur concède l'autorisation d'exercer leur profession et peut les révoquer d'un moment à l'autre.

A côté des gendarmes il y a le clergé catholique, importé depuis l'occupation et organisé en parti politique (1)

___

(1) La diète créée par la soi-disante constitution du 20 février 1910 compte 92 membres, dont 20 virilistes. Les autres, 72 députés, sont élus par trois curies d'électeurs : les grands propriétaires et les intellectuels (18), les villes (20), et les campagnes (34). Le parti catholique se compose de deux fractions : la « Katolitchka udruga » (association catholique) qui dispose de cinq mandats et qui est dirigée par Mgr Stadler et la « hrvatska narodna Zaïedniça » (union nationale croate) dont les onze députés représentent le parti des Franciscains.

Il faut rendre justice à ces derniers qui, bien qu'ils aient été les

qui doit endoctriner les masses et leur prêcher la soumission et l'obéissance aveugle.

*
* *

Sauf peut-être dans les régions où les Slaves et les
Roumains subissent le joug des Magyars — nulle part
comme en Bosnie-Herzégovine, l'Autriche-Hongrie n'a
fourni une preuve plus éclatante de ses tares originelles,
et de son impuissance à remplir la mission d'un Etat
moderne.

Issue de l'injustice et de la violence, la monarchie
austro-hongroise, qui se fonde sur la complicité des Allemands et des Magyars dans l'œuvre d'asservissement et
d'exploitation des Slaves, est, par son essence même,
condamnée à persévérer jusqu'à sa ruine finale dans la
route qu'elle a choisie. Envisager la possibilité que les
Allemands et les Magyars renoncent à la situation privilégiée dont ils jouissent depuis si longtemps et se
mettent à vivre avec les Slaves sur un pied d'égalité
politique et économique, c'est se leurrer de vaines illu-
sions, que le simple bon sens et une bien longue expérience démentent absolument.

*
* *

Les destinées de la Bosnie-Herzégovine doivent être
confiées au peuple, qui habite ces contrées. L'exemple de
la Serbie nous démontre qu'il saura trouver la juste
solution des problèmes qui l'agitent.

Malgré les horribles conditions, où elle s'est trouvée,

partisans de l'occupation et bien qu'ils ne soient pas d'envergure
à prendre résolument la défense de la population contre les abus
du gouvernement, cependant, ayant depuis six siècles partagé les
misères du peuple, dont ils sont presque tous issus, ne peuvent
s'adapter à l'ultramontanisme et au jésuitisme de M͏ᵍʳ Stadler et
ont inspiré à leur parti un souffle de vie nationale.

la population de la Bosnie-Herzégovine a pourtant donné
de suffisantes preuves de ses capacités. La bourgeoisie
serbe, quoique traitée avec défiance et persécutée, a
su conquérir une situation enviable dans le commerce.
Il existe plusieurs petites banques croates et serbes ;
parmi ces dernières, les plus importantes sont celles de
Mostar et Saraïévo (1). Les Associations agricoles, à cause
des difficultés que le gouvernement leur a opposées, n'ont
commencé à se former qu'à partir de l'année 1906 ; pourtant, à la fin de 1912, il y en avait 61 croates avec 7.897
membres et un capital de 5 millions de couronnes et
98 serbes avec 2.353 membres.

Les Bosniaques et les Herzégovins qui ont participé
à toutes les guerres serbes, à commencer par les luttes
pour l'indépendance, et qui ont coopéré aux travaux
littéraires et à la vie intellectuelle serbo-croate, possèdent actuellement de nombreuses sociétés de lecture
et de réunion, de gymnastique et tourisme, de musique et de chant, etc..., des journaux et des revues
dont le nombre, bien entendu, dépend du bon plaisir
du gouvernement qui peut arbitrairement limiter et
empêcher toute manifestation de vie intellectuelle et sociale (2).

(1) Leur capital est, dans sa plus grande partie, formé grâce à
l'épargne des indigènes du pays ; en outre, les grandes banques
tchèques, la *Zivnostenska* et l'*Ustredny* ont étendu jusqu'en Bosnie
leur activité bienfaisante, qui se manifeste par l'appui constant
qu'elles donnent aux entreprises slaves.

(2) Suivant la relation du gouvernement, en 1907, il y avait en
Bosnie-Herzégovine :

Journaux : 1 officiel, 10 politiques, 5 professionnels, 6 religieux,
2 sociaux.

Sociétés : 175 de lecture et de réunion, 45 de musique et de chant,
27 de bienfaisance, 31 de pompiers, 21 de gymnastique et tourisme,
6 de chasseurs, 12 pour la défense des intérêts professionnels. Tout
en tenant compte du fait que plusieurs sociétés sont composées de
fonctionnaires et d'étrangers au pays, il est certain qu'en très
grande partie elles réunissent des éléments indigènes.

*
* *

Quand la Bosnie-Herzégovine sera délivrée enfin du cauchemar qui lui a empêché jusqu'à présent de vivre et de se développer librement, les questions religieuses que l'Autriche-Hongrie y a créées artificieusement disparaîtront complètement. La pensée yougoslave, qui réunit ses frères de race autour d'un idéal commun, y pénétrera librement de la Dalmatie, de la Croatie, de la Serbie et du Monténégro et saura trouver des mots et des accents qui ont toujours, à travers les siècles, fait frémir profondément l'âme slave. Les Franciscains, les premiers, se souviendront que leur Katchich, par le *Razgovor ugodni*, et le frère Martich, par ses *Osvetnici*, ont été les apôtres de la fraternité yougoslave. Les musulmans de la Bosnie, n'ayant jamais cessé d'être et de se sentir Slaves, quand on leur aura complètement assuré la liberté et le respect qu'on doit à leur culte, s'approcheront de leurs compatriotes, vers lesquels doit les attirer aussi leur isolement complet du monde musulman, dont ils sont séparés par d'infranchissables barrières.

A cette œuvre d'apaisement, contribueront aussi les grands avantages économiques que son union aux autres pays yougoslaves apportera à la Bosnie-Herzégovine.

La liberté n'est pas seulement la jouissance de l'indépendance, la faculté d'agir sans entrave et sans contrainte illégitime, c'est aussi la condition essentielle pour que les éléments qui coopèrent à la vie et au progrès des peuples puissent fonctionner à leur aise et donner tout le rendement dont ils sont capables.

LA CERNAGORA [1]

La Cernagora est, avec le royaume de Croatie, le seul
Etat fondé par les Serbes et les Croates qui ait échappé à
la domination turque. Plus heureuse que la Croatie, la
Cernagora a pu, en outre, se conserver indépendante de
toute influence étrangère.

La vie politique et nationale des Monténégrins se résume
en leur lutte fabuleuse contre les Turcs. Si l'on envisage la
situation de cette poignée d'hommes aux prises avec un
colosse qui fait trembler l'Europe, on se demande avec
étonnement comment, privés de tout secours efficace, ils
ont pu faire pour résister pendant plusieurs siècles à l'é-
norme vague qui déferlait jusqu'aux portes de Vienne ?

Jusqu'au XIe siècle, la Douklia ou Zéta n'avait joué
aucun rôle prépondérant parmi les principautés que les
Serbo-Croates avaient fondées dans les Balkans. Après
s'être trouvée en lutte avec l'éphémère principauté de
Serbie, formée par le joupan Vlastimir à la deuxième
décade du IXe siècle dans la Ratchka (vieille Serbie actuelle et la partie méridionale du royaume de Serbie) et
renouvelée par le joupan Tchatlav vers la moitié du
Xe siècle — la Zéta devient à son tour le centre de résistance serbe contre les Byzantins et les Bulgares et le
centre d'attraction d'un nouveau groupement serbe des-

---

(1) En italien, on l'appelle, en traduction littérale, le Monténégro,
c'est-à-dire, la Montagne-Noire. Réellement, on devrait dire la montagne des Cernoïévich, nom qu'elle a pris au commencement du
XVe siècle, des glorieux princes qui l'ont gouvernée de 1427 à 1496.
Originairement, cet Etat était appelé des Slaves *Douklia* (nom tiré
de Dioclée, auquel au XIe siècle se substitua celui de *Zéta*) et s'é-
tendait de Kotor au Drin.

tiné au plus brillants succès. Son joupan Voïslav bat les Byzantins en 1040 et 1042 ; le Hum (une partie de l'Herzégovine actuelle), la Ratchka et la Bosnie reconnaissent son autorité. Praprtana, aux environs de Skadar, est sa capitale.

A cette époque, ce nouvel Etat, en lutte avec Byzance, gravite vers l'occident ; mais déjà se dessine la sage politique des gouvernants serbes qui, tout en cherchant un appui à Rome, ont bien soin de ne pas compromettre leur indépendance ; à la différence des rois croates et tchèques qui contrecarraient les penchants de leurs peuples et les efforts du clergé national en leur imposant la suprématie du clergé et de la lithurgie latine, les princes de la Zéta s'efforcent avant tout d'assurer l'autonomie de l'église nationale. Michel, fils de Voïslav, obtient du pape l'institution d'un primat à Douklia, près de Podgoritza. Après la destruction de Douklia, le siège du *primas totius Serbiæ* sera transféré à Antivari par une bulle d'Alexandre III (1061-1073). Le successeur de ce pape envoya à Michel, proclamé roi des Serbes en 1077 les insignes royaux, dont il se ceignit à Skadar, sa capitale. Dans ses guerres avec Byzance, Michel perdit dix de ses fils. Le onzième, Bodine, qui se sauva des prisons de Byzance, lui succéda en 1081 et continua la lutte jusqu'à sa mort qui eut lieu à Skadar, en 1101. Alors, des tendances séparatistes se manifestent dans la Ratchka et en Bosnie, et Byzance y rétablit son influence. Mais bientôt devait surgir une nouvelle dynastie à laquelle l'État serbe devra sa plus grande splendeur. Le joupan Némania, né à Ribniça, près de Podgoriça, combat les Byzantins (1168) et réunit à la Zéta la Ratchka, Kotor et la Néretvanska Kraïna. Son fils, St. Savas, consolide la religion orthodoxe, sur laquelle dès lors s'appuiera l'organisme politique serbe. C'est que la politique des Papes favorisait décidément les rois croates et hongrois qui s'étaient soumis à son autorité et à son influence et qui devaient fatalement se mettre en conflit avec la Serbie pour la prédominance sur les Balkans. L'empire latin d'Orient, fondé en 1203, dirigea aussi ses efforts vers la Serbie pour la convertir au catholicisme. Dans cette situation, les Serbes devaient nécessairement s'approcher de Byzance, dont la décrépitude laissait entrevoir à une prochaine échéance l'ouverture d'une succession, à laquelle seulement des orthodoxes pouvaient être appelés. Saint-Savas, s'étant rendu à Niké, en Asie Mineure, obtint aisément de l'empereur grec la reconnaissance de l'indépendance de l'église serbe orthodoxe, dont il fut le premier archevêque. Les successeurs de Némanïa : Ouroch, Miloutine, Stévan Détchanski, Douchan Silni, dirigèrent dans le même sens leur politique. La Zéta participe à la prospérité et à la grandeur de l'Etat serbe, mais, quoique apanage des princes héritiers, elle n'en est pas moins tombée au rang d'une simple province ; Prizrend est la nouvelle capitale de l'empire ; Petch, le siège du patriarche orthodoxe.

La mort de Douchan et la faiblesse de son fils et successeur Ouroch (1355-1371) marquent le commencement d'une nouvelle phase dans l'histoire de la Zéta. Elle devient de nouveau une principauté indépendante gouvernée par la famille des Balchich, cousins d'Ouroch. En 1421, Georges Brankovich leur succède et puis les deux glorieux princes Stévan et Ivan Cernoïévich (1427-1496). Maintenant, c'est la lutte sans répit et sans merci contre les Turcs. Les princes de la Zéta défendent âprement leur territoire, pourtant ils doivent reculer pas à pas devant des forces prépondérantes. En 1479, avec Skadar, la Zéta perd la domination de la côte maritime et toute prospérité cesse pour elle. La capitale est transférée à Obod et puis à Cétinié où Ivan Cernoïévich construisit le monastère de Notre-Dame, qu'il désigna pour siège du métropolite de Vragnina et pour sa propre résidence. Près du tramont, la fortune de la Zéta lance ses dernières lueurs : Ivan Cernoïévich, qui avait été inscrit au Livre d'or et qui avait marié son fils avec une patricienne de Venise, institue en 1493 à Cétignié la première imprimerie yougoslave, signe évident du progrès de la civilisation dans son Etat. Après tant de luttes sanglantes et héroïques, abandonné des Vénitiens, Ivan Cernoïévich cherche vainement des secours en Italie, où il meurt et avec lui cesse la principauté de la Zéta, à laquelle se substitue le gouvernement théocratique des métropolites de Cétinić qui durera jusqu'à la moitié du XIXᵉ siècle. C'était la seule forme d'autorité et de gouvernement possible dans un pays qui était un refuge de proscrits, où le désastre universel et la ruine générale avaient égalisé les conditions sociales et où toute la vie politique et nationale s'était réduite à une guerre continuelle contre les Turcs, pour la défense de l'indépendance individuelle et de la liberté de conscience. Lutte merveilleuse si on songe à l'exiguïté des moyens dont disposaient les Monténégrins et à la puissance de l'adversaire qui les étreignait de toutes parts. En 1697, lorsque Danilo Petrovich fut élu Vladika, le Monténégro, n'avait que 20.000 habitants à peu près (4.000 maisons) et plusieurs familles étaient plus ou moins passées à l'islamisme. Plus ou moins car, astucieusement, les sultans faisaient respecter les familles serbes, dont un membre serait musulman ; à ces Serbes, il était permis d'épouser des femmes orthodoxes et de pratiquer les mœurs et les cérémonies religieuses nationales (la Slava et les Badnïatzi) (1). A la veille de Noël, en 1702, une vaste conjuration, organisée pas le vladika éclata et, au signal convenu, tous les Monténégrins qui avaient embrassé l'islamisme furent massacrés. Ainsi la guerre contre l'ennemi séculaire du serbisme fut continuée sans répit, sans merci et sans la crainte de complications intérieures.

Pour se former une idée de la situation du Monténégro,

---

(1) Les catholiques de la haute et de la basse Zéta jusqu'au Cerni Drim et à la basse Albanie (Guéghé) fêtent encore de nos jours leur *Slavas*, de même que les musulmans albanais, les *Merkaïévichi*.

il faut considérer qu'à trois reprises : en 1692, 1714, 1785, les Turcs réussirent à pénétrer à Cetinié où ils brûlèrent et détruisirent chaque fois le monastère d'Ivan Cernoïévich, qui chaque fois fut de nouveau reconstruit. C'étaient des armées de cent mille hommes qu'une poignée de Monténégrins devait combattre. Et malgré le continuel danger de l'écrasement final suspendu sur leurs têtes, les Monténégrins ne s'en tiennent pas à la défense de leur pays, mais ce sont eux qui provoquent cette puissance, devant laquelle l'Europe tremble : leurs haïdouks, à travers les montagnes, se rendent en Herzégovine, en Bosnie, dans la Rachka, en Serbie, partout où il y a un foyer de rébellion à fomenter, un tyran à abattre, des victimes à venger.

Il ne faut pas croire que l'activité de la Cernagora se soit limitée à une guerre de partisans, inspirée par une haine irréductible du Turc... Non, un profond sentiment national, de hautes aspirations politiques animaient du souffle d'un idéal supérieur tous ces guerriers et leur donnaient l'empreinte du plus haut héroïsme. C'était l'idée de maintenir vivante, au milieu des ténèbres de l'islam, le flambeau du serbisme dans l'attente de la libération des Slaves des Balkans, espoir enthousiaste, auquel ils ne renoncèrent jamais, malgré les dures épreuves qu'ils subirent pendant trois siècles.

En 1714, le vladika Danilo se rend en Russie pour s'entendre avec Pierre le Grand, avec lequel il a coopéré déjà en 1711 dans la guerre contre les Turcs. C'est en Russie, que le métropolite Basile, le vainqueur des Turcs alliés aux Vénitiens, fait imprimer en 1754 son histoire du Monténégro.

Son successeur Pierre Ier se rend lui aussi, en 1785, à la Cour russe.

En 1797, en 1805, en 1813, Pierre Ier interviendra avec son armée dans les affaires de la Dalmatie, toujours dans le but de libérer cette province sœur de toute domination étrangère.

ll combattra aussi avec Karageorge pour la libération des Serbes.

En 1830, Pierre II lui succède ; auteur du « Gorski Viénaç », il ne s'inspire dans ses compositions poétiques d'aucun autre idéal que de celui de la libération et de l'union des Yougoslaves ; la même idée guide toute sa politique.

En 1848, il envoie aux habitants des Bouches de Kotor et de Doubrovnik une proclamation où il les invite à se rendre indépendants de l'Autriche. Mais les événements modifient la situation : le gouvernement républicain de Venise revendique la Dalmatie et les Bouches de Kotor ; d'autre part le ban Iélatchich, nommé gouverneur de la Dalmatie et de Riéka, se dresse dans l'auréole de libérateur des Yougoslaves. Pierre II n'hésite pas : il adresse une nouvelle proclamation aux Dalmates, en les engageant à rester fidèles à leur nationalité et à leur ban ; en même temps, il insista auprès de Iélatchich pour qu'il se proclame ban indépendant du royaume triunitaire (Croatie-Dalmatie et Slavonie). Ses visées vont même plus loin. Dans sa lettre du 20 décembre 1848, il écrit à Iélatchich : « Le destin caché t'a placé à la tête des Yougoslaves..... toute notre nation tourne les yeux vers toi ». Mais, hélas, Iélatchich, grand patriote sans doute, subissait l'influence atavique des traditions militaires des Croates qui, de même que les Dalmates en Venise, avaient trouvé chez les Habsbourgs le seul soutien possible dans leur lutte contre les Turcs et avaient fini par se dévouer aveuglément à cette dynastie qui les exploitait sans merci et à laquelle, malgré cela, ils se sentaient attachés par le sang versé et par la gloire militaire acquise à son service. Iélatchich fut la dupe des promesses de François-Joseph, qui lui fit entrevoir la prochaine réalisation de la « Grande Croatie » (ce hochet, du reste, malgré tant de désillusions réitérées, a toujours servi aux empereurs d'Autriche pour tromper la bonne foi des Croates). Il ne répondit pas à ce noble appel et dévora plus tard, en silence, le remords

et le chagrin d'avoir perdu une occasion unique pour
libérer sa patrie. Désabusé de ce côté-là, Pierre II se
tourna vers Alexandre Karogeorgévich, et, au printemps
1849, stipula avec lui un traité secret pour la libération
des Serbes. Malheureusement la puissance des Habsbourgs, dont la ruine est une condition *sine qua non*
pour l'unification des Yougoslaves, grâce aux efforts des
Croates et aux secours de la Russie, sortit raffermie de
la tempête.

Le successeur de Pierre II, Danilo, le premier prince
séculier, coopère avec Michel Obrénovich pendant les ré-
voltes de la Bosnie en 1851, 1857, 1858. Ces deux souverains serbes stipulent un traité d'alliance pour la libération du Balkan et, étrange coïncidence ! tous les deux
sont frappés par le poignard d'un assassin ; Danilo à Kotor,
sur territoire autrichien (1er août 1860).

Certains actes de son successeur, Nicolas Ier, ont été
l'objet de critiques graves, en l'espèce ses agissements
pendant la guerre actuelle et, auparavant, à l'occasion du
procès des bombes, les moyens auxquels il a eu recours
contre les adversaires de son régime. Il ne faut pourtant
pas oublier les grands mérites qu'il a acquis pour la
cause yougoslave pendant l'insurrection bosno-herzégo-
voise, la guerre russo-turque, les guerres balkaniques,
ni le sincère enthousiasme national qui transpire de ses
compositions poétiques. Pendant les gouvernements dé-
sastreux de Milan et d'Alexandre Obrénovich, les sympathies et les espoirs des Yougoslaves, surtout des Serbes,
étaient tournés vers Nicolas Ier, le prince qui personnifiait
le mieux les idéals de la nation. Mais quand le roi
Pierre Ier monta sur le trône de Serbie, les rôles s'in-
vertirent et un parti se forma au Monténégro, qui considérait les Karageorgévich destinés à être les ouvriers de
la délivrance et de l'unification nationale. Peut-être, ne
sut-on pas ménager la susceptibilité du vieux roi... Le fait
est que Nicolas Ier ne retrouva plus les élans généreux de
sa jeunesse et la capacité de s'élever au-dessus des sou-

cis mesquins, en tranchant les difficultés par le grand et noble geste d'un souverain qui sait dominer l'influence pernicieuse de son entourage et sacrifie son orgueil, ses intérêts personnels et ceux de sa dynastie au bien suprême de son peuple.

Il ne faut pas oublier non plus que la Cernagora est un pays où les conditions et l'esprit moyenâgeux se sont perpétués jusqu'à nos jours et se trouvent en conflit avec les idées modernes, qui y ont été importées depuis une vingtaine d'années par de nombreux émigrants, par les étudiants et par des hommes de marque qui se sont trouvés en contact avec la vie de l'Europe occidentale. Le peuple monténégrin n'en reste pas moins constitué par une assemblage de tribus différentes, qui se composent à leur tour de plusieurs grandes familles issues d'un même ancêtre — toutes groupées autour d'un chef par la nécessité d'une assistance réciproque et continuelle contre un ennemi commun et par le souvenir d'une longue suite de luttes glorieuses. Le pouvoir du prince se base toujours sur l'appui de puissantes familles célèbres par leurs exploits guerriers et parmi lesquelles, par la force des traditions qui sont presque une loi, sont choisis les chefs civils et militaires.

Pour bien saisir l'état d'esprit des Monténégrins, il faut avoir vécu parmi eux et avoir entendu les récits des hauts faits qui illustrent leurs familles ou leur tribu et qui, magnifiés dans les poèmes nationaux et dignes d'ailleurs d'inspirer nn nouvel Homère, se sont perpétués jusqu'à nos jours. Alors seulement on peut se faire une idée de l'importance psychologique qu'ont pour eux le passé et les traditions, dont la constante influence détermine le fonctionnement de leur mentalité. Peut-être, nulle part comme dans la Cernagora, on ne rencontre autant de « Morts qui parlent » si énergiquement par la bouche des vivants.

Au point de vue social, ce qui nous frappe chez la population du Monténégro, c'est de constater dans ce pays extrêmement pauvre et dénué de toute ressource, non seulement beaucoup de propreté, mais aussi du luxe dans l'habillement et un maintien plein de politesse. Chatouilleux au plus haut degré sur le point d'honneur, ils considèrent un manque d'égards comme une injure, un démenti comme une offense. Pendant les guerres balkaniques, les Monténégrins refusaient de se plier aux exigences de la tactique moderne et préféraient s'exposer à l'action meurtrière des armes modernes plutôt que de profiter des abris, mesure de précaution qu'ils considéraient comme un signe de manque de courage. Ils ont payé du reste bien cher leur témérité : les monceaux d'ossements qui gisent au pied des remparts du Taraboch attestent encore leur inutile héroïsme.

Jusqu'à il y a une vingtaine d'années, la Cernagora nous présentait la vivante image de ce qu'avait été la société serbo-croate avant son effondrement, par suite de l'invasion turque.

Plusieurs détails et traits caractéristiques, dont nous avons fait mention ci-dessus, nous portent à croire que sur ces montagnes se sont réfugiés les débris de la noblesse féodale serbe, qui ont donné à la population une forte empreinte de leurs mœurs et de leurs mentalité, empreinte qui, étant donné l'état d'isolement et de guerre où les Monténégrins ont vécu jusqu'à une époque récente, s'est conservée jusqu'à nos jours.

Bien que le mérite individuel puisse se frayer toujours une route vers les charges et les honneurs, et bien que le privilège de la naissance, s'il n'est pas accompagné de qualités personnelles, ne suffise pas à donner une situation, il n'y a pas de doute que les conditions actuelles de la Cernagora, où les relations de familles et la faveur du prince jouent un rôle si important, doivent être modifiées en conformité à l'esprit des temps modernes, pour que ce pays puisse participer et coopérer à la formation et au développement du nouvel Etat yougoslave. Mais avec quelle prudence et avec combien de tact devra-t-on procéder pour que les changements nécessaires ne provoquent pas des réactions et des troubles? Il n'y a que des Monténégrins éclairés qui, connaissant à fond leurs pays, puissent indiquer la route à suivre et les moyens à employer.

Sur les conditions économiques du Monténégro, il y a peu de chose à dire :

Pendant plusieurs siècles, son territoire consistait en montagnes presque inaccessibles où l'agriculture ne pouvait se développer et où, par conséquent, l'élevage du bétail était la seule ressource du pays. Les guerres perpétuelles ne laissaient d'ailleurs pas à la population les loisirs néccessaires pour s'adonner à une autre occupation comportant de moindres risques et plus avantageuse. Même s'il y avait eu possibilité de la choisir, personne ne l'eut fait par crainte de déchoir dans l'estime de ses concitoyens et d'être considéré comme un lâche. En outre, les incursions en territoire turc et le butin de guerre étaient une source de richesse, dont on tirait orgueil. Même les armes splendides, les riches broderies des costumes, les travaux d'orfèvrerie, provenaient du dehors ; ils étaient l'œuvre d'artisans serbes de Petch et de Skadar qui, sous la domination turque avaient conservé de génération en génération les traditions de l'art et de l'industrie nationale.

L'augmentation du territoire de la Cernagora après le traité de Berlin était trop peu importante pour déterminer de nouveaux courants économiques. En même temps, les grandes Puissances lui imposaient une espèce de tutelle : Spitch, avec les montagnes qui dominent le palais royal de Bar, fut donnée à l'Autriche, pour veiller à ce que ce port et le littoral monténégrin conservent un caractère purement commercial. Il fut interdit au Monténégro d'avoir ni pavillon, ni marine de guerre. Toutes les eaux du Monténégro furent fermées aux bâtiments de guerre et l'Autriche fut chargée d'y exercer la police maritime et sanitaire. C'est avec cet État que le Monténégro devait s'entendre pour construire à travers son nouveau territoire une route et un chemin de fer... L'Autriche usa et abusa de sa situation privilégiée et de son voisinage pour imposer au Monténégro sa politique et sa volonté. Maîtresse de la plus grande partie des frontières, elle s'acharna à frapper de droits d'entrée très élevés l'exportation du bétail, de la viande de mouton fumée et des poissons salés, les principales sources de revenus pour ce pauvre pays. Mais elle ne réussit qu'à se rendre toujours plus antipathique... L'Italie profita de ces dispositions des Monténégrins pour se créer chez eux une situation prépondérante : la Société anonyme d'Antivari obtint le monopole du tabac, du chemin de fer de Bar à Virpazar, de la navigation sur le lac de Skadar et des quais de Bar. Elle réalisait avant la guerre d'importants bénéfices, sans apporter au pays d'avantages proportionnels.

Comme partout, les banques peuvent nous servir d'indice pour nous faire une idée de la vie économique du Monténégro. Elles ne datent que de notre siècle ; la plus ancienne, la Caisse d'Epargne de Niksich (500.000 fr.) a été fondée en 1901 ; il y a en outre : la Banque de Podgoriça (600.000 fr.), la Banque monténégrine de Cétinié, fondée en 1905 (1.000.000 fr.), la Caisse nationale d'Epargne de Cétinié (100.000 fr.), la Société commerciale de Niksich, fondée en 1907 (500.000 fr.) et enfin la Banque hypothécaire de l'État, fondée en 1912, au capital de 2.5 millions de francs.

Réunie aux autres pays yougoslaves, disposant d'un territoire plus étendu et plus fertile, libérée des entraves que la politique haineuse de l'Autriche lui créait, la Cernagora ira sans doute vers un avenir meilleur. En effet, pour l'intelligence, les Monténégrins se distinguent parmi les Yougoslaves et on ne peut qu'admirer leur merveilleuses facultés d'adaptation. Ces pâtres et ces soldats, qui depuis des siècles ignoraient et méprisaient le maniement de tout instrument de travail, sitôt qu'un courant migratoire se forma, leur indiquant un nouveau mode d'emploi de leur énergie, se ruèrent en masse vers l'Amérique pour conquérir une modeste aisance au prix du plus dur travail, celui des mineurs, le seul dont ils étaient capables, n'ayant pu apprendre chez eux ni profession ni métier. Que ne feront-ils quand il leur sera possible d'employer utilement dans leur patrie l'activité et l'énergie qu'ils possèdent ?

Un chemin de fer qui, probablement de Bar, par Podgoritza, Kolachine, Bérané, Mitroviça, arrivera jusqu'à Nich, reliera la Cernagora au cœur de la Serbie et marquera la route par où s'écouleront les produits naturels du pays, qui maintenant, faute de communication, gisent improductifs : les mines de charbon de Bérané, les minerais de fer, les pyrites de cuivre et les pyrites argentifères d'Andriéviça, et de Kolachine, qu'on exploitait activement au XIV° siècle et au XV°, les riches forêts de l'Ibar, du Lim, de la Tara, de la Moratcha, les forces hydrauliques de ces fleuves et surtout celles du Lim, près de Bérané, seront autant de sources de richesse pour ce pays. Mais probablement le Monténégro pourra disposer d'une autre très importante voie de communication avec les autres terres yougoslaves et avec la grande route du Danube. A peu de distance du confin actuel, les gens de Fotcha, en Herzégovine, font flotter leur bois sur la Drina jusqu'à la Save et même jusqu'à Belgrade. La Cernagora, quand les barrières qui s'interposent actuellement seront tombées, pourra profiter de ce voisinage pour son propre commerce ; probablement, cette voie de communication fluviale pourra remonter les cours de la Tara, de la Piva ou du Lim, les trois affluents de la Drina, et pénétrer ainsi dans l'intérieur même de la contrée.

Il suffira que quelques-unes seulement des éventualités que nous avons envisagées se réalisent, pour qu'un meilleur avenir récompense enfin la Cernagora de ses longues souffrances.

LA SERBIE

L'ancien Etat serbe, entouré de puissants et ambitieux voisins, dut subir longtemps l'influence de cette situation difficile.

Des contrées, qui se trouvent au cours supérieur de la Drina, où s'opère sa première formation, il tend vers le sud attiré par le littoral adriatique ; c'est là qu'il cherche à établir un contact avec l'occident et à échapper ainsi à la suprématie byzantine. Cette tendance est aussi déterminée par la poussée bulgare. Au IXe siècle, les Bulgares conquirent la Macédoine (1). Le tsar Siméon s'empara

---

(1) La Macédoine a été incontestablement occupée par les Slaves qui, à l'époque de leur immigration, s'avancèrent jusque dans l'intérieur de la Grèce. Le tzar Boris (852-889) s'en empara partiellement en 861 à peu près ; son successeur Siméon (893-927) la possédait tout entière. Pierre (927-969), fils de Siméon, perdit presque la moitié des conquêtes bulgares ; après sa mort, la Bulgarie même perd son indépendance (971) et redevient vassale de Byzance. En Macédoine, un prince bulgare Samuel (976-1014) fonde un nouvel empire avec Ohrida pour capitale, qui comprend la Bosnie, l'Etat serbe, les principautés serbes au sud du Danube, Srijème, et toutes les principautés serbo-croates du littoral adriatique, au sud de la Cétina. Après sa mort, ce vaste empire s'effondre et se dissout (1018) et la Macédoine retourne à Byzance. Les Bulgares, qui s'étaient affranchis de la domination byzantine en 1186, conquirent de nouveau en 1230, sous le règne de Jean Asen II, la Macédoine sur les Grecs ; ils la tinrent jusqu'en 1246, année pendant laquelle les empereurs latins de Constantinople (1204-1261) la reprirent. Deux fois encore — la seconde fois sous Constantin Asen (1257-1277) — les Bulgares, en guerre avec les Grecs, firent des irruptions momentanées dans la Macédoine; mais c'est là aussi que finit une fois pour toutes leur domination dans cette contrée.

aussi de l'Etat serbe où, profitant des luttes intestines, il avait mis sur le trône son vassal, le prince Zaharias Prvosavliévich (920-923), qu'il déposa ensuite (924), ayant appris sa défection et son alliance secrète avec Byzance. La Serbie, occupée par l'armée bulgare, fut éprouvée d'une manière si dure, que la population, pour se soustraire aux persécutions, dut s'enfuir en masse vers les contrées slaves plus proches, dans l'espèce en Croatie. Ce ne fut qu'en 931, que le prince Tchaslav Klonimirovich, profitant de la faiblesse du tsar Pierre, fils et successeur de Siméon, et avec l'appui de Byzance, put reconstituer l'Etat serbe.

Mais bientôt après la mort de Tchaslav, il fut absorbé par l'empire macédonien ; puis, quand en 1018, Vassile II, « le Tueur des Bulgares », s'empare de la Macédoine et soumet la Bulgarie, même les principautés serbes au sud du Danube, et Srième également, doivent accepter la suzeraineté de Byzance. Cet état de sujétion persiste pendant le règne d'Alexis I Comnène (1081-1118), d'Ivan Kalojean (1118-1143) et de Manuel (1143-1180). Ce dernier réussit même à imposer sa souveraineté à la Bosnie et à une partie de l'Etat croate, c'est-à-dire à celle située au sud de la Krka (1167). Mais après la mort de Manuel, des troubles éclatèrent dans l'empire byzantin dont la décadence progressive ne s'arrêta désormais plus.

A partir de cette époque et avec Béla II (1180-1235) un nouveau courant politique se dessine aux Balkans : les rois de Croatie-Hongrie s'attribuent envers les Slaves le rôle qu'avaient eu auparavant les empereurs de Byzance, avec la seule différence que ceux-ci intervenaient dans les compétitions entre les héritiers du trône, tandis que les rois croato-hongrois s'immiscent dans les affaires balkaniques en qualité de défenseurs du catholicisme. Les principautés slaves, qui auparavant cherchaient chez les rois croato-hongrois un appui contre Byzance, se tiendront dorénavant sur leur garde vis-à-vis d'eux.

Aux chapitres précédents, nous avons déjà tracé une

brève esquisse des origines et des progrès de la dynastie
des Némania et de leur politique. En 1258, le roi Ouroche
avait Skoplié, Prilep et Kitchévo ; le roi Miloutine (1282-
1321) possédait la Macédoine presque tout entière jusqu'au district de Kustendil, qu'il avait en 1300. Son fils
Stéphane (1321-1331) prit Véles et Stip. Douchan (1331-
1355) compléta la conquête par l'occupation d'Ohrida,
Strumiça, Drama, Kavala et de la campagne de Salonique,
avec la Thessalie, l'Acarmanie, l'Epire et l'Albanie.

Apparemment, l'empire de Douchan se conserva intact
sous son fils Ouroch V (1355-1371) ; en réalité, il se trouvait en pleine dissolution. Le roi Voukachine Mrniatche-
vich en dominait la partie méridionale et à la bataille de
la Tchernomiéna, sur les bords de la Mariça (26 septembre
1371) il se trouva contre les Turcs avec les troupes recueil-
lies dans les districts de la montagne du Char, du Vardar,
de la Strouma, de la Macédoine inférieure, de Drama,
Mosinopolié et Voléra, tandis que les princes des anciennes terres serbes, les Brankovich, les Greblianovich,
les Altomanovich, les Balsich, formaient une ligue à part.
Ceux-ci se trouvèrent à leur tour isolés à la bataille de
Kosovo (15 juin 1389). Ces deux défaites, du reste, ne
modifièrent pas beaucoup la situation des princes et des
grands feudataires serbes qui ne firent que changer de
maîtres, en devenant tributaires du sultan. Marko, le fils
du roi Voukachine, resta comme seigneur de Prilep ;
Konstantin Deïanovich (le beg Kostadin des poésies nationales) possédait Véles, Stip, Kratovo et Zlétovo et avait
pour capitale Velboujd (Küstendil) ; le despote Ugliécha
tenait Sérès ; le voïevode Momtchilo avait le pays entre
la Stroumiça et la Thrace ; Stroumiça était la capitale du
voïevode Hrélia ; l'Etat de Lioutiça Bogdan se trouvait
entre Sérès et le Vardar. Miliça, la veuve du Knèze Lazar,
avait son apanage ; ses fils, Stéphane et Vouk, de même
que Vouk Brankovich, ont conservé leurs principautés.
Tout ce monde ne conçoit pas le danger qui les menace :
l'histoire serbe n'est remplie que des luttes intestines

dans la famille de Lazar et entre celle-ci et celle des Brankovich. Stéphane Lazarevich, après avoir décidé à la bataille de Nicopolis de la victoire de Baïazet sur le roi Sigismond (1396), se ligue avec ce dernier pour combattre Georges Brankovich qui, à son tour, cherche un appui chez les Turcs ; Stéphane, en 1402, reconstruit Belgrade (1), fréquente la Diète et combat dans les rangs de l'armée hongroise...

Personne ne songe à profiter de la défaite de Bajazet à Angora (1403) et des luttes intestines entre le sultan Musa et ses frères, qui travaillèrent pendant trois ans l'empire ottoman, jusqu'à ce que Mahomet I, par sa victoire de Tchamourlia, rétablit l'ordre dans son Etat. C'est que les Turcs dans la réalisation de leurs plans de conquête employaient autant une sage politique que la force des armes. Après la conquête d'Andrinople (1361) et de Plovdiv (1362) le sultan Murat I épouse la sœur de l'empereur bulgare Chichman, devenu son vassal. Déjà auparavant (1346) le sultan Orkan avait épousé Théodore, sœur de l'empereur byzantin Jean Cantacuzène ; et Bajazet, après avoir fait décapiter le prince Lazar sur le champ de bataille de Kosovo, se fit donner en mariage sa fille Olivèra, pour confirmer l'alliance politique qu'il contractait avec ses successeurs.

D'autre part, les Serbes étaient menacés de la part de l'Occident des mêmes dangers pour leur liberté de conscience et pour leur indépendance nationale, par les croisades que les Papes prêchaient contre les Bogomiles et l'hérésie orthodoxe et par les convoitises de conquête que les rois croato-hongrois cachaient sous le prétexte des guerres religieuses.

Après la prise de Constantinople (1453), sûrs maintenant de leur puissance, les sultans déposent leur masque

(1) Le roi croato-hongrois Stéphane, en 1127, étant en guerre avec Byzance, s'empara de Belgrade et détruisit la ville de fond en comble. Les pierres des maisons furent transportées sur l'autre rive du Danube, et servirent à la construction de Zémoun (Semline).

de mausuétude ; nous avons déjà constaté de quelle manière ils procédèrent à l'occasion de la conquête de la Bosnie. Après la prise de Smédérévo (1459) il ne reste que Belgrade, la dernière forteresse serbe ; le despote George Brankovich (1427-1456) est le dernier prince serbe des Balkans. Belgrade, en 1521, tombe aussi au pouvoir des Turcs.

Cependant la vie nationale serbe continua à se maintenir dans les contrées où l'État serbe avait développé le maximum de sa puissance. L'Eglise, qui était la seule institution que les musulmans admettaient et reconnaissaient chez les sujets appartenant à une autre religion, se substitua aux principautés qui venaient de disparaître.

L'Eglise serbe, qui jusqu'au commencement du XIIIe siècle était sous la juridiction du patriarcat de Constantinople, s'érigea en 1219 en archevêché indépendant, en église autocéphale de Petch (Ipek) et fut reconnue comme telle par le patriarcat. En 1346, cet archevêché s'éleva au rang de patriarcat et cette dignité lui fut aussi reconnue par l'Eglise de Constantinople en 1375. Cela dura ainsi jusqu'à la fin de l'Etat serbe (1459) ; alors, l'Eglise serbe fut soumise à l'archevêché d'Ohrida (1) lui aussi indépendant du patriarcat de Constantinople.

(1) L'archevêché d'Ohrida, fondé par saint Clément, un des apôtres slaves, mort en 916, dura jusqu'à 1767, époque à laquelle il fut supprimé, de même que le patriarcat de Petch. Après avoir subi pendant la domination bulgare en Macédoine une certaine influence de la part de ce peuple, à partir de l'an 1018, quand Vassile (Basile) II anéantit l'empire macédonien, cette principauté ecclésiastique devient le boulevard de l'hellénisme dans la Macédoine ; pourtant des Serbes et des Bulgares aussi figurent quelquefois parmi ses dignitaires. La domination serbe en Macédoine, les nombreuses églises et monastères que les rois serbes y fondèrent, ont, sans doute, donné ensuite une forte empreinte serbe à l'archevêché d'Ohrida. Son caractère national doit aussi s'être profondément modifié pendant l'époque (1459-1557) où il exerça sa juridiction sur l'Eglise serbe. Du reste, les principautés roumaines et les Grecs de l'Italie furent aussi soumis à son pouvoir spirituel,

Mais, en 1557, sous Soliman II « le Grand » (1520-1556), quand l'empire ottoman, arrivé au comble de sa puissance et ne craignant plus les attaques des rois hongrois, considérait sa puissance définitivement établie aux Balkans, la Porte restaura le patriarcat d'Ipek, en créant ainsi une nouvelle institution qui devait exercer la plus grande influence sur la conscience nationale des Slaves.

L'ancien patriarcat d'Ipek exerçait son autorité seulement dans les confins de l'Etat serbe, tandis que la juridiction du nouveau s'étendait à tous les orthodoxes slaves qui se trouvaient sous la domination turque dans les Balkans occidentaux ; par conséquent, en dehors de l'ancien Etat serbe, la Bosnie, la Dalmatie, une grande partie de la Croatie, la Hongrie méridionale, même une partie de la Bulgarie actuelle (1) ressortissaient du pouvoir spirituel de Petch. Dans toutes ces contrées le patriarcat était la seule institution nationale, reconnue du sultan et revêtue d'une autorité, non seulement religieuse, mais aussi civile, car les tribunaux ecclésiastiques étaient exclusivement compétents pour décider toutes les controverses, concernant le statut personnel des orthodoxes. Ce pouvoir central, par des visites canoniques et par ses organes : évêques, monastères et curés, exerçait sa domination spirituelle et temporelle sur tout le vaste territoire qui lui était sujet. Il était en outre le seul organe puissant et respecté, par lequel les Slaves orthodoxes des Balkans occidentaux (les Bulgares, avaient leur église nationale de Trnovo) pouvaient faire entendre leurs plaintes.

Ce nouveau patriarcat serbe devait forcément reprendre les traditions de l'ancienne Eglise serbe, fondée par les Némania. Les eut-il oubliées, que tout ce qui l'entourait, chaque pierre des glorieux monuments qui se dressaient partout dans l'ancienne Serbie et en Macé-

---

(1) Les districts de Kustendil, Samokov et Razlog avec Dupniça et Rilo, où se trouvait le célèbre monastère de Saint-Jean de Rilo.

doine (1) lui auraient rappelé ce passé de gloire. Les souverains serbes avaient fondé de nombreux monastères dans toutes les contrées de leur empire, mais surtout en Macédoine ; splendides échantillons de l'ancien art serbe, ils existent encore aux alentours de Koumanovo, de Skoplié, Slavitchte, Lesnovo, Tétovo, Prilep, Sérès, et leur ligne se prolonge ininterrompue jusqu'en Bulgarie, jusqu'au montAthos, jusqu'en Albanie. Ce ne sont pas des monastères isolés, mais des groupes de monastères, des miniatures du mont Athos, qui sont semés des deux côtés du Vardar. Partout on y conservait jalousement les anciennes traditions et le souvenir pieux de leurs fondateurs. De ces foyers de propagande, la mémoire des gestes glorieux et l'idée politique des souverains serbes se répandaient en des contrées qui, jusqu'alors, avaient eu leur histoire particulière, dont ils effaçaient peu à peu le souvenir en lui substituant le sentiment de l'unité de la race et de la communauté des destinées futures. La nombreuse correspondance échangée entre le patriarche et les métropolites, et entre ceux-ci et leurs prêtres, donnait une impulsion à l'étude de la littérature serbe, qui était cultivée dans les écoles des monastères, où on s'appliquait aussi à la reproduction des anciens manuscrits et à de nouveaux ouvrages historiques. De nombreuses imprimeries pourvoient les curés des livres lithurgiques nécessaires ; de même les ateliers de peinture fournissent aux fidèles les saintes images et, avec d'autres artistes, entretiennent les églises et les monastères.

Rien, qu'on puisse comparer avec la situation des orthodoxes, n'existait chez les catholiques. Ils étaient trop peu nombreux et dispersés çà et là, en Bosnie, en Dalmatie et en Croatie, pour avoir une importance re-

______

(1) La Macédoine septentrionale. La partie méridionale de la province Ohrida, Bitol (Monastir), Débar, Prilep et Véles, appartenaient à l'archevêché d'Ohrida quoique là aussi les souverains et les princes serbes eussent fondé de nombreux monastères.

marquable. En outre, ils dépendaient directement de Rome et le Pape n'aurait jamais toléré la constitution d'une Eglise séparée, condition essentielle pour que le sultan reconnût dans ses Etats une organisation spéciale catholique.

Les luttes que les Serbo-Croates entretenaient contre les Turcs, en Dalmatie, en Croatie, au Monténégro, partout où ils pouvaient recevoir de l'extérieur un secours en armes et en munitions — constituaient aussi un élément essentiel de la vie et de la conscience nationale.

Cet état de choses dura presque jusqu'à la fin du XVIIe siècle : en 1699, une armée austro-hongroise pénétra dans les Balkans jusqu'à Kosovo et adressa une proclamation aux Slaves en les invitant à s'insurger contre les Turcs. Les Serbes seulement répondirent à l'appel du patriarche Arsène Cernoïévich ; mais, comme les troupes impériales furent rappelées au Rhin pour y défendre les possessions des Habsbourgs, menacées par Louis XIV, les Serbes (35.000 familles), pour ne pas rester exposés à la vengeance des Turcs, durent quitter leur patrie et s'établir dans la Hongrie méridionale et dans le Sriyème ; c'est dans cette contrée que leur patriarche fixa son nouveau siège, dans la ville de Karlovci, où il s'est maintenu jusqu'à nos jours (1).

Ce ne fut que soixante dix-sept ans plus tard (1767) que le patriarcat d'Ipek fut supprimé, en même temps que celui, bulgare, de Tirnovo. A partir de cette époque, tous les orthodoxes du Balkan dépendent de l'Eglise grecque de Constantinople ; des nouvelles églises nationales ne seront établies que quand la Serbie recouvrera son indépendance ou, pour ce qui concerne la Bulgarie, quand, par suite de leur menace de passer au catholicisme et des

(1) Voir pages 197 et suivantes.

Une nouvelle grande émigration serbe eut lieu en 1737, sous la conduite de Arsénié Yoanovich Sakabenta.

pressions de la diplomatie russe, le sultan se décida à donner aux Bulgares leur exarchat (iradé du 28 février 1870) qui exerça ses fonctions malgré l'anathème du patriarche grec de Constantinople. Les Serbes de la Macédoine et de la Vieille Serbie durent subir l'autorité et la propagande des Eglises grecque et bulgare jusqu'à ce que, en se servant des moyens employés par les Bulgares, ils purent obtenir du patriarcat grec la nomination d'un métropolite à Prizrend et puis, en 1897, celle d'un autre métropolite à Usküb (Skoplié).

La suppression du patriarcat d'Ipek, si elle avait eu lieu à l'époque où la puissance ottomane dominait sans contredit aux Balkans, aurait été un désastre national pour les Slaves, car la noblesse féodale, qui renfermait en soi toutes les énergies nationales, ayant disparu, les paysans auraient offert une bien faible résistance à la force d'attraction que les conquérants exerçaient sur eux ; sans conscience nationale, puisque le particularisme des petits Etats et des principautés féodales en avaient empêché la formation, les anciens serfs de la glèbe qui, tenus par leurs seigneurs en d'horribles conditions, considéraient les Turcs comme des libérateurs, auraient pu facilement se déterminer à un acte d'apostasie pour arriver de cette manière à la jouissance complète des droits et des privilèges des « vrais croyants ». Sans l'admirable activité de l'Eglise serbe, qui prit en plusieurs endroits de la Bosnie les catholiques sous sa protection, ces défections auraient probablement eu lieu en masse. Mais, après cent dix ans de merveilleuse propagande, après tant de luttes, de persécutions subies, de sang versé, la conscience et le sentiment religieux et national étaient tellement forts, que rien ne pouvait plus les ébranler. Il suffit qu'une occasion favorable se présente pour que de vastes insurrections s'organisent.

Cependant, le centre national serbe s'est transféré peu à peu vers le Nord, aux bords du Danube, tandis que d'autres populations, Turcs, Bulgares, dans l'espèce les Albanais, que les Turcs emploient de préférence pour supplanter les Slaves, occupent les places laissées vides par l'émigration serbe. C'est que sur l'autre rive du Danube se trouvent dans le Banat, dans la Batchtla et dans le Sriyème des groupes compacts de leur race et les successeurs du patriarche d'Ipek. Tout mouvement national trouvera là des inspirateurs, des volontaires, du secours matériel et, en cas de besoin, un refuge.

Nous n'essaierons pas même de décrire ici la renaissance de la Serbie. Cette tâche surpasserait notre but. Nous nous en tiendrons à constater que des historiens n'ayant aucune sympathie pour les Serbes, tels l'Allemand Ranke et le Magyar Kallay, ne peuvent pas cacher leur admiration pour ce peuple de paysans qui, après cinq siècles de servage, sans le concours d'une classe d'intellectuels, qui n'existait pas même, sans avoir aucun appui de la part des Etats voisins, puise son inspiration, son enthousiasme et sa volonté de vaincre dans les traditions ancestrales que la Muse populaire lui a transmises et, pygmée héroïque, lutte avec des moyens primitifs et remporte la victoire contre une Puissance, que soixante trois ans plus tard le colosse russe terrassera avec difficulté.

Mais ce qui doit nous inspirer une admiration plus vive encore, c'est qu'un peuple qui a subi si longtemps l'influence de la barbarie ottomane ait pu, en si peu de temps, se ressaisir, s'organiser, créer et développer toutes les institutions d'un Etat moderne et, ce qui est encore plus étonnant, former et adapter son âme et son esprit aux exigences de la vie moderne et de la civilisation occidentale sans, pour cela, perdre ses qualités caractéristiques et renoncer aux mœurs de sa race. Et encore, si la route avait été libre d'obstacles ! Mais l'ambition, la corruption, l'avidité de ses souverains étaient la cause de troubles continuels et, surtout, la surveillance haineuse et jalouse de l'Autriche-Hongrie, sa perpétuelle ingérence dans les affaires intérieures du pays, la servitude économique où elle avait réduit la Serbie, étaient autant d'entraves au libre essor d'un jeune peuple vers un meilleur avenir.

On peut juger des difficultés qui entouraient la Serbie par le progrès qu'elle a realisé sitôt qu'elle a pu s'en débarrasser...

Pour son malheur, en devenant indépendante, elle s'érigeait en barrière contre les rêves de domination mondiale des Hohenzollern et contre les ambitions tenaces des Habsbourgs et, fatalement, les efforts des Puissances centrales devaient porter sur elle.

Les événements de la guerre européenne ont démontré l'importance de l'apport de la Serbie dans le conflit. Sans la coopération de la Serbie, pendant une période assez longue et difficile pour les Alliés, non seulement les armées immobilisées à ses confins auraient été employées sur les autres fronts, mais, en outre, tous les autres États du Balkan auraient coopéré dès le début avec les empires centraux.

Hélas ! après tant d'héroïsmes, la Serbie, attaquée de trois côtés, trahie par la Grèce, mal soutenue par les Alliés, dut succomber après avoir lutté jusqu'à son dernier souffle.

Pourtant, bien qu'elle ait perdu tout son territoire et malgré les hétacombes de ses valeureux enfants, elle est toujours debout, et ce qui reste encore d'elle regarde avec confiance vers l'avenir.

Elle a subi dans le passé de si horribles vicissitudes, où auraient sombré d'autres énergies, moins bien trempées, que rien ne peut faire fléchir cette race d'airain.

*
* *

Au XIVe siècle, l'État serbe, pourtant si près de sa ruine, se trouve au comble de la prospérité.

Nous avons déjà, dans les chapitres précédents, représenté les conditions économiques des principautés serbo-croates pendant cette époque. Parmi elles l'État serbe excellait à tout point de vue. Les alliances de ses souverains avec des princesses byzantines et françaises sont un indice bien évident de leur puissance et de la considération dont ils jouissaient en Europe.

Les relations qui existaient entre l'État serbe et Doubrovnik sont encore plus intéressantes. De 1321 à 1336, pendant les dernières années du règne de Némania Stéphane Ouroch III, la République de Saint-Blaise se lie intimement à la vie économique du royaume serbe. Des ambassadeurs de Raguse figurent au premier rang à la cérémonie du couronnement de Douchan. Celui-ci, en deux reprises, (1349-1350), avec un magnifique cortège, se rend à Doubrovnik. Le prince Lazar y obtient le droit de ville et est inscrit au Livre d'or des nobles Ragusains, et ce privilège a été renouvelé à son fils Stéphane. Après la bataille de Kosovo, la République reçoit en dépôt les trésors de Vouk Brankovich et fait serment de lui donner l'hospitalité dans le cas où les Hongrois, les Turcs ou quiconque, le chasseraient de ses terres. Il obtient, en outre, la permission d'ériger sur le territoire de la République des églises consacrées au culte orthodoxe. Ce serment a été maintenu, et en quelles conditions ! envers les descendants de Vouk. Son fils, le despote George Brankovich, pour échapper à la vengeance de Murat II, se réfugie à Doubrovnik. Le sultan veut à tout prix s'emparer de lui. En présence du fugitif, on donne lecture au sénat de la missive impériale : Le sultan promet à la République, si elle lui remet le rebelle, de la libérer pour toujours du tribut qu'elle lui paye, d'augmenter son territoire, de lui faire don du trésor des Brankovich, qu'elle tient en dépôt... autrement il viendra, à la tête de son armée, et détruira la ville de fond en comble. Le moment est grave et solennel. La République de Doubrovnik se maintenait à force d'habileté diplomatique ; elle entretenait les meilleures relations avec les Ottomans. Pourtant les sénateurs ragusains **ne** s'émeuvent pas des menaces du sultan ; avec un courage et avec une simplicité dignes des anciens Romains, ils lui répondirent « que la République ne pouvait trahir l'homme qui s'était assis, comme hôte, à son foyer » et Georges Brankovich fut conduit à Skradine, d'où il passa en Hongrie.

La situation spéciale de la Serbie qui, de même que les autres Etats serbo-croates, forme un anneau de conjonction entre l'Occident et l'Orient, se reflète dans ses monuments. Pour les étrangers, qui sont habitués à considérer ces contrées comme une partie d'un Etat barbare et qui en ignorent l'histoire, ce doit être un sujet de profonde surprise que la vue des imposantes ruines des forteresses et châteaux, autrefois splendides résidences princières (1), et des églises et des monastères, que les Turcs ont épargnés et qui, — malgré les ravages du temps, nous offrent pourtant le contraste étrange entre leur rare beauté et leur magnificence, et la désolation des contrées et la misère actuelle de la race qui les a jadis créés.

Ce qui doit en outre frapper le touriste, c'est de trouver dans ces pays, qu'on considère orientaux, des constructions, telle l'église de Detchani, qui est de style roman. A l'extérieur, cette église est décorée par une maçonnerie formant des bandes égales, alternées de deux couleurs, c'est-à-dire le même ornement qu'on remarque dans les églises de Florence.

Dans l'église de Stoudéniça, construite avant 1196, des fresques de 1314, représentant la Nativité, ressemblent étrangement à un tableau de l'école de Cavallini, qui se trouve à Rome, au musée Corsini, et rappellent par la grâce et l'ingénuité des attitudes et par l'aisance et le

______

(1) Ainsi, pour en citer quelques-unes : dans l'ancienne et dans l'actuelle Serbie : Smédérévo, Maglich, Koznik, Petrich, Prizrend, Novo Brdo — en Macédoine : la Markova Kula, le Milutinov grad, le Douchanov grad près de Sérès.

naturel des mouvements, les tableaux dont Giotto, Masac-
cio, Lippi et Ghirlandaio ont orné les églises de Florence.
La même remarque vaut pour la *Mise en Croix* de l'é-
glise de Nagoritcha (1317), pour les peintures de Mateitsa
(*les Apôtres allant à la pêche* et la *Trahison de Judas*) et
pour celles de Tchourcher, près de Skoplié et de Kalénitch.
Comme la manière de Giotto (1266-1337) est plus primitive, et puisque les autres peintres italiens ci-dessus
nommés, appartenant tous au XVᵉ siècle, étaient de beaucoup postérieurs à l'exécution de ces fresques, qui dif-
fèrent grandement de l'art byzantin — on peut admettre,
avec raison, que sans la bataille de Kosovo l'art byzantin,
transplanté dans la Vieille Serbie et dans la Macédoine, se
serait transformé en une Renaissance slave. Dans l'église
de Gratchaniça, il y a des mosaïques qui nous rappellent
les anciennes peintures gréco-romaines et, d'autre part, la
dite église (construite en 1321), celles de Ravaniça
(avant 1389), de Lesnovo (1341), Nagoritcha (1312), Yitcha
sur l'Ibar (1219), et celle, magnifique, de Krouchevaç
(1389) — bien qu'elles soient de style byzantin, ont des
motifs d'ornementation avec les mêmes caractères qu'on
retrouve dans les broderies et dans la sculpture nationale
slave. Les détails de l'architecture ont en outre une
empreinte tout à fait spéciale, c'est-à-dire celle du
milieu slave, où naquit et où fut réalisée l'idée de ces
monuments, issus de la combinaison des modèles de
Byzance avec ceux de l'Italie.

*
* *

Sous la domination turque, les Serbes de l'empire de
Douchan se trouvèrent réduits aux mêmes conditions que
leurs compatriotes dans les autres pays de l'empire des
Osmans.

Chez eux aussi, les « zadrougas » constituaient autant
de centres de vie commune et de résistance. De nos temps,
et dans une société civilisée, où règnent l'ordre et la loi,

on ne peut concevoir ce qu'étaient pour les Yougoslaves, pendant cette époque si longue et si troublée de leur histoire, ces nombreuses communautés, composées d'une centaine et plus de membres, vivant sous le même toit, unis par les liens les plus étroits et les plus forts de la race, de la religion et de la parenté, où la mutuelle assistance était un devoir tellement sacré que la vengeance des torts subis par un seul d'entre eux, plus qu'une question de sentiment ou un point d'honneur, était considérée comme un dogme religieux.

Tolérée et même favorisée par les Byzantins (1) et par les Turcs, car elle leur facilitait l'administration du pays, cette institution s'est conservée en pleine prospérité jusque vers la moitié du siècle passé — époque à partir de laquelle, par suite de l'introduction du Code Civil du 16 mars 1844, les « zadrougas » commencent peu à peu à se dissoudre (2).

C'est que ce Code, rédigé sur le modèle du Code Civil autrichien, faisait complètement abstraction de l'idée nationale de la famille qui, suivant la conscience du peuple, constitue une personne civile et le sujet principal de droits patrimoniaux. En accordant aux membres de la « zadrouga » la faculté de disposer librement de leur quote-part et de demander la dissolution de la communauté, et en reconnaissant aux femmes, dans la

______

(1) Ayant réservé aux Slaves le rôle de défendre leurs confins des barbares, ils firent aussi une unité politique du *plémé*, dont les membres portaient le même nom, possédaient en commun les terres et répondaient solidairement l'un pour l'autre. Les chefs du « plémé » devinrent des *archontes* et leur charge fut héréditaire ; le « plémé » fut en outre organisé militairement.

(2) En 1903, sur 2 millions 1/2 d'habitants, il y en avait encore :

172.701 de   6 à 10 membres.
27.567 — 11 à 15   —
5.705 — 16 à 20   —
1.417 — 21 à 25   —
333 — 26 à 30   —
176 de plus de 30 membres.

« zadrouga », le même droit de représentation qu'elles ont dans les successions urbaines, on a tout à fait changé le caractère d'intangibilité de cette institution et on a facilité l'œuvre dissolvante des petites envies, des jalousies, etc., qui auparavant devaient forcément s'apaiser, à cause de l'impossibilité légale d'une séparation. En Serbie, au moins, on n'est pas allé si loin qu'en Croatie où, depuis 1870, il existe l'interdiction de former de nouvelles « zadrougas ».

La Serbie a eu la main beaucoup plus heureuse dans la solution de la question agraire.

De 1804 à 1813, les « spahis », qui tenaient les terres en vertu de leur service militaire, en perdirent la possession par l'effet de l'abolition de la domination turque. Elles passèrent dans les mains de l'Etat et les particuliers en acquirent la propriété par la voie de simple occupation. Les « bachtiniks » turcs périrent ou s'enfuirent pendant ces années de luttes sans merci et leurs propriétés devinrent *res nullius* et furent occupées par les insurgés serbes. En 1813, les Turcs s'emparent de nouveau de la Serbie ; les anciens propriétaires et les spahis reviennent. Mais en 1815 (24 avril) les Serbes s'insurgent de nouveau et les Turcs sont refoulés dans leurs forteresses ; le firman du 4 décembre 1815 reconnaît Miloch Obrénovich comme « knèze » suprême ; les Serbes gardent leurs armes, obtiennent une pleine liberté religieuse et la direction de leurs affaires intérieures ; ils payent seulement un tribut annuel au sultan et doivent tolérer la présence de quelques garnisons turques (1).

Le Hatti-chérif du 29 août 1830 reconnut Miloch dans sa dignité de chef suprême héréditaire ; le sultan renonçait à toute ingérence dans l'administration intérieure et la justice ; défense aux musulmans qui n'appartenaient pas aux garnisons des forteresses d'habiter le pays. Ainsi,

(1) En 1862, la Porte ne conserva plus que les forteresses de Belgrade, Smédérévo, Chabac et Kladovo. Le 6 mai 1867, le prince Michel obtint du sultan le départ définitif des garnisons turques.

pratiquement la question agraire fut de nouveau résolue par l'occupation des terres de la part des Serbes. Mais quand, par le firman du 26 octobre 1833, l'ordre des « spahis » fut aboli (sauf en Bosnie, à Nich dans la Vieille Serbie). le gouvernement serbe, en prenant comme point de départ ce firman, voulut donner une sanction légale à l'état de chose qui existait dans le fait. La loi de « revendication » de 1839 déclarait qu'à partir du 26 octobre 1833 tous les Serbes sont propriétaires de leurs possessions. Un commentaire officiel dn 15 avril 1844 expliquait comme suit cette loi : « Avant les Hatti-chérifs, toutes les « terres étaient des spahilouks, timars, ziamets, mouka- « dem ou moulks (bien libres) ; pour les moulks il a eté « stipulé par des hatti-chérifs que les Turcs peuvent les « vendre ; pour les autres terres, les droits des Turcs ont « cessé *ipso jure*. »

De cette manière, les agriculteurs serbes devenaient presque tous des propriétaires libres. Pour ce qui concerne les départements cédés à la Serbie par le traité de Berlin, une loi du 3 février 1880 décidait :

a) que les terres « gospodarske » ou terres des agas (anciennes terres des spahis) dont les possesseurs à titre héréditaire payaient à forfait une redevance annuelle en argent, en beurre ou en fruits, ou donnaient le neuvième des produits de la terre, devenaient la propriété des dits possesseurs contre le paiement d'une somme correspondant au revenu annuel multiplié par sept, s'il était en argent, ou par huit s'il était en nature ;

b) que les terres « tchithouk », qui appartenaient en propre aux « tchitlouk sahibia » (libres propriétaires turcs) et dont les possesseurs étaient des métayers qui donnaient au propriétaire, en nature, suivant la bonté du sol, 1/2, 1/3, 1/5 ou 2/9 des fruits, devenaient la propriété des dits possesseurs, dans tous les cas où ils les cultivaient depuis plus de dix ans et à la condition de payer aux propriétaires l'indemnité ci-dessus indiquée.

c) que les autres propriétaires turcs, qui voulaient exploiter eux-mêmes leurs biens, avaient le droit de le faire — mais en tous cas ils devaient vendre à chaque famille de paysans qui se trouvaient sur leurs terres, au dit prix, un nombre déterminé d'hectares et, en outre, la maison et le jardin.

De cette manière, la Serbie s'organisait en véritable Etat démocratique. En effet, peut-être nulle part comme en Serbie, n'existe une si parfaite égalité économique entre les citoyens. L'intérêt, qu'on porte au maintien de ces conditions, se manifeste aussi dans la loi « des cinq jours de terre arable », qui a pour but d'empêcher la formation d'une classe de prolétaires (1).

Mais l'équilibre économique, que la vie moderne et le mouvement commercial et industriel tendent constamment à altérer, n'auraient pas eu une si grande influence sur la vie publique, sans le profond sentiment de l'égalité sociale, inné dans l'âme de chaque Serbe. Car ils savent bien, qu'il n'y a pas encore un siècle, ils étaient tous, sans exception, de simples paysans. Même la famille royale se trouve comprise dans cette règle. Par conséquent, il est impossible en Serbie que le grand dignitaire, le général, l'homme de science ou de lettres, le banquier ou le riche commerçant, tirent un sujet d'orgueil d'autre chose que de leur valeur personnelle et qu'ils se considèrent, par leur naissance ou par les mérites de leurs ancêtres, supérieurs au plus humble paysan. Ceux-ci, de leur côté, ne pourraient pas admettre de telles prétentions.

(1) La loi est de l'an 1871. Les paysans doivent réserver à chaque enfant mâle cinq jours de terre arable (2 hectares 1/2). Toute vente qui touche la dite réserve est nulle ; une exécution, qui l'entame, n'est pas admissible. Ce bénéfice cesse si le paysan fait des actes de commerce. Telle a été la cause de ruine de nombreux paysans de la Matchva, une des plus riches contrées de la Serbie, auxquels de grands propriétaires se sont substitués. Ce prolétariat agricole, très peu nombreux du reste, constitue le noyau du parti socialiste serbe.

D'ailleurs, et avec raison, ils ont la pleine et entière conscience d'avoir contribué tous également à faire la Serbie. Dans les pays, où la politique est une espèce de profession ou de carrière, on ne peut pas concevoir l'intérêt que le paysan serbe porte aux affaires publiques et la compétence avec laquelle il les débat. Du reste, dans leurs « zadrougas », les paysans sont habitués à prendre part, dès l'âge de quinze ans, aux discussions concernant les affaires de la communauté et à ne pas s'incliner devant aucune autre autorité que celle du chef librement élu. Même des vieillards obéissent à un « staréchina » beaucoup plus jeune, mais plus capable. Beaucoup de paysans sont députés à la « skouptchina » et se distinguent par leur indépendance d'allures.

Le sentiment de l'égalité sociale, enraciné dans la conscience du peuple, se manifeste aussi dans les nombreuses associations patriotiques, économiques, de bienfaisance, pour la culture des sciences et des lettres. etc., etc. Là aussi un étranger resterait surpris en voyant avec quel esprit démocratique des personnes, appartenant à des conditions sociales différentes, traitent entre elles.

*
* *

La Serbie, qui avant les guerres balkaniques avait une superficie de 4.830.200 hectares (48.302 km.) et une population de 2.912.000 habitants dont 80 °/₀ vivaien* exclusivement de l'agriculture et de l'élevage du bétail (1), se trouvait, jusqu'en 1878, entourée de toutes parts de pays agricoles, dans lesquels elle ne pouvait ni écouler ses produits, ni acheter les produits de manufactures dont elle avait besoin.

Pour ce motif, et bien qu'elle soit par sa configuration géographique un pays plus danubien que balkanique, car

---

(1) A cause de la hausse du prix des blés, la culture des terres arables progresse continuellement.

son territoire s'incline du sud au nord et ses rivières les plus importantes se versent dans le Danube, la Serbie cherchait un débouché commercial vers la mer Adriatique. Quand la Serbie était un Etat vassal et la Bosnie-Herzégovine une simple province de l'empire ottoman, l'Autriche-Hongrie ne créait aucun obstacle aux caravanes qui convoyaient le bétail serbe de Mokra Gora, par Fotcha et Biletch à Doubrovnik, où, après cinq jours de voyage, elles atteignaient le littoral adriatique. Le traité de Berlin apporta un changement radical à cette situation.

Il ouvrait à l'Autriche-Hongrie de nouvelles perspectives de domination dans les Balkans, qui, avec le temps, prirent toujours plus de consistance et de précision. Peu à peu, elle se mit à convoiter la vallée de la Morava, où la marche d'une armée vers le sud peut se faire dans de bien meilleures conditions qu'à travers la route difficile du Sandjak, placée entre la Serbie et la Cernagora. Pour ce motif et dans le but d'empêcher la Serbie de jouer le rôle d'un Piémont balkanique, il fallait la réduire à l'impuissance et l'affaiblir économiquement. L'Autriche-Hongrie, dans ce jeu-là, avait tous les atouts et elle en abusa.

Outre le territoire austro-hongrois, la Serbie n'avait que deux routes pour exporter ses produits, c'est-à-dire le Danube, vers la mer Noire, et la voie ferrée de Vrania à Salonique. La première représentait un grand détour car, les Etats riverains de la mer Noire n'ayant aucun besoin des produits serbes, ceux-ci auraient dû continuer leur voyage jusqu'à la Méditerranée. D'ailleurs, le traité de Berlin avait eu la prévoyance d'établir de hautes taxes pour le passage des Portes de Fer. Non moindres étaient les difficultés sur la route de Salonique, dont le chemin de fer était aux mains des capitalistes autrichiens, qui frappaient de tarifs élevés les exportations serbes. Celles-ci dépendaient en outre du bon plaisir de la Turquie, dont elles devaient traverser le territoire, et il fallait employer dix-huit à vingt jours pour arriver aux marchés italiens, à Malte ou en Egypte;

ainsi le transport de chaque bœuf coûtait de 55 à 60 fr.

La Serbie dut donc passer par les Fourches Caudines que l'Autriche-Hongrie lui avait dressées et subir, par contre-coup, les conséquences de toutes les vicissitudes de la politique intérieure de l'empire. En effet, l'Autriche qui s'était vite industrialisée, avait besoin des produits serbes ; l'Allemagne encore plus ; mais en Hongrie, les magnats, grands propriétaires, n'aimaient pas la concurrence serbe. D'autre part, l'Autriche faisait son possible pour empêcher la Hongrie de développer son industrie et de devenir un concurrent dangereux. Par conséquent, quand la Hongrie marque une tendance pour le développement de ses industries, l'Autriche est favorable aux exportations serbes, et inversement. A cause de cet antagonisme, depuis 1904, les traités de commerce n'ont pas abouti, car l'Autriche-Hongrie voulait s'assurer des débouchés pour ses produits industriels et, en même temps, limiter l'importation des produits serbes.

Au temps du roi Milan, il n'y eut pas de difficultés entre la Serbie et l'Autriche-Hongrie. Après un traité de commerce, qui faisait dépendre de l'Autriche toute la vie économique du pays, il signait avec elle, en 1881, un traité secret qui fut renouvelé en 1889, par lequel l'Autriche, en promettant d'aider à l'extension de la Serbie dans la vallée du Vardar, l'incitait à la guerre contre la Bulgarie ; en échange, Milan s'engageait à ne pas même tolérer la propagande serbe dans les provinces autrichiennes et, en cas de guerre, à ouvrir aux troupes impériales les forteresses de Belgrade et de Nich.

Mais avec l'avènement au trône des Karageorgevich (1903) et avec la nouvelle attitude que la Serbie prit envers l'Autriche-Hongrie, les dispositions de cette dernière changèrent absolument et c'est par une guerre douanière ouverte qu'elle essaie de réduire sa petite, mais dangereuse rivale, à la soumission d'auparavant.

La Serbie mérite un large tribut d'admiration pour la vaillance qu'elle montra en engageant cette lutte avec un adversaire aussi redoutable. Quelle énergie et quelle habileté dut-elle employer pour surmonter d'énormes obstacles et sortir avec honneur d'une si dure épreuve !

Il suffit de jeter un coup d'œil sur la table suivante pour rester frappé de la transformation qui s'est opérée dans le commerce extérieur de la Serbie à partir de 1904.

De 1884 à 1888, 71 % des importations et 86,4 % des exportations concernent l'Autriche-Hongrie.

En 1909-1910, au contraire, les importations et les exportations de la Serbie se répartissent comme suit :

	Importations		Exportations	
Autriche-Hongrie .	18 M.	(1910 17,8)	29 M.	(1910 17,8)
Allemagne . . .	29 »	(— 28,8)	15,6 »	(— 21,9)
Turquie	4,8 »	(— 4,8)	22 »	(— 23,5)
France	3,5 »	(— 3,5)	2,5 »	(— 1,2)
Angleterre . . .	7,5 »	(— 7,8)		(— 1,6)
Italie	2,3 »	(— 2,3)	3 »	(— 1)
Roumanie . . .		(— 1,6)		(— 6,5)
Belgique		(— 1,5)	9,9 »	(— 16,5)
Bulgarie			3,6 »	

En 1910, le total des exportations atteignit le chiffre de 98 M. et celui des importations de 78 M. de francs. Il faut remarquer qu'une partie des exportations, qui figurent faites en Autriche, étaient destinées à l'Allemagne et que presque toutes les exportations en Roumanie, Bulgarie et Turquie transitaient seulement ces pays, pour continuer leur route vers l'Allemagne, la Belgique et l'Italie.

La Serbie exporta, en 1909 : Maïs et blés : 51 M. — Fruits frais : 2 M. — Pruneaux secs : 2,1 M. — (en 1907, 15,7 M., en 1908 : 10,3 M.) (1). Bœufs : 7 M. (en 1903 : 14,8 M). — Moutons et chèvres : 1 M. — Porcs : 1,1 M. (en 1902 : 16, 9 M.) Volailles : 1 M. (en 1904 : 1,7 M.) — OEufs : 1 M. (en 1907 : 2,7 M.) Produits de laiteries : 0,9 M.

(1) L'Autriche-Hongrie importe les pruneaux serbes et, après les avoir mieux conditionnés, les revend comme pruneaux bosniaques.

— Marmelades : 0,5 M. (en 1906 : 3,1 M., en 1907 : 4,2 —
en 1908 : 3,2) — Viande fraîche et salée : 3,2 M. — Lard,
jambons et saucissons, 0,8 M. —Graisse de porc et d'oie :
2, M. — Peaux, 3,3 M. (en 1907 : 4,7 M.) Cocons : 1 M. —
Farine : 1,2 M. — Chanvre et ouvrages de cordier : 1,4 M.
— Cuivre : 4, 8 M.

Les importations de 1909 étaient principalement des
produits de manufactures (22 M.) — produits du Midi :
café, fruits du Midi, riz, huile d'olive (3 M.) ; — sucre,
pétrole, sel, tabac (4,3 M.) ; — fer, acier, machines,
cuivre, armes (15,9 M.)

*
* *

En Serbie, la production totale de l'agriculture était, en
1909, 189.252.000 fr. soit de 40 fr. par hectare. Si on
compare ce résultat avec celui que les paysans réalisent
en France, soit de 174 fr. par hectare, on peut se figurer
combien l'agriculture en Serbie est extensive et quelle
marge offre le pays soit à une population plus dense, soit
à un labourage plus intensif.

De même le fait que la Serbie vend ses pruneaux secs
à 0,30 le kilogramme, tandis qu'en France ils atteignent
le prix de 2 francs, pour le seul motif qu'ils sont mieux
traités et conditionnés avec plus de soins, nous amène à
la considération des grands progrès économiques que
la Serbie pourra facilement réaliser seulement par l'a-
mélioration des procédés dans l'agriculture et les industries agricoles. Les conditions de la viticulture, de la
fabrication et du commerce des vins, telles qu'elles sont
actuellement en Serbie, nous fournissent encore un point
d'appui pour notre thèse.

La culture de la betterave et l'industrie de la soie y
pourront aussi atteindre de remarquables résultats ainsi
que la fabrication du tabac, qu'on exportait en feuilles
en Turquie, d'où il était expédié à l'étranger après avoir
été transformé en tabac et en cigarettes turques. Les

mêmes prévisions doivent être faites pour les industries qui viennent seulement de naître. En 1890, il n'y avait en Serbie que 50.000 personnes vivant d'un métier ou d'une industrie ; en 1909, ce nombre atteignait 200.000.

Les principales usines étaient :

Les ateliers des chemins de fer à Kragouiévaç ;

Ceux de l'administration des Monopoles ;

L'Arsenal de Kragouiévaç ;

La fabrique de poudre de Litchévo ;

Les chantiers de la Société de Navigation Serbe, qui sont tous des établissements modèles, entretenus par le gouvernement.

Il y avait en outre :

La fabrique de draps de Leskovaç ;

La fabrique de cuirs près de Belgrade ;

Les fabriques de chanvre de Vrania et Svileïnaç ;

Plusieurs fabriques de saucissons et jambons, pour la salaison des porcs, etc...

L'établissement de Paradchin pour la distillation de l'alcool et l'essiccation des pruneaux ;

La fabrique de sucre du prince Thurn et Taxis à Belgrade ;

Plusieurs moulins à grains et scieries ;

Les fabriques de bière de Belgrade, Chabaç, Iagodina, Nich, Kragouïevaç ;

La fabrique de conserves de viande de Kragouïévaç ;

La fabrique de ciment de Popovaç ;

La verrerie de Paradchin ;

Plusieurs fabriques de tonneaux ;

Les deux fabriques de soieries de Belgrade.

Il convient en outre de mentionner l'industrie nationale des tapis à Pirot, qui remonte probablement au Moyen-Age et a conservé à travers les siècles les traditions de l'art national. Subventionnée par le gouvernement serbe, elle occupe sept cents ouvrières et produit de magnifiques échantillons, auxquels on pourrait faire seulement la remarque qu'ils présentent quelquefois un contraste trop vif de couleurs.

Le gouvernement, dans le but de favoriser les industries indigènes, paie aux fournisseurs de l'État, pour les produits nationaux, des prix qui sont jusqu'à 10 °/₀ supérieurs à ceux de l'extérieur. Les nouvelles entreprises industrielles reçoivent gratuitement le terrain nécessaire pour la construction des usines, si l'emplacement choisi appartient à l'État. En outre, on leur fournit gratuitement le bois des forêts du Domaine. Elles jouissent d'une franchise complète pour l'importation du matériel et des machines, et ne paient pendant dix ans aucun impôt ; on leur concède d'importantes réductions sur les tarifs des chemins de fer et enfin elles ont le droit d'expropriation des terrains privés, dont elles font besoin. D'autre part, on fait en Serbie tous les efforts possibles pour y attirer des industriels et des commerçants étrangers, en les encourageant aussi par des primes d'exportation, des réductions des tarifs des chemins de fer et des exemptions d'impôt.

Il est aisé de prévoir quel développement auront les industries dans ce pays si abondamment pourvu de richesses naturelles quand la Serbie sera libérée de l'étouffement économique que l'Autriche-Hongrie faisait peser sur elle. Les trésors que le sous-sol de la Serbie renferme et dont une minime partie a été jusqu'à présent exploitée (houille, cuivre, antimoine) — ses eaux minérales — ses forces hydrauliques — les forêts, qu'on devra faire valoir d'une manière plus rationnelle (1) — la mise en œuvre des produits de l'agriculture et de l'élevage du bétail : bois, vin, prunes, laines, viande, peaux, cocons, chanvre, etc., etc., qui forment déjà l'objet de quelques entreprises susceptibles d'un grand développe-

---

(1) En 1899, il y en avait 1.044.000 d'hectares qui, en 1906, se sont réduits à 900.830.

ment — assurent à la Serbie un avenir plein des plus belles promesses.

Pour donner une idée de l'importance économique de la Serbie, il convient de citer la conclusion du livre d'un Allemand (1) qui, à l'occasion de la guerre douanière entre l'Autriche-Hongrie et la Serbie, lança parmi ses compatriotes l'idée de nouer des communications directes entre l'Allemagne et la Serbie, soit par la voie de mer, en empruntant le port d'Antivari et le futur chemin de fer du Danube à l'Adriatique ou le port de Salonique et le cours du Vardar qu'on pourrait facilement unir par un canal (2) à la Morava — soit par le Danube qui, suivant un projet du prince Louis de Bavière, avec une dépense de 357 M. de marks, pouvait être rendu navigable jusqu'à Ulm et, de là, par un canal Ulm-Aschaffenburg, mis en communication avec le Rhin (3). Après s'être mise en communication directe avec la Serbie, l'Allemagne aurait dû y fonder une grande banque, créer de vastes entrepôts et organiser de nouvelles industries afin d'y dominer toute la vie économique...

Nous espérons qu'après une paix glorieuse, ce seront d'autres nations qui, sans constituer un danger pour l'intégrité nationale et pour le libre développement des Yougoslaves, réaliseront les projets des impérialistes allemands, en apportant aux contrées des Balkans les bienfaits d'une grande œuvre d'exploitation, également profitable à ceux qui l'entreprendront, comme aux possesseurs du territoire et des richesses naturelles, qui en seront l'objet.

(1) Otto Kessler, *Serbien*, Gea Verlag, 1910.

(2) Un groupe de capitalistes américains, il y a à peine quelques années, a fait des démarches officielles pour obtenir la concession d'un canal du Danube à la mer Egée.

(3) Suivant l'*Information* du 10 septembre 1917 les plans de construction de ce canal et de la liaison des [sytèmes fluviaux du Weser, de l'Elbe et de l'Oder, ont été déjà mis à l'étude, en Allemagne.

*
* *

Le voisinage et la pénétration commerciale de l'Autriche-Hongrie en Serbie et l'espèce de tutelle qu'elle y exerçait ont empêché les capitaux étrangers d'y affluer et de contribuer au relèvement économique du pays.

A cause du manque de capitaux, jusqu'en 1883, le taux des intérêts pratiqués en Serbie s'élevait à 24 °/₀. Dans la dite année, on créa une Banque nationale du Royaume de Serbie qui, en effet, aida beaucoup au développement des opérations de banque. En 1888, il y avait dans le royaume trente-sept établissements de crédit, en 1906, cent quarante (1) avec un mouvement de trois milliards et demi de francs. Malheureusement, ils mirent trop d'âpreté au gain car, tout en recevant de la Banque nationale de l'argent au taux de 6 °/₀, ils le prêtaient à 10 et 12 °/₀ et plus cher encore. C'est en vain que la Banque nationale imposa aux banques, qui en dépendaient, de ne pas prendre des intérêts supérieurs à 8 °/₀, car elles créèrent d'autres établissements qui employaient cet argent à 10, 15 et 20 °/₀, quoiqu'ils ne fissent que des avances sur des titres et des objets de valeur. Dernièrement, la situation s'était de beaucoup améliorée, grâce à la fondation de nouvelles banques : la Banque de Crédit (une fondation de la Länderbank de Vienne), la Banque d'exportation (3 M.) une succursale de la Banque de Crédit de Prague, la Banque Franco-Serbe, etc...

L'Administration des Fonds du royaume de Serbie gère les fonds ecclésiastiques, scolaires, des pensions, des hôpitaux, des pupilles, etc., etc., et elle aussi, par des prêts hypotécaires, a augmenté la circulation de l'argent. A la fin de 1912, elle était créancière de 124 millions.

En 1894 on fonda en Serbie la première société coopé-

______

(1) Parmi eux, sept seulement avaient un capital d'au moins un million versé ; la plupart (4/5) n'avaient que 100 à 200.000 fr. de capital.

rative pour le crédit agricole. En 1910, il y en avait 591, et, en outre, trois cents autres coopératives de laiterie, entre viticulteurs, etc., qui avaient touché des paysans serbes, à titre de cotisation, plus de 2 M. de francs et leur avaient prêté plus de 8 M. Le gouvernement serbe, pour favoriser le développement de ces institutions, leur accorde des subventions et des exemptions de droits de douane et de timbre.

Le gouvernement projetait de créer de grands magasins où les paysans, en attendant la hausse des prix, auraient déposé leur récolte. Sur ces denrées, qui constituaient un gage, on leur aurait cependant avancé de l'argent. Ces denrées mêmes auraient dû être vendues à la Bourse des marchandises qui, instituée en 1895, n'avait participé jusqu'alors que dans une minime proportion (environ 5 %) à la vente des produits serbes, car, plus qu'une réunion de commerçants, on la considérait comme une maison de jeu. Malheureusement, les guerres balkaniques ont empêché la réalisation de ces projets, qui auraient sans doute apporté de très grands bienfaits aux agriculteurs serbes.

Par suite de la guerre russo-turque, la Serbie se trouva grevée d'une dette de 25 millions de francs. En outre, suivant l'art. 37 du traité de Berlin, elle dut prendre à sa charge la construction des chemins de fer destinés à la rapprocher de l'Autriche-Hongrie, qui lui fournit, mais à des conditions très dures, l'argent nécessaire. Les folies du roi Milan, l'argent obtenu à des taux usuraires par des marchés léonins et gaspillé sans avantages sérieux pour le pays, avaient amené la Serbie à une situation presque désespérée. La dette dépassait 450 M. et les intérêts absorbaient 24 M. — plus du quart du budget total ; la monnaie perdait un quart de sa valeur. C'est dans ces conditions, qu'en 1903, le nouveau régime s'instaura.

En quelques années d'administration honnête et habile, grâce aux ressources naturelles du pays et à la hausse sur les produits agricoles, malgré la guerre douanière avec l'Autriche-Hongrie et les frais causés par la réorganisation de l'armée, la Serbie raffermit le crédit public et rétablit l'équilibre budgétaire. Le change s'améliora et le crédit se releva. L'administration des monopoles, dont les revenus, avec ceux des douanes sont affectés au service de la dette publique, eut bientôt un surplus annuel de plusieurs millions.

Nous ne saurions pas mieux compléter ce précis sur la situation économique de la Serbie que par son budget, dont nous possédons en détail celui de l'année 1909 :

DÉPENSES   REVENUS

ORDINAIRES

Liste Civile . .	1.2 M.		Contributions di-		
Parlement . .	0.5		rectes . . .	29.1 M.	
Dette publique .	27.		Contributions in-		
Pensions et Sub-			directes en rai-		
sides . . .	4.7		son des con-		
Chancellerie de			sommations .	6	
la Cour . .		76.000	Droits de douane	11.3	
Conseil d'Etat .		195.000	Timbre . . .	4.7	
Cour des Comptes		358.000	Monopoles . .	28	
Justice . . .	2.3		Chemins de fer.	10.7	
Instruction et			Postes, Télé-		
Cultes . . .	7.4		graphe, Télé-		
Intérieur . . .	4.3		phones. . .	2.4	
Affaires Etran-			Autres Etablisse-		
gères . . .	2.3		ments publics.	2.3	
Finances . . .	10.2		Domaines de l'E-		
Guerre. . . .	26.		tat et Mines .	1.7	
Travaux Publics.	10.1		Administration		
Agriculture et			des Fonds . .	2.3	
Commerce. .	3		Divers. . . .	2	
En réserve . .		360.000			
Report. . .	99 989.000		100 600.000		

EXTRAORDINAIRES

Report. . . 99.989.000	. . . . . 100.600 000
Intérieur . . . 450.000	Arriérés d'im-
Finances . . . 63.000	pôts 2
Guerre. . . . 1	Divers 1
Travaux Publics. 1.5	
103.344.000	103.664.000
Reste 320 000	
103.664.000	

Le budget de la Serbie en 1912 atteignait :

Pour dépenses ordinaires. . 125.338 000 — extraordinaires. 5.426.000 } dont 33 M. pour la Guerre et 33,6 pour la Dette Publique.

Mais les revenus ordinaires augmentaient aussi à 125.671.000 et les revenus extraordinaires — — à 5.093.000

Si on compare ce budget avec celui de la Bosnie-Herzégovine, tout en tenant compte de la différence entre le nombre des habitants, et si on considère les conditions économiques de la population en ces deux pays, qui pourtant possèdent les mêmes ressources et les mêmes richesses naturelles, on arrive intuitivement aux conclusions suivantes, qui constituent le but principal de ce livre :

La liberté est une condition essentielle pour le progrès social et économique d'un peuple qui possède la capacité nécessaire pour pourvoir à ses propres intérêts.

Le développement économique de la Serbie est la meilleure preuve de ce que les Yougoslaves sont doués, à un haut degré, de cette aptitude.

Toute entrave à la pleine et complète liberté des Yougoslaves, toute tutelle exercée sur eux, ne peut être qu'un obstacle à leur liberté d'action, un empêchement d'employer à leur propre avantage les facultés dont ils sont pourvus et de profiter des richesses naturelles qu'ils possèdent.

Si la Serbie, malgré les graves difficultés qu'elle a dû vaincre, a pu s'organiser en État libre et indépendant, capable de pourvoir d'une manière modeste, mais complète, à toutes les exigences de la civilisation moderne, la même possibilité doit être admise pour la Bosnie-Herzégovine, pour la Croatie et pour les pays slovènes qui possèdent, eux aussi, des ressources également importantes, et pour la Dalmatie qui, malgré son sol pauvre, a dans ses ports, dans le mouvement commercial qui en peut résulter avec l'intérieur du Balkan, et dans sa marine, une source considérable de richesses.

Tous ces pays, et avec eux la Cernagora, en formant un seul État, multiplieront leurs forces économiques, étant donné que le résultat de la fusion de plusieurs énergies constitue un produit nouveau, dont la puissance d'action est beaucoup plus grande que la somme de leurs forces individuelles.

CONCLUSION

Nous espérons que le lecteur, qui a eu la patience de nous suivre à travers les âges passés et les vicissitudes que les Yougoslaves y ont subies, n'aura pas besoin d'autres démonstrations pour se convaincre de la vérité des thèses que nous avons énoncées au début de cette œuvre.

Même ceux qui s'inspirent des seuls principes de l'utilitarisme, devront admettre que, pour parvenir à cette nouvelle ère de paix, vers laquelle tend toute l'humanité, il est indispensable de traiter les Yougoslaves suivant les principes de liberté et d'égalité que tout le monde proclame, mais qu'on est prêt à chaque moment à dénaturer pour atteindre des fins égoïstes. On ne saurait jamais assez répéter qu'autrement il n'y aura pas de paix possible, car les Yougoslaves ne se soumettront pas à une injustice ; et, même s'ils voulaient l'accepter, le malaise économique qui en serait la conséquence inévitable les pousserait à la rescousse.

Les brasseurs d'affaires et les spéculateurs se convaincront enfin qu'il est dans l'intérêt même des Grandes Puissances de favoriser l'union et le progrès économique des Yougoslaves, car des clients pauvres ne peuvent faire prospérer le commerce et les industries.

En ce qui concerne les esprits élevés et les nobles cœurs qui, surtout en France, ont dès le début embrassé et soutenu la cause des Yougoslaves et celle des autres peuples injustement opprimés, nous ne pouvons omettre de leur donner l'assurance de la vive et profonde gratitude des Yougoslaves pour leur aide efficace. Ils nous ont apporté le réconfort de leur amitié dans des moments bien graves et bien troublés, où il semblait que tous les idéals de droit et de justice allaient sombrer sous le flot envahissant des âpres convoitises lâchées en quête de butin.

Dans ce livre, ils ne chercheront aucun élément pour renforcer la conviction qu'ils se sont déjà formée de la justice de notre cause, mais ils y trouveront peut-être quelque renseignement utile pour aider les Yougoslaves à leur relèvement économique, hélas ! si gravement compromis pendant cette guerre.

Les meilleurs enfants de la Serbie, ceux qui étaient sa force et son orgueil, ont donné, sans compter, leur vie sur les champs de bataille, bien plus heureux que ceux que les épidémies ont emportés où qui ont péri d'inanition en Albanie, dans l'attente des secours espérés.

Ceux qui sont restés dans leur patrie envahie et qui ont pu se réfugier dans les montagnes, luttent désespérément contre des forces centuples, renouvelant les gestes légendaires de leurs ancêtres. D'autres subissent des représailles féroces et la famine, que des réquisitions sans pitié et sans frein font régner dans une des contrées les plus fertiles de l'Europe, ou, condamnés à la déportation et aux travaux forcés au profit de leurs ennemis, languissent, loin de leur patrie, en des camps de concentration...

La condition des autres Yougoslaves, sujets de l'Autriche-Hongrie, n'est guère meilleure...

Les soldats qui ont pu passer dans les rangs serbes ou russes, se sont engagés comme volontaires et sont tombés par milliers aux Balkans, surtout dans la Dobrougia. Ceux qui n'ont pas été contraints à servir sous des enseignes abominées ont subi toute espèce de persécutions ; otages ou suspects, c'est par centaines qu'ils ont expié leur nationalisme sur l'échafaud.

Dans les pays yougoslaves irrédents, il y a déjà longtemps que les pauvres se nourrissent d'herbes sauvages et de moelle d'arbres et que les morts de famine ne se comptent plus.

Quand les armées ennemies seront contraintes à quitter

les territoires yougoslaves, elles commettront, dans leur rage, les plus horribles excès, d'après le système employé dans les contrées envahies de la France. Malheur à ces pauvres populations si les secours nécessaires ne leur arrivent pas à temps ! car alors, mais dans une mesure beaucoup plus large, se renouvellerait l'effroyable désastre de l'Albanie.

Mais écartons cette horrible hypothèse et regardons avec confiance vers l'avenir.

Les besoins des Yougoslaves sont modestes et les produits de leur terre peuvent amplement les satisfaire. En améliorant les procédés de la culture, le sol pourrait donner au pays une aisance enviable. Combien de temps devra-t-il se passer jusqu'à ce que les Yougoslaves soient portés par la force des choses à développer leurs industries ?

Jusqu'alors, l'exploitation des richesses naturelles du pays, la création de nouvelles voies de communication et de nouvelles industries, seront l'œuvre du capital étranger qui, aussitôt la crise d'après guerre terminée, affluera vers ces contrées, attiré par les profits qu'il pourra y réaliser.

Les Tchèques joueront un rôle très important aux Balkans. Par l'internationalisation de la navigation du Danube, et par sa réunion au Rhin et au Rhône, ils auront la possibilité d'être en contact immédiat avec les Yougoslaves et avec l'ouest et l'est de l'Europe. Par un couloir, de Radkersburg (Radgona) à Presbourg, ils communiqueront avec les pays slovènes et, de là, avec la mer Adriatique. Autrement les Tchèques seraient tributaires des Allemands et des Magyars qui les entourent et qui pourraient les bloquer complètement.

Il y a déjà plusieurs années que les banques tchèques sont établies aux Balkans et que les industriels et les capitalistes tchèques y étudient les richesses et les ressources du pays.

Les Tchèques, dont la compétence et les aptitudes sont bien connues, pourront ainsi exercer la fonction d'intermédiaires entre les capitalistes étrangers, pour l'exploitation des richesses des Balkans.

Ces entreprises auront tout l'encouragement possible de la part du futur Etat yougoslave, suivant l'exemple que le gouvernement serbe a déjà donné, car elles seront une nouvelle source de prospérité pour le pays.

L'Etat yougoslave, bien entendu, encouragera aussi les industries qui existent déjà en embryon et celles qui consistent en la transformation, par la voie de fabrication, des produits de l'agriculture et de l'élevage du bétail. Mais son but principal sera le relèvement économique et intellectuel des paysans car, non seulement leur prospérité est une condition essentielle du progrès de la nation entière, dont ils constituent la presque totalité, mais c'est aussi un acte de réparation et de juste récompense pour les souffrances qu'ils endurent depuis de longs siècles et pour l'héroïsme et la constance qu'ils ont déployées pour conserver la conscience nationale et pour défendre l'intégrité de la race.

*
* *

La formation d'un Etat Yougoslave apportera, sans doute, aux Serbes du Royaume de grands avantages économiques, dans l'espèce, la communication directe avec la mer et de grands bienfaits moraux aussi, par l'union intime avec des frères de race qui ont vécu en des rapports plus immédiats avec la civilisation occidentale. Mais les autres Yougoslaves auront également beaucoup à gagner de leur contact avec la Serbie ; ils y trouveront, sans doute, des défauts corrélatifs aux grandes qualités qui distinguent son peuple, mais d'ailleurs, nulle part comme chez les paysans serbes, ils ne rencontreront développées à un tel point les qualités foncières de la race, les sentiments d'égalité démocratique, de fraternité, d'aide mutuelle, d'association et de coopération ; en outre, la dignité personnelle, la franchise, la répu-

gnance au servilisme et à la flatterie, et surtout le noble
dédain de la mort, l'esprit de sacrifice de la vie et des
biens terrestres pour l'idéal de liberté et de justice, qui
a guidé les Yougoslaves à travers leurs luttes séculaires
contre l'oppression et la tyrannie.

*
* *

Nous ne saurions prendre congé du lecteur sans com-
bler une lacune de cette œuvre en faisant mention des
Bulgares qui, par l'origine commune et par l'extrême
ressemblance de leur langue avec la langue serbo-croate,
font aussi partie de notre race et qui, à cause de leur
situation géographique, devront tôt ou tard accéder à
notre futur Etat.

Réellement, jusqu'à une époque assez récente, les Bulgares ont toujours été compris dans le programme des
revendications Yougoslaves. Les luttes entre Serbes et
Bulgares en Macédoine n'avaient porté aucune atteinte
à ce principe et, surtout chez les Yougoslaves de l'Autriche-Hongrie, on faisait les vœux les plus ardents pour
l'apaisement de ce conflit.

Mais depuis que les Bulgares par leur refus obstiné de
soumettre leurs griefs à un arbitrage, par leur alliance
avec les pires ennemis du slavisme, par leurs attaques
insidieuses et, enfin, par les massacres et par les dévas-
tations dont ils se sont rendus coupables en Serbie, se
sont détachés de la communauté yougoslave, nous ne
pouvons les considérer que comme des traîtres et des
renégats.

Nous ne pouvons leur tendre la main au-dessus du
corps pantelant de la Serbie héroïque. Une barrière
infranchissable, des monceaux de cadavres et un fleuve
de sang nous en séparent

Les Yougoslaves, depuis de longs siècles victimes de
violences innombrables, sont contraires à tout arbitraire,
par conséquent aux annexions violentes, aux représailles,

aux contributions de guerre, en tant qu'actes de vengeance et d'oppression du vaincu. Mais ils croient que, si la nouvelle société des nations doit être régie par les mêmes principes de droit et d'égalité, frein aux méchants et tutelle aux bons citoyens, que les Etats ont adoptés pour assurer et régler le fonctionnement de leur organisme, avant tout, justice doit être faite à la Serbie : la Bulgarie devra lui rendre tous les territoires dont elle s'est emparée par la force. Elle devra réparer intégralement tous les maux qu'elle a infligés aux Serbes, en violant les règles humanitaires qui doivent être observées même en guerre. Ces réparations et ces restitutions, ainsi que le châtiment des principaux coupables qui ont ordonné ces actions criminelles ou qui, pouvant les empêcher, les ont tolérées, seront une condition indispensable pour l'apaisement général et pour un nouvel état d'esprit, favorable à la réconciliation entre Serbes et Bulgares.

PARIS, *novembre 1917.*

BIBLIOGRAPHIE

ALBERTI : Trieste e la sua fisiologia economica. *Roma*, 1916.

ALIA (A. D') : La Balcania. *Bologna*, 1916.

AVELLONE-MORASCA : Mafia. *Roma. Enrico Voghera.*

BARBY H. : Les Victoires Serbes. *Paris*, 1913.

    »   L'Epopée Serbe. *Paris*, 1916.

BARBAGALLO : Storia del Medio Evo. 1914. *Soc. ed. Dante Ali-ghieri.*

BÉRARD V. : Le Sultan, l'Islamisme et les Puissances. *Paris*, 1897.

    »   La Révolution Turque. *Paris*, 1909.

    »   La Mort de Stamboul. *Paris*, 1913.

BERICHT über die Verwaltung von Bosnien-Herzégovina, 1908. (Relation sur l'Administration de la Bosnie-Herzégovine). *Vienne.*

BERTONI : Italia dialettale. (Les dialectes en Italie). *Hoepli*, 1916.

BOSNIE (la) et l'Herzégovine. *Paris, Revue générale des Sciences*, 1900.

CHARRIAUT : L'Italie en guerre. *Paris, Flammarion*, 1916.

CHÉRADAME : Le Plan Pangermaniste démasqué. *Paris, Plon*, 1916.

    »   Douze ans de propagande en faveur des peuples balkaniques. *Paris, Plon*, 1916.

CHERVIN : L'Autriche et la Hongrie. *Paris, Berger-Levrault*, 1915.

CROTCH : Du nationalisme serbe. *Dijon, Thorey*, 1916.

CVIJIC : L'Annexion de la Bosnie. *Paris, Hachette*, 1909.

DEDIJER (Dr J.) : La Dalmatie. *Nich*, 1915.

DENIS E. : La Grande Serbie. *Paris, Delagrave.*

DUDAN : Dalmazia & Italia. *Milano, Rava & C°*, 1915.

EVANS (Sir Arthur) : Les Slaves de l'Adriatique. *London, The near East, Ltd.*

ENQUÊTE PARLEMENTAIRE sur la condition des paysans dans les provinces méridionales de l'Italie et en Sicile. *Roma, Tipografia nazionale*, 1911.

GAUVAIN : L'Europe avant la guerre. *Paris, Colin*, 1917.

GAVRILOVICH M. Miloch Obrénovich. 4. v. *Belgrade*, 1906.

GOBINEAU (Comte de) : La Renaissance. *Paris, Plon-Nourrit,* 1908.

GONNARD : Entre Save et Drave. *Paris, Recueil Sirey*, 1911.

GREGORIOVUS : Passegiate per l'Italia. *Rome, Barboni*, 1907.

GRUNBERG : Agrarfrage in Bosnien-Herzégovina. (La question agraire en B.-H.), *Leipsic,* 1911.

ITALICUS SENATOR : La Question de l'Adriatique. *Roma,* 1916.

HEIMFELSEN : Die deutschen Kolonien in Bosnien. (Les colonies allemandes en Bosnie). *Vienne, Gerold & C°*, 1911.

JANITCH : La Serbie. *Paris, Giard et Bière*, 1910.

JONQUIÈRE (Vicomte de la) : Histoire de l'Empire Ottoman. *Hachette,* 1914.

KOMPAS hrvatski : (Guide croate pour l'an 1913-1914). *Zagreb.*

KREK-MILCINOVICH : Kroaten u. Slovenen. *Iéna,* 1916.

KREK : Les Slovènes. *Paris, Alcan*, 1917.

KESSLER : Serbien. *Berlin, Gea-Verlag*, 1910.

LAMOUCHE : La Bosnie. *Angers,* 1911.

LÉGER : Histoire de l'Autriche-Hongrie. *Paris, Hachette*, 1907.

LIVRE (le) vert italien. *Turin, Torellini.* 1915.

LOISEAU : Le Balkan slave. *Paris, Perrin*, 1898.

 »   L'Équilibre adriatique, *Paris, Perrin*, 1901.

MICKIEWICZ : Les Slaves. *Paris, E. Sansot & Cᵗᵉ.*

NARODNI List. : Numéro jubilaire. *Zadar,* 1912.

NIEDERLE : La Race Slave. *Paris, Alcan*, 1911.

NIKASCHINOVICH : Bosnien und die Herzégovina. *Berlin, Thormann & Goetch.*

NOVAKOVIC S. : Srbi i Turci (Serbes & Turcs). *Belgrade,* 1893.

 »   D. : La Zadrouga. *Paris, Pedonne*, 1905.

ORSI : L'Italie moderne. *Hoepli*, 1914.

OLIVATI : Storia romana. *Livourne,* 1916.

PYPINE et SPASOVICH : Histoire des littératures slaves. (Trad. d'E. DENIS). *Paris, Leroux*, 1881.

POPOVIC : La Macédoine serbe. *Genève, Edition du journal la Serbie,* 1916.

PINON : L'Europe et l'Empire ottoman. *Paris, Plon*, 1909.

 »   L'Europe et la Jeune Turquie. *Paris, Plon*, 1911.

PICOT : Les Serbes de Hongrie. *Paris, Leroux*, 1873.

PROBLÈME (le) italo-slave. *Paris, Plon-Nourrit*, 1915.

PISANI : La Dalmatie. *Paris, A. Picard*, 1893.

PERSÉCUTIONS (les) yougoslaves. *Paris, Plon-Nourrit*, 1915.

PREZZOLINI : La Dalmazia. *Firenze*, 1915. (Traduction de L,
Radich. *Paris, Alcan, 1917*).

RÉGIME (le) d'Autriche-Hongrie en Bosnie-Herzégovine. *Anne-
masse, Imprimerie Nouvelle*, 1916.

RAULICH : Storia contemporanea. *Paravia*.

RADONICH J. : Srbi u Ugarskoj (Les Serbes en Hongrie). *Nich*,
1915.

» Le droit historique des Roumains et des Serbes
sur le Banat. *Paris, Picard*.

SAINT-MAURICE (Comte de) : Les instruments modernes de la
politique étrangère. *Paris*, 1912.

SRSKIC : La question agraire en Bosnie. (*Imprimé comme manus-
crit, Genève*, 1917.

SERBIE (la) glorieuse. Edition de l'Art & et les Artistes. *Paris*,
1917.

SETON-WASSON : The Balkans, Italy and the Adriatic. *London*,
Nisbet & C°.

SISICH : Povijest hrvatskog naroda (Histoire du peuple croate).
Zagreb, 1916.

STOYANOVICH : La Serbie d'hier et de demain. *Paris, Berger-
Levrault*, 1917.

» La Bosnie-Herzégovine. *Genève, Kunding*, 1917.

SOKOLOVICH (de) : Le problème italo-slave. *Ed. de La Revue
Hebdomadaire, Paris*, 1915.

TAILLANDIER R. : Karageorge et Miloch. *Paris*, 1873.

TAINE : Voyage en Italie.

THOMAS : Les Révolutions politiques de Florence.

UNITA : Florence. 1914, n° 39. — 1915, n°° 2, 7, 11, 13, 17, 18,
20, 21, 22.

VOINOVICH (de) : La Dalmatie. *Genève, Georg et C°*, 1917.

» La Monarchie française dans l'Adriatique. *Paris,
Bloud et Gay*, 1918.

VIVANTE : Irredentismo adriatico. *Firenze, Libreria della Voce*,
1912. Traduction de Tergestinus, *Imprimerie com.
Genève*, 1917.

YAKCHITCH : L'Europe et la résurrection de la Serbie. *Hachette*,
1917.

ZUIOVICH : Les Serbes. *Paris, Lahure*, 1917.

» L'agriculture en Serbie. *Paris, Lahure*.

NOMENCLATURE

Betch, *Vienne*.
Bakar, *Buccari*.
Bar, *Antivari*.
Béograd, *Belgrade*.
Biograd, *Zaravecchia*.
Bitol, *Monastir*.
Bratch, *Brazza*.
Çavtat, *Ragusa vecchia*.
Celié, *Cilli*.
Doubrovnik, *Raguse*.
Dratch, *Durazzo*.
Dounav, *Danube*.
Ercegnovi, *Castelnuovo*.
Grouj, *Gravosa*.
Hvar, *Lesina*.
Karlovci, *Carlovitz*.
Kortchoula, *Curzola*.
Karlovaç, *Karlsstadt*.
Kotor, *Cattaro*.
Klis, *Clissa*.
Lioubiana, *Laibach*.
Lochigne, *Lussin*.
Obrovaç, *Obbrovazzo*.
Opatia, *Abbazia*.
Omich, *Almissa*.

Pojarevaç, *Passarovitz*.
Petch, *Ipek*.
Poul, *Pola*.
Pojoun, *Pressbourg*.
Ptoui, *Pettau*.
Riéka, *Fiume*.
Rovigne, *Rovigno*.
Risan, *Risano*.
Chibenik, *Sebenico*.
Split, *Spalato*.
Sègne, *Segna*.
Skadar, *Scuttari*.
Skradine, *Scardona*.
Sotcha, *Isonzo*.
Ston, *Stagno*.
Snejnik, *Nevoso*.
Skoplié, *Uskub*.
Stip, *Istip*.
Soloun, *Salona*.
Spiteh, *Spizza*.
Soline, *Salona*.
Trogir, *Traü*.
Vis, *Lissa*.
Zadar, *Zara*.
Zemoun, *Semlin*.

TABLE DES MATIÈRES

ERRATA

<table>
<tr><td>page 22 al. 2 ligne</td><td>6</td><td>« Trieste-Karlstadt, Sissek » lire : Trieste-Karlstadt-Sissek.</td></tr>
<tr><td>» 64 a 4 »</td><td>2</td><td>« où il n'existe que 2734 Italiens contre 130.000 Slovènes » lire : où il n'existe pas d'Italiens, car les 2.734 Italiens du district judiciaire de Gorice se trouvent à l'ouest de l'Isonzo.</td></tr>
<tr><td>» 65 al. 1 »</td><td>13</td><td>« et est habité exclusivement » lire : et — sauf les 25.000 Slovènes demeurant dans la région des collines (Coglio), le long de ce fleuve — est habité exclusivement.</td></tr>
<tr><td>» 84 al. 2 »</td><td>9</td><td>« Règne » lire : Royaume.</td></tr>
<tr><td>» 89 al. 2 »</td><td>14</td><td>« Appliqué » lire : expliqué.</td></tr>
<tr><td>» 100 note » avant-dernière</td><td></td><td>« de 1500 » lire : du XVIIe siècle.</td></tr>
<tr><td>» 102 » »</td><td>8</td><td>« Aux princes ou rois croates » lire : aux princes et, après, aux rois croates.</td></tr>
<tr><td>» 107 al. 1 »</td><td>8 et 9</td><td>« Ces guerres qui durent » lire : Ces guerres, au nombre de vingt-et-une, qui durent.</td></tr>
<tr><td>» 112 al. 3 fin</td><td></td><td>« Ses privilèges » lire : une situation privilégiée.</td></tr>
<tr><td>» 116 note-ligne avant-dernière</td><td></td><td>« Amiche » lire : Omich.</td></tr>
<tr><td>» 119 » » dernière</td><td></td><td>« scuolelaiche » lire : scuole laiche.</td></tr>
<tr><td>» 137 al. 2 »</td><td>7</td><td>« sur son territoire » lire : sur leur territoire.</td></tr>
<tr><td>» 145 al. 2 »</td><td>2</td><td>« la littérature yougoslave » lire : la littérature nationale.</td></tr>
<tr><td>» 146 al. 2 »</td><td>8</td><td>« 1604 » lire : 1614.</td></tr>
<tr><td>» 157 al. 9 »</td><td>2</td><td>« qui comptaient plus de 500 élèves » lire : qui comptaient, en 1907, plus de 500 élèves.</td></tr>
<tr><td>» 162 note »</td><td>2</td><td>« entre employés seulement » lire : entre employés. Seulement.</td></tr>
<tr><td>» » » » dernière</td><td></td><td>« 64.500.000 » lire : 6.450.000.</td></tr>
<tr><td>» 183 note »</td><td>1</td><td>« Auhalt-Zerbst » lire : Anhalt-Zerbst.</td></tr>
<tr><td>» 190 al. 2 »</td><td>5</td><td>transporter la note (2) à la fin de l'alinéa.</td></tr>
<tr><td>» 195 note »</td><td>1</td><td>« Datschka » lire : Batchka « deux districts » lire : du district.</td></tr>
</table>

page 199 al. 4 ligne 3 « le sentiment » *lire* : leur sentiment.
  »   200 al. 2   » 12 *après* « Serbo-Croates » *ajouter une note* (2) :
                      Aux îles, sauf celles appartenant à la répu-
                      blique de Raguse on parlait le dialecte *tcha-*
                      kavski.
  »   203 al. 2   » 10 « du Brasso » *lire* : de Brasso.
  »   215 al. 2   »   1 « Les influences occidentales continuèrent »
                      lire : Les influences occidentales, impor-
                      tées par des artistes dalmates, continuèrent.
  »   247 »   »   4 « Praprtana » *lire* : Prapratna.
  »   298 »   »   » « Soloun, *Salona* » *lire* : Soloun, *Salonique.*
  »   302 al. 1 fin   *Ajouter* : Les Bulgares : réparations néces-
                      saires.

9 782019 996628